Die Reise in die Vergangenheit
Ausgabe N

Band 2
Europäische Weltgeschichte
bis zum Ausgang des 19. Jahrhunderts

Die Reise in die Vergangenheit

Ein geschichtliches Arbeitsbuch

von Schulrat Hans Ebeling
in der Neubearbeitung
von Prof. Dr. Wolfgang Birkenfeld

Ausgabe N
Band 2
Europäische Weltgeschichte
bis zum Ausgang des 19. Jahrhunderts

westermann

Pädagogische Mitarbeit: Rita Birkenfeld

Eine gute Ergänzung zu diesem modernen Unterrichtswerk:

Westermann Geschichtsatlas
64 Seiten mit 200 Einzelkarten, ISBN 3-14-10 0932-5
Bearbeiter: Prof. Dr. Wolfgang Birkenfeld

Die Abbildung auf der Vorderseite des Umschlages zeigt
eine Szene im Londoner Hafen und dokumentiert
die Bedeutung des englischen Überseehandels.
Gemälde von Samuel Scott (um 1702 bis 1772)
Foto: John Webb, Brompton Studio, London

1. Auflage   Druck   17   16   15   14
Herstellungsjahr   1991   1990   1989
Alle Drucke dieser Auflage können im Unterricht parallel verwendet
werden.

© Westermann Schulbuchverlag GmbH, Braunschweig 1978
Verlagslektor: Dieter J. Bode
Hersteller: Peter Hudy
Gesamtherstellung: westermann druck, Braunschweig

ISBN 3-14-**11 0702**-5

Inhalt

Worüber bisher berichtet wurde 10
Worauf es jetzt ankommt 13

1 Europäer entdecken die Erde

Um den Seeweg nach Indien 18

Die großen Entdeckungen 19
Das neue Bild der Erde 19
Die Erde: eine Scheibe? – Die Erde: eine Kugel! – Die Erde: nicht der Mittelpunkt der Welt!
Die Entdeckung Amerikas 21
Christoph Kolumbus – Die Entdeckung – Amerika – Die Umsegelung der Erde

Der Beginn der Kolonialpolitik 26
Den Entdeckern folgen die Eroberer – Cortez erobert Mexiko (1519–1521). Ein Lebensbild – Die Folgen der Eroberungen – Die Kolonien – Das Schicksal der Eingeborenen – Der Beginn der Negersklaverei

2 Die frühe Neuzeit in Europa

Vom Wandel der Zeit 36

Zeichen einer neuen Zeit 37
Erfindungen und Neuerungen 37
Erfindungen leiten die Neuzeit ein – Die Erfindung des Buchdrucks – Neuerungen im Bergbau – Neuerungen in der Erzverarbeitung
Humanismus und Renaissance 42
Die Gelehrten – Die Künstler
Die neue Macht: das Kapital 44
Die Fugger als Kaisermacher – Die Handelsherren – Die Kapitalherren – Der frühe Kapitalismus

Deutschland zu Beginn der Neuzeit 46
Der Aufstieg der Habsburger 46
Kaiser und Fürsten – Die Habsburger

Das Reich zur Zeit Karls V. 47
Das Reich und Europa — 36 Jahre Krieg in Europa — Die Landsknechte — Die Abdankung des Kaisers

Reformation und Bauernkrieg 51
Die Reformation 51
Kirchliche Mißstände — Luthers neue Lehre — Luther auf dem Reichstag zu Worms — Aus alten Bibelübersetzungen — Der Fortgang der Reformation — Zwingli und Calvin — Das Täuferreich in Münster — Der Augsburger Religionsfriede
Hexenwahn und Folter im 16. Jahrhundert 57
Der deutsche Bauernkrieg 58
Das Leben der Bauern — Die Forderungen der Bauern — Der Krieg — Luther und die Bauern — Die Niederlage

Die Zeit der Glaubenskämpfe 63
Die Erneuerung der katholischen Kirche 63
Das Konzil von Trient — Die Gegenreformation
Der Dreißigjährige Krieg (1618—1648) 65
Kampf und Krieg überall — Die Gegner — Die Leiden der Menschen — Die Verwüstung des Landes — Der Westfälische Friede

3 Die Zeit des Absolutismus

Das Kleider-Edikt 74

Der Französische Absolutismus 80
Ludwig XIV. und sein Hof 80
Der Sonnenkönig — Versailles — Die Kehrseite des Glanzes
Staat und Wirtschaft unter Ludwig XIV. 84
Die Säulen der Macht — Der Merkantilismus — Die Manufakturen — Manufakturen verändern die Arbeitswelt
Frankreich und Europa 90
Die Kriege des Sonnenkönigs — Die „kleinen Sonnenkönige" in Deutschland — Der Soldatenhandel

Preußen und Österreich 93
Der aufgeklärte Absolutismus 93
„Ich bin der erste Diener meines Staates" — Alles für das Volk, nichts durch das Volk — Äußerungen aufgeklärter Herrscher
Der Aufstieg Preußens 96
Die Anfänge Brandenburg-Preußens — Der preußische Militärstaat — Friedrich der Große — Der Landesausbau
Österreich im 17. und 18. Jahrhundert 100
Die Hausmacht der Habsburger — Die Türken vor Wien (1683) — Maria Theresia — Schönbrunn: ein Fürstenschloß im späten 18. Jahrhundert
Die Teilungen Polens 104
Rückblick und Ausblick 106

4 Neue Großmächte entstehen

Die neuen Mächte 108

Das russische Großreich 109
Der Weg zur europäischen Großmacht 109
Ein Blick auf die Karte – Die Anfänge – Peter der Große
Die weltpolitische Bedeutung Sibiriens 113

Das englische Weltreich 114
Der politische Aufbruch 114
Gegen die absolute Fürstenherrschaft – Der Sieg des Parlaments in England – Die Arbeit des Parlaments
Der Weg zur Kolonialmacht 118
Die „Wagenden Kaufleute" – Stützpunkte und Kolonien – Die erste Siedlungskolonie: Virginia – Die 13 Kolonien
Um die Herrschaft der Welt 123
Der Gegensatz zu Frankreich – Der Entscheidungskampf (1756–1763)

Die Vereinigten Staaten von Amerika 125
Der Unabhängigkeitskampf der Kolonien 125
Der Teesturm von Boston – Die Unabhängigkeitserklärung (4. Juli 1776) – Der Unabhängigkeitskrieg (1776–1783)
Der neue Staat 132
Die Teilung der Gewalten – Die Verfassung – Das Wachstum der USA

5 Frankreich und Europa 1789–1815

Der Ruf nach Reformen 140

Die Französische Revolution 1789–1799 141
Die Zeit des Umsturzes 141
Die Generalstände werden gewählt – Die Generalstände treten zusammen – „Wir sind die versammelte Nation" – Der Sturm auf die Bastille (14. Juli 1789) – Die Aufhebung der Vorrechte – Die Erklärung der Menschenrechte – Der Fortgang der Revolution – Frankreich wird Republik
Die Zeit des Schreckens 152
Die Herrschaft der Jakobiner – Die Befreiung der Bauern – Schrecken und Tod – Das Ende der Revolutionszeit

Die Zeit Napoleons 1799–1815 156
Der Aufstieg Napoleons 156
Die Kaiserkrönung – Die innere Ordnung Frankreichs – Um die Vorherrschaft in Europa – Das Ende des Heiligen Römischen Reiches Deutscher Nation

Die preußischen Reformen 161
Vom Untertan zum Staatsbürger — Das Werk des Freiherrn vom Stein — Die Heeresreform — Widerstände

Rußlandzug und Sturz Napoleons 164
Die Kontinentalsperre — Der Einfall in Rußland — Die Erhebung in Preußen — Der Sturz Napoleons — Der Wiener Kongreß — Der Deutsche Bund

Deutsche Kultur 1789—1815 176
Aus einem französischen Geschichtsbuch — Die Gelehrten — Die Dichter — Die Musiker

6 Um Freiheit und Einheit 1815—1871

„Die gute, alte Zeit" 184

Der Freiheitskampf der Bürger 1815—1848 186
Bürger gegen Fürsten 186
Das Wartburgfest 1817 — Schriftzeugnisse der Zeit — Das Hambacher Fest 1832 — Friedrich List — Der Deutsche Zollverein

Das Revolutionsjahr 1848/49 193
Revolution in Paris — Revolution in Berlin — Die deutsche Nationalversammlung in der Frankfurter Paulskirche — Das Scheitern der Freiheitsbewegung — Freiheitskämpfe in Europa und in Südamerika

Die Reichsgründung der Fürsten 1871 203
Preußen gewinnt Deutschland 203
Deutschland nach der Revolution — Otto von Bismarck — Der Weg zum neuen Reich

Das neue Reich 206
Der Deutsch-Französische Krieg 1870/71 — Die Reichsgründung in Versailles

1815 — 1848 — 1871 — 1971. Ein Rückblick 211

7 Die Industrielle Revolution

Die Verwandlung der Welt 214

Maschinen und Fabriken 215
Die Anfänge der Industriellen Revolution in England 215
Die neue Kraft — James Watt — Die Bedeutung der Dampfmaschine — England: erster Industriestaat der Erde — Auswirkungen der Industriellen Revolution — Die Industriestädte — Die Kinderarbeit

Die Revolution des Verkehrswesens 227
Massengüter, Massenverkehr — Die Eisenbahn — Die erste deutsche Eisenbahn — Der Ausbau des Verkehrsnetzes — Das Dampfschiff — Überseeverkehr und Welthandelshäfen — Neue Wege des Schiffsverkehrs

Kohle und Eisen 239
Die neuen Grundstoffe — Die Schwerindustrie — Das Ruhrgebiet
— Die Unternehmer

Die Menschen der Industriezeit 251
Das Wachstum der Bevölkerung 251
Die Zunahme der deutschen Bevölkerung — Die Bevölkerungszunahme in Europa — Die Ursachen der Bevölkerungsexplosion
Arbeiter und Arbeiterbewegung 256
Das Proletariat — Die Anfänge der Gewerkschaften in England
— Versuche zur Selbsthilfe in Deutschland — Marx und Engels,
Vorkämpfer des Proletariats — Die frühe deutsche Arbeiterbewegung — Die Hilfe der Kirchen
Bauern und Landwirtschaft 267
Brot für die wachsende Bevölkerung — Die Lage der Bauern im
19. Jahrhundert — Die Steigerung der Erträge — Die Industrielle
Revolution in der Landwirtschaft
Die Industrielle Revolution im Bild 273
Zahlen zum Überblick 276
Register 277

Verzeichnis der Karten   Seite

 1. Das Weltbild um 1450 19
 2. Erdkarte vor 1500 22
 3. Die Zeit der Entdeckungen und die ersten Kolonialreiche 25
 4. Das Reich der Habsburger 46
 5. Territorien in Deutschland um 1500 47
 6. Der deutsche Bauernkrieg 58
 7. Deutschland um 1660 72
 8. Schloß und Stadt Versailles 82
 9. Ludwig XIV.: Kriegsgewinne und Kriegsfolgen ... 90
10. Das Wachstum Brandenburg-Preußens 96
11. Die Kolonisation im Oderbruch (Kartenfolge) ... 99
12. Die Ausdehnung des Habsburgerreiches 100
13. Die Teilungen Polens (Kartenfolge) 104/105
14. Rußlands Aufstieg zur Großmacht 113
15. Die 13 alten Kolonien um 1756 122
16. Nordamerika 1750, 1763 (Kartenfolge) 123
17. Indien 1750, 1805 (Kartenfolge) 123
18. Die Schwerpunkte des Siebenjährigen Krieges 1756–1763 124
19. Das Wachstum der USA 135
20. Die europäische Auswanderung in die USA 1820–1920 (Kartenfolge). 137
21. Südwestdeutschland 1792, 1806 (Kartenfolge) .. 159
22. Europa 1812 165
23. Napoleons Rußlandzug 1812 165
24. Europa 1815 174
25. Der Deutsche Zollverein 192
26. Erhebungen in Europa 1815–1848/49 193
27. Südamerika vor und nach den Unabhängigkeitskämpfen (Kartenfolge) 202
28. Das Deutsche Reich 1871 207
29. Eisenbahnen in Deutschland um 1850, um 1870 (Kartenfolge) .. 232/233
30. Die Bedeutung des Suez-Kanals für den Welthandel (Kartenfolge) .. 238
31. Das westliche Ruhrgebiet um 1840, heute (Kartenfolge) 246

Worüber bisher berichtet wurde

Aus den ältesten Zeiten der Geschichte

Seit über einer Million Jahren gibt es mit Sicherheit menschliche Wesen auf unserem Erdball. Sie lebten zunächst als Jäger und Sammler. Sie schufen sich erste Waffen und Geräte aus Stein. Sie lernten, das Feuer zu nutzen. Sie lebten – vorwiegend in Höhlen – in der Gemeinschaft ihrer Horde. Wir nennen diese älteste Zeit der Geschichte die *Altsteinzeit*. Sie dauerte bis etwa 10 000 v. Chr.

In der *Jungsteinzeit* (etwa 10 000–2000 v. Chr.) wurden die Menschen Viehzüchter und Ackerbauern. Sie bauten feste Häuser und lernten es, Tiere zu zähmen und Felder anzulegen. Sie wurden seßhaft.

Schließlich gelang es ihnen, ihre Waffen und Geräte aus Metall herzustellen, zuerst aus Bronze, später aus Eisen (*Bronzezeit* ca. 2000–800 v. Chr.). Die neue Metallkunst förderte Arbeitsteilung, Handwerk und Handel. – Wir nennen die ältesten Zeiten zusammenfassend die *Vorgeschichte*.

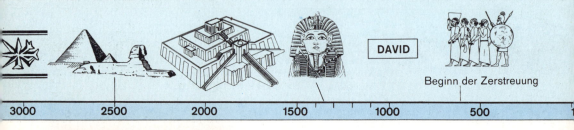

Staaten und Städte in Stromtälern

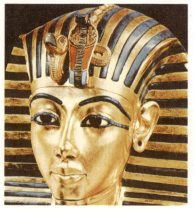

In Stromtälern am Mittelmeer entwickelten sich erste Reiche und Stadtstaaten. *Ägypten* wurde um 3000 v. Chr. ein Staat mit einem König an der Spitze. Die Aufgaben, die der Nil hier stellte, führten zu diesem Zusammenschluß. Hier entstand eine erste große Kultur, als deren Zeugnisse zum Beispiel die Pyramiden bei Gizeh und der Tempel von Abu Simbel bis in unsere Gegenwart erhalten geblieben sind.

Im *Zweistromland* bildeten sich die ältesten Stadtstaaten etwa zur gleichen Zeit wie in Ägypten. In beiden Stromtälern erfanden die Menschen die Schrift.

Um das Jordantal entstand etwa 1200 v. Chr. *das alte Israel*, das Reich des Volkes der Bibel. Jerusalem war seine Hauptstadt. In der Zeit um Christi Geburt wurde das Gebiet von den Römern erobert und verwüstet.

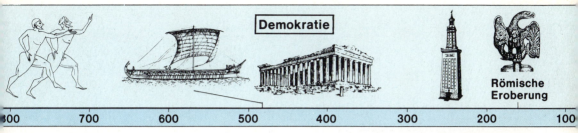

Die Zeit der Griechen

In Griechenland ließ die zerklüftete Landschaft eine Vielzahl von Stadtstaaten entstehen. Alle Griechen verband aber der Glaube an die gleichen Götter, zu deren Ehren sie herrliche Tempel errichteten und seit 776 v. Chr. die *Olympischen Spiele* feierten
Der bedeutendste Stadtstaat Griechenlands war Athen. Hier bestimmten die Bürger ihre Angelegenheiten selbst. Diese „Herrschaft des Volkes" nennen wir *Demokratie*.

Während die griechischen Staaten sich in Bruderkriegen erschöpften, wuchs im Norden von Griechenland Makedonien zu einem mächtigen Staat heran. Unter *Alexander dem Großen* wurde das gesamte Perserreich erobert. Hier und in Ägypten wurde die griechische Kultur bestimmend („Hellenismus"). *Alexandria* entwickelte sich zur Weltstadt und zum Mittelpunkt der Wissenschaften und des Handels.

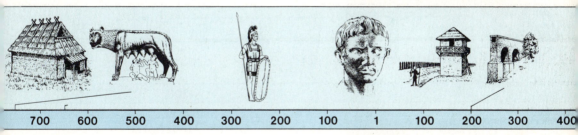

Rom und das römische Germanien

In der Zeit des Hellenismus weitete sich der kleine Stadtstaat Rom zu einem neuen *Weltreich* aus. Von etwa 250 v. Chr. an eroberten die Römer ein Gebiet, das die Küstenländer des Mittelmeeres umschloß und bis an Rhein und Donau reichte. Ihre bedeutendsten Herrscher waren Cäsar und Augustus.

In den ersten Jahrhunderten nach Christi Geburt erlebte das römische Weltreich eine Zeit des Friedens. Die griechisch-römische Kultur formte das Leben in den Städten des Reiches. Köln wurde zu einem Mittelpunkt im *römischen Germanien*.

Die *Anfänge des Christentums* gehen in die Zeit des römischen Weltreichs – unter Kaiser Augustus – zurück. Nach langen, oft harten Verfolgungen wurde das Christentum die Staatsreligion des Römerreichs (um 400 n. Chr.).

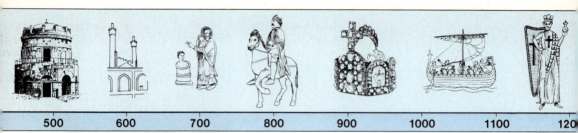

| 500 | 600 | 700 | 800 | 900 | 1000 | 1100 | 120 |

Aus der mittelalterlichen Geschichte

In der *Völkerwanderungszeit* drangen germanische Stämme nach Süden vor. Das Römerreich zerfiel. Die Araber überrannten um 700 weite Gebiete am Mittelmeer.

Um 800 vereinigte *Karl der Große* viele der germanischen Stämme in einem neuen großen Reich. Aus diesem *Reich der Franken* entstanden Deutschland, Frankreich und später Italien.

Mit der Wahl Heinrichs I. begann 919 die deutsche Geschichte. Unter seinen Königen und Kaisern nahm das *Deutsche Reich* bis ins 13. Jahrhundert eine führende Stellung gegenüber den übrigen Staaten Europas ein. Zunehmend verdrängten jedoch die Landesfürsten die Königsmacht.

Nachdem die mohammedanischen Seldschuken (Türken) das „Heilige Land" erobert hatten, wurden im 11.–13. Jahrhundert immer wieder *Kreuzzüge* unternommen. Sie waren ohne bleibenden Erfolg.

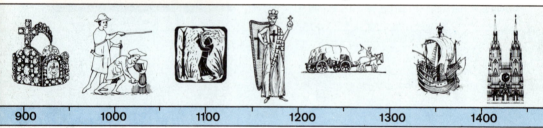

| 900 | 1000 | 1100 | 1200 | 1300 | 1400 | 15 |

Die Gesellschaft im Mittelalter

Im Mittelalter gehörten die Menschen verschiedenen *Ständen* an, die streng voneinander getrennt waren. *Kaiser*, *Fürsten* und *Ritter* verwalteten das Land und leisteten Kriegsdienst. Sie herrschten über die *Bauern*, die für sie den Boden bestellten und von ihnen abhängig waren (Grundherrschaft).

In jahrhundertelanger Arbeit schufen die Bauern in Deutschland und Europa die heutige Kulturlandschaft. Abgaben und Frondienste bestimmten zumeist ihr hartes Leben.

Die mittelalterlichen *Klöster* waren eine Stätte des Gebetes und des Dienstes, der Wissenschaft und der Kunst.

Im Verlauf des Mittelalters entstanden viele Städte Europas. Die *Bürger* erkämpften ihre Selbstverwaltung durch den Rat. Grundlage ihres Reichtums war der Handel.

Am Ende des Mittelalters war das Deutsche Reich zersplittert in eine Fülle selbständiger Herrschaftsbereiche (Territorien) weltlicher und geistlicher Fürsten.

Worauf es jetzt ankommt

450　　　　　　　　　　　　　　　　　1500　　　　　　　　　　　　　　　　1550

Europäer entdecken die Erde

Am Ausgang des Mittelalters wurde das alte Weltbild von der Erde als Scheibe durch das neue Weltbild von der Erde als Kugel verdrängt.

Auf der Suche nach einem Westweg nach Indien entdeckte Kolumbus 1492 Amerika. Vasco da Gama bewältigte 1498 den Seeweg nach Indien um Afrika herum, und Fernando Magellan erbrachte mit der ersten Weltumsegelung (1519–1522) den Beweis für die Kugelgestalt der Erde.

Den Entdeckern folgten überall die Eroberer. Zu ihnen gehörte Cortez in Mexiko (1521).

Die unterworfenen Gebiete wurden zu Kolonien der Eroberer und von diesen ausgebeutet. Die Kolonialreiche Spaniens und Portugals standen am Anfang der europäischen Ausbreitung über die Erde.

Bald nach der Eroberung Südamerikas begann die europäische Negersklaverei an der Westküste Afrikas.

1500　　　　　　　　1550　　　　　　　　1600　　　　　　　　1650

Die frühe Neuzeit in Europa

Nach 1500 wurde das Reich der Habsburger zu einer Großmacht. Karl V. (1519–1556) vereinigte unter seiner Herrschaft weite Gebiete Europas und Amerikas. In dieser Zeit erreichte der frühe Kapitalismus einen ersten Höhepunkt. Beispielhaft dafür stehen die Fugger in Augsburg.

Auf dem Reichstag zu Worms verteidigte Luther 1521 seine Schriften vor Kaiser Karl V. und dem Reich. Unter dem Einfluß der Reformation erhoben sich 1525 die Bauern. Sie wurden geschlagen und versanken erneut in Abhängigkeit von ihren Grundherren.

Die Glaubensspaltung in Europa veranlaßte eine innere Reform der katholischen Kirche auf dem Konzil von Trient (1545–1563). Glaubens- und Machtkämpfe waren eine weitere Folge. Ihr Höhepunkt wurde der Dreißigjährige Krieg (1618–1648), der mit der Verwüstung Deutschlands und dem Verlust der Vormachtstellung des Hauses Habsburg endete.

1650	1700	1750

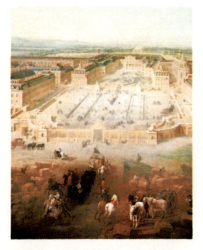

Die Zeit des Absolutismus

Ludwig XIV. regierte von 1661—1715 in Frankreich. Seine Regierungsweise des Absolutismus und das Wirtschaftssystem des Merkantilismus fanden Nachahmer in ganz Europa. Eine Vormachtstellung Frankreichs erreichte Ludwig XIV. nicht; statt dessen bildete sich in Europa ein „Gleichgewicht" von fünf Mächten heraus.

Einige Herrscher des 18. Jahrhunderts sahen sich als „erste Diener" ihres Staates, vor allem Friedrich der Große (1740—1786) und Maria Theresia (1740—1780). Ihre Regierungsweise bezeichnen wir als „aufgeklärten Absolutismus". Nachdem Preußen im Siebenjährigen Krieg (1756—1763) neben Österreich zur zweiten großen Macht im Reich aufgestiegen war, bestimmte dieser Gegensatz hinfort die deutsche Geschichte.

Zu den wichtigsten Ereignissen im Europa dieser Zeit zählen die Teilungen Polens (1772, 1793, 1795).

1600	1650	1700	1750	1800	1850

Neue Großmächte entstehen

Unter Zar Peter dem Großen (1689—1725) wurde Rußland eine europäische Großmacht. Mit seiner Ausdehnung über ganz Sibirien (16.–18. Jahrhundert) entstand die Grundlage für das *russische Großreich*.

Im 17. Jahrhundert begann England mit dem Aufbau eines Kolonialreiches, vor allem entstanden ausgedehnte Siedlungskolonien in Nordamerika: Neuengland. Mit der Besitznahme der französischen Kolonialgebiete nach dem Siebenjährigen Krieg (1756–1763) war England erste Weltmacht. Das *englische Weltreich* umspannte Gebiete in Nordamerika, Indien und Afrika.

Am 4. Juli 1776 erklärten die Kolonisten in Nordamerika ihre Unabhängigkeit vom Mutterland und erkämpften 1776 bis 1783 die staatliche Selbständigkeit der *Vereinigten Staaten von Amerika (USA)*. In ihrer Verfassung wurde die Teilung der Gewalten verwirklicht.

| 1790 | 1795 | 1800 | 1805 | 1810 | 1815 |

Frankreich und Europa 1789–1815

Aufgerüttelt durch die Ereignisse und durch die Erklärung der *allgemeinen Menschenrechte* in den USA erhob sich 1789 der dritte Stand des französischen Volkes gegen Bevormundung und Ungleichheit zur *Französischen Revolution* (Sturz des königlichen Absolutismus – Errichtung der Republik – Terror einer radikalen Gruppe). Aus den Wirren der Revolution stieg der General *Napoleon Bonaparte* zum Kaiser der Franzosen auf (1804). Er führte Frankreich zur Vorherrschaft in Europa. Nach dem Untergang seiner Armee in Rußland (1812) erhoben sich die Völker Europas. – Grundlegend für den Befreiungsgedanken waren u. a. die Reformen des Freiherrn vom Stein in Preußen gewesen (1806–1807). – Auf dem Wiener Kongreß 1815 wurde der *Deutsche Bund* als Nachfolger des Heiligen Römischen Reiches Deutscher Nation gegründet, das 1806 aufgelöst worden war.

In dieser Zeit erlebte Deutschland eine kulturelle Blüte.

| 1820 | 1830 | 1840 | 1850 | 1860 | 1870 |

Um Freiheit und Einheit 1815–1871

Die Zeit von 1815–1848 ist gekennzeichnet durch das Vorwärtsdrängen liberaler und nationaler Kräfte in Deutschland, durch den *Freiheitskampf der Bürger* (Wartburgfest 1817 – Hambacher Fest 1832). Den Höhepunkt bildete das Jahr 1848 mit Revolutionen in Berlin und anderen Städten. Die *deutsche Nationalversammlung* in der Frankfurter Paulskirche (1848/49) versuchte vergeblich, ein einheitliches deutsches Kaiserreich auf parlamentarischer Grundlage zu schaffen.

Die Einigung Deutschlands kam erst 1871 zustande. Aber es war keine Verwirklichung der nationalen Ideen der Bürger, sondern eine *Reichsgründung der Fürsten*. Zielbewußt hatte der preußische Ministerpräsident *Otto von Bismarck* auf dieses *Deutsche Reich* unter der Vorherrschaft Preußens und unter Ausschluß Österreichs hingearbeitet. Der König von Preußen wurde „Deutscher Kaiser".

| 1770 | 1780 | 1790 | 1800 | 1810 | 1820 | 1830 | 1840 | 1850 |

Die Industrielle Revolution

Die Industrielle Revolution begann mit der Erfindung der Dampfmaschine durch *James Watt* (1769). Sie leitete das Zeitalter der Maschinen und Fabriken ein; sie verwandelte Landschaft und Lebensweise entscheidend. – Auf der Grundlage von Kohle und Eisen entstand die Schwerindustrie, in Deutschland vor allem im Ruhrgebiet (seit 1850). – Dampfschiff (1807) und Eisenbahn (1835) sind Ausdruck der Industriellen Revolution im Verkehrswesen.

Seit dem 19. Jahrhundert wuchs die Bevölkerung in Europa explosionsartig. In den Fabriken fanden die Massen Arbeit, durch die Industrielle Revolution in der Landwirtschaft wurde ihre Versorgung möglich. Doch schwere soziale Mißstände kennzeichnen das Leben der frühen Fabrikarbeiter („Proletariat"). – Nach 1860 entwickelte sich eine deutsche Arbeiterbewegung. – Die deutschen Bauern wurden im 19. Jahrhundert frei.

Europäer entdecken die Erde

1

Segelschiffe aus der Zeit der Entdeckungen

1450   1500   15

Um den Seeweg nach Indien

Im Mittelalter verbrachten die Menschen in Europa ihr Leben zumeist ganz in der engen Welt ihres Dorfes, ihres Klosters oder ihrer Stadt. Kaum einer wußte, was draußen vor sich ging. Aber auch die wenigen, die aus ihrer kleinen Welt herauskamen, wußten Genaueres nur vom westlichen Europa. Erst durch die Kreuzzüge lernten die Europäer die Länder am östlichen Mittelmeer kennen. Den Kreuzfahrern folgten die Kaufleute.

Es waren vor allem Kaufleute aus italienischen Städten, die auf den Märkten am östlichen Mittelmeer handelten und kostbare Güter nach Europa brachten: feine Gewebe aus Seide und Baumwolle, farbenprächtige Teppiche, Gold, Edelsteine und Perlen, Gewürze wie Pfeffer und Zimt, Farben und manche anderen Luxusgüter. Viele dieser Waren kamen bereits von weit her. Arabische Zwischenhändler holten sie mit Kamelkarawanen oder Schiffen auf langen, beschwerlichen Wegen aus den Ländern des *Fernen Ostens:* aus Indien und China, aus Japan und einer großen Inselwelt.

Doch der Handel über die Märkte am östlichen Mittelmeer war mühsam, teuer und unsicher. So suchten die europäischen Kaufleute nach einem direkten Weg zu den begehrten Schätzen Indiens — wie sie die Länder des Fernen Ostens zusammenfassend bezeichneten. Man mußte — das schienen alle bisher gezeichneten Karten auszuweisen — dabei um Afrika herum und dann nach Osten fahren. Das war freilich nicht so einfach, denn die Seefahrer kannten nur wenige Hilfsmittel, um sich in fremden Gewässern zurechtzufinden. Bisher waren sie zumeist an bekannten Küsten entlanggesegelt und hatten sich an deren Verlauf über den Standort ihres Schiffes orientiert. Jetzt mußten sie in völlig unbekannte Gewässer und Gegenden vorstoßen!

Die Portugiesen waren die ersten, die diesen Vorstoß wagten. An der Westküste Afrikas tasteten sie sich mit ihren Segelschiffen Jahr für Jahr weiter nach Süden vor, immer in der Hoffnung, nun endlich die Durchfahrt nach Osten zu finden. Im Jahre 1488 umsegelte ein portugiesisches Schiff endlich die Südspitze des Kontinents. Hoffnungsvoll nannte der König von Portugal diese Spitze das *„Kap der guten Hoffnung"*, wie es auch heute noch heißt. Zehn Jahre später bewältigte *Vasco da Gama* den Weg um Afrika herum und ging nach einjähriger Fahrt an der indischen Küste vor Anker. Der Seeweg nach Indien war gefunden!

Arbeitsvorschlag   Orientiere dich auf der Karte S. 25! Bezeichne den Landweg und den Seeweg zu den Schätzen Indiens!

Die großen Entdeckungen

Das neue Bild der Erde

Die Erde: eine Scheibe?

So sah das Bild aus, das sich die Menschen im Mittelalter von der Erde machten: Die Erde ist eine flache Scheibe. Sie ist der Mittelpunkt von Gottes Schöpfung, und die Menschen wohnen auf ihr: in Europa die Christen, in Afrika und im fernen Asien die Heiden. Und die Sonne geht über ihnen allen auf; sie erhebt sich im Randmeer des Ostens, wandert über ihnen dahin und versinkt wieder im Randmeer des Westens. Des Nachts aber erleuchten die übrigen Himmelslichter, Mond und Sterne, die riesige Glocke, die über dem Erdreich gewölbt ist. Auch sie haben ihren festen Platz und ziehen ihre bestimmte Bahn.

Arbeitsvorschläge

1. Vergleiche die drei Erdteile auf der Weltkarte unten mit ihrer Darstellung auf deinem Atlas! Welcher Erdteil ist am genauesten wiedergegeben, welcher am ungenauesten?
2. Welche Erdteile und welche anderen großen Teile der Erdmasse fehlen?
3. Es gab allerlei Vorstellungen darüber, wie es am Rande der „Erdscheibe" aussah. Manche glaubten, hier kochte das Meer oder es würde zu Teer, so daß die Schiffe steckenblieben. Andere wiederum meinten, daß sich plötzlich ein Nichts auftäte und die Schiffe hinabstürzten. Wie werden sich solche Vorstellungen auf die Bereitschaft ausgewirkt haben, in unbekannte Gewässer vorzudringen?

Um das Jahr 1450 fertigte der Mönch Andreas Bianco aus Venedig die – hier vereinfachte – Karte der „Erdscheibe" an. Dabei holte er den Rat vieler bedeutender Seefahrer ein. Die Küsten, welche die Seefahrer bis dahin kannten, sind sehr genau wiedergegeben. Wo hat der Mönch „Adam und Eva im Paradies" angesiedelt, wo die „Anbetung der Heiligen Drei Könige"?

Ein alter Holzschnitt mit der Darstellung der „Erdscheibe" und der darüber gewölbten Himmelsglocke. Der Künstler zeigt einen Menschen, der auf der Erde kniet und mit Kopf und Hand das Himmelsgewölbe durchbrochen hat. Ehrfürchtig blickt er auf die Räder dahinter, die – wie die Menschen damals glaubten – Sonne, Mond und Sterne antreiben.

Die Erde: eine Kugel!

Durch vielerlei Betrachtungen der Sonne, des Mondes und der Gestirne kamen immer mehr Gelehrte jedoch zu dem Schluß, daß es doch nicht so sein konnte, wie alle glaubten.

Die Erde, so behaupteten sie, ist gar keine Scheibe, sondern ein großer, mächtiger Ball, eine Kugel! Die Europäer leben auf ihrer einen, die Inder und Chinesen auf ihrer anderen Seite! Man muß *um die Erdkugel herumfahren,* um zu ihnen zu gelangen. Über die Erde stülpt sich also auch keine Himmelsglocke, sondern auf allen Seiten umgibt der Himmel mit Sonne, Mond und Sternen die Erdkugel. Und alle diese Gestirne drehen sich um die ruhende Erde im Mittelpunkt der Welt.

Martin Behaim

1492 fertigte ein Nürnberger Bürger, Martin Behaim, der im Dienst der Portugiesen die Westküste Afrikas mit erforscht hatte, einen „Erdapfel". Es war die erste Darstellung der Erde als Kugel, einen halben Meter im Durchmesser. Auf ihr verzeichnete er alle Länder, Meere und Inseln, von denen die Seefahrer und die Gelehrten wußten. Wir können noch heute diesen ältesten Globus der Welt, der inzwischen fast schwarz und ziemlich unansehnlich geworden ist, im Nürnberger Germanischen Museum bewundern.

Die Erde: nicht der Mittelpunkt der Welt!
Nikolaus Kopernikus

Aber auch dieses neue Weltbild wurde schon bald in Frage gestellt. War die Erdkugel wirklich Mittelpunkt der Welt?

In Preußen, im Gebiet des Deutschen Ritterordens, lebte um 1510 ein gelehrter Domherr, Nikolaus Kopernikus. In jahrelanger Forscherarbeit, in der Beobachtung und Berechnung der Sternenbahnen, fand er heraus, daß die Erde keineswegs der Mittelpunkt der Welt ist, um den sich die Sonne und das ganze Himmelsgewölbe drehen. Es ist gerade umgekehrt: Die Sonne ist das lebenspendende Zentrum, um das sich unsere Erdkugel bewegt, wobei sie sich zugleich jeden Tag einmal um sich selbst dreht. Die Erde ist ein Stern unter den vielen tausend anderen Sternen.

Erde, Merkur, Venus, Mars, Jupiter und Saturn sind Wandelsterne, *Planeten,* die in großen Bahnen die Sonne umkreisen. Und um diese Sonnenwelt herum dehnt sich unermeßlich die Welt der übrigen, anscheinend stillstehenden Sterne, der *Fixsterne!*

Das war eine ungeheuerliche, alles umstürzende Entdeckung, die Kopernikus in seinem Buch „Über die Umdrehungen der Himmelskörper" niederschrieb. Die Menschen wollten es nicht glauben, als das Buch 1543, im Jahre seines Todes, erschien. Aber spätere Gelehrte, die dann mit ihren Fernrohren immer gründlicher den Himmelsraum durchforschen konnten, bestätigten seine Lehre: Die Erde ist nicht das Zentrum der Welt, sondern der kleine Bereich der Menschen bildet nur ein winziges Teilchen in einem unvorstellbar weiten Weltall.

Arbeitsvorschläge

1. Auch du kannst dir leicht einen „Erdapfel" herstellen, indem du die Kontinente in Papier ausschneidest und sie auf einen Luftballon klebst. Versuche es einmal!
2. Welches Land liegt Deutschland gegenüber auf der anderen Seite der Erdkugel? Du brauchst einen Globus!
3. Wir sagen auch heute noch: „Die Sonne geht auf." Ist das eigentlich richtig?
4. Kannst du die Entstehung von Tag und Nacht erklären?
5. Sage noch einmal mit deinen Worten, wie sich die Menschen im Mittelalter die Welt vorstellten! Schildere genau die zwei Stufen, in denen sich dieses Weltbild veränderte!
6. Zeichne das Weltbild nach Kopernikus und beschrifte die Planetenbahnen mit den deutschen Bezeichnungen!

 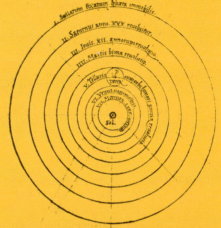

Der von Martin Behaim hergestellte älteste Globus der Welt in Nürnberg. Daneben die erste Darstellung des Weltbildes von Kopernikus; sie stammt aus seinem Buch, das er in lateinischer Sprache abfaßte.

Im Mittelpunkt des Weltalls steht die Sonne („Sol"). Um sie herum ziehen die Planeten ihre Kreisbahnen, in unterschiedlichem Abstand. Die Planeten Merkur und Venus sind ihr am nächsten.

Der Punkt auf dem dritten Kreis soll die Erde („Terra") sein. Sie bewegt sich gemeinsam mit dem Mond („Luna"), der durch einen winzigen Halbmond unter der vierten Kreisbahn angedeutet ist. Weiter von der Sonne entfernt sind die Planeten Mars („Martis") und Jupiter („Jovis"), gefolgt von Saturn („Saturnus"). Der äußere Kreis soll den Bereich der Fixsterne („Stellarum fixarum") darstellen.

Die Entdeckung Amerikas

Christoph Kolumbus

Die Portugiesen suchten den Seeweg nach Indien um Afrika herum ostwärts. Wenn aber die Erde wirklich eine Kugel war, konnte man dann nicht einfach *westwärts* um den Erdball herumfahren, um in die Wunderländer zu gelangen?

1492 unternahm ein wagemutiger Seefahrer aus Genua, *Christoph Kolumbus*, als erster diesen Versuch. Spaniens König hatte ihm drei Schiffe ausgerüstet. Am 3. August lief Kolumbus mit seiner winzigen Flotte aus und hielt den Kurs nach Westen. Er segelte nach Sonne und Sternen, mit dem Kompaß und einer „Weltkarte", die mehr Vermutungen als sichere Kenntnisse enthielt.

21

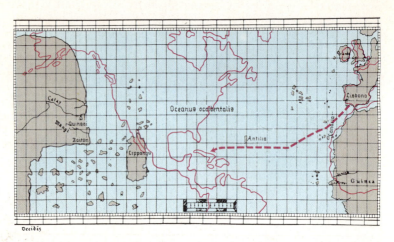

Nach einer Karte wie dieser richtete sich Kolumbus. Rechts die Küstenlinien von Europa und Westafrika, links die vermutete Küste von Asien mit China (Catay), Indien (Mangi) und der Insel Cippangu (Japan). Die rote Linie war auf der Karte nicht verzeichnet; sie gibt den Umriß des Erdteils an, den Kolumbus entdeckte.

Die Entdeckung Viel länger, als es die Berechnungen ergeben hatten, dauerte die Fahrt — kein Land, keine Spuren von menschlichem Leben. Skorbut, die gefährliche Seefahrerkrankheit, trat unter der Mannschaft auf. Die Matrosen drohten zu meutern.

Was am 11./12. Oktober geschah, ist im Schiffstagebuch des Kolumbus festgehalten:

„Die Mannschaft der ‚Niña' [Name des dritten Schiffes] sichtete Anzeichen nahen Landes und den Ast eines Dornbuschs, der rote Früchte trug. Diese Vorboten versetzten alle in gehobene, frohe Stimmung ...

Um zwei Uhr morgens kam das Land in Sicht, von dem wir etwa 8 Seemeilen entfernt waren. Wir holten alle Segel ein und fuhren nur mit einem Großsegel, ohne Nebensegel. Dann lagen wir bei und warteten bis zum Anbruch des Tages, der ein Freitag war, an welchem wir zu einer Insel gelangten, die in der Indianersprache ‚Guanahani' hieß. Dort erblickten wir allsogleich nackte Eingeborene. Ich begab mich ... an Bord eines mit Waffen versehenen Bootes an Land. Dort entfaltete ich die königliche Flagge.

Unseren Blicken bot sich eine Landschaft dar, die mit grün leuchtenden Bäumen bepflanzt und reich an Gewässern und allerhand Früchten war. Ich rief die beiden Kapitäne und auch all die anderen, die an Land gegangen waren, ferner den Notar ... zu mir und sagte ihnen, durch ihre persönliche Gegenwart als Augenzeugen davon Kenntnis zu nehmen, daß ich im Namen des Königs und der Königin, meiner Gebieter, von der genannten Insel Besitz ergreife ...

Sofort sammelten sich an jener Stelle zahlreiche Eingeborene der Insel an. In der Erkenntnis, daß es sich um Leute handle, die man weit besser durch Liebe als mit dem Schwerte retten und zu unserem heiligen Glauben bekehren könne, gedachte ich sie mir zu Freunden zu machen, und schenkte also einigen unter ihnen rote Kappen und Halsketten aus Glas und noch andere Kleinigkeiten von geringem Werte, worüber sie sich ungemein erfreut zeigten. Sie wurden so gute Freunde, daß es eine helle Freude war. Sie erreichten schwimmend unsere Schiffe und brachten uns Papageien, Knäuel von Baumwollfäden, lange Wurfspieße und viele andere Dinge noch ...

Einige von ihnen bemalten sich mit grauer Farbe ..., andere wiederum mit roter, weißer oder anderer Farbe; einige bestreichen damit nur ihr Gesicht oder die Augengegend oder die Nase, noch andere bemalen ihren ganzen Körper. Sie führen keine Waffen mit sich; sie sind ihnen nicht einmal bekannt. Ich zeigte ihnen die Schwerter, und da sie diese aus Unkenntnis bei der Schneide anfaßten, so schnitten sie sich. Sie besitzen keine Art von Eisen. Ihre Spieße sind eine Art Stäbe ohne Eisen, die an der Spitze mit einem Fischzahn oder einem anderen harten Gegenstand versehen sind."

Kolumbus landet auf Haiti und wird von den Eingeborenen mit Geschenken begrüßt. So stellte sich ein Kupferstecher hundert Jahre später die Entdeckung Amerikas vor. Das Bild unten zeigt die „Santa Maria", die Karavelle des Kolumbus. Dieser Nachbau des Schiffes liegt im Hafen von Barcelona.

Kolumbus segelte weiter und entdeckte andere, ähnliche Inseln. Er war überzeugt, die Vorinseln des Wunderlandes „Indien" erreicht zu haben, und nannte die Bewohner darum „Indianer". Heute wissen wir, daß er auf einer der Bahama-Inseln erstmals an Land ging und daß die später entdeckten Inseln Kuba und Haiti waren.

Vor Haiti erlitt seine Karavelle, die „Santa Maria", Schiffbruch. Aus den Trümmern des Fahrzeugs ließ er eine Festung anlegen, die er mit 39 ausgewählten Männern besetzte. Es war die erste europäische Siedlung in der neuen Welt. Mit dem Rest der Mannschaft traf er im März 1493 wieder in Spanien ein und wurde mit ungeheurem Jubel empfangen — als der Entdecker des westlichen Seewegs nach „Indien"!

Dreimal noch überquerte Kolumbus den Atlantischen Ozean und erforschte auf gefahrvollen und abenteuerlichen Fahrten andere Inseln, wie Jamaika, und die Nordküste Südamerikas. Als er 1506 starb, wußte er noch immer nicht, daß er einen neuen Erdteil entdeckt hatte.

Arbeitsvorschläge

1. Welches Interesse hatte der spanische König wohl an der Entdeckungsfahrt des Kolumbus?
2. Betrachte die Karte, nach der Kolumbus segelte, genau! Welchen entscheidenden Irrtum des Entdeckers kannst du ablesen?
3. Welchen „Staatsakt" nimmt Kolumbus nach der Landung vor?
4. Kolumbus fühlt sich auch als Sendbote des Christentums. Belege diese Aussage durch die entsprechende Stelle im Quellentext!
5. Welche Unterschiede zwischen den landenden Europäern und den Eingeborenen kannst du bezeichnen?
6. Wie verhielten sich die „Indianer" gegenüber den Spaniern? Betrachte dazu auch die Abbildung!
7. Kannst du ausrechnen, mit welcher Durchschnittsgeschwindigkeit die „Santa Maria" etwa segelte? (27 Tage lag die Flotte auf den Kanarischen Inseln fest, um einen Schiffsschaden zu reparieren.)
8. Zeichne einen Kartenausschnitt von Mittelamerika und markiere alle Gebiete, die Kolumbus entdeckte!
9. Die Inseln zwischen Nord- und Südamerika werden noch heute als „Westindische Inseln" bezeichnet. Begründe bitte!

Amerika

Die Fahrten und Entdeckungen gingen weiter. Andere wagemutige Seeleute und Abenteurer brachen in westlicher Richtung auf. An der Küste des neu entdeckten Landes entlang dehnten sich ihre Reisen.

Bald nachdem die Portugiesen um Afrika herum Indien erreicht hatten, segelten sie noch in östlicher Richtung weiter. 1500 stieß der erste von ihnen nach langer Fahrt durch den großen Ozean auf die Westküste Südamerikas. Immer stärker dämmerte die Erkenntnis, daß dieses von zwei Seiten angefahrene Land gar nicht zu Indien oder China gehörte, sondern ein eigener, bisher unbekannter großer Erdteil war, der zwischen Europa und Ostasien lag. Diese Ansicht wurde von einem italienischen Forscher und Seefahrer, *Amerigo Vespucci*, in einem Buch über die neu entdeckte Welt erstmals veröffentlicht. Nach ihm nannte man den Erdteil „Amerika".

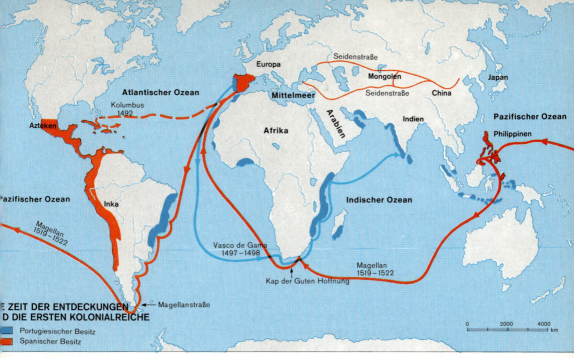

Die Umsegelung der Erde

1519 brach der in spanischen Diensten stehende Portugiese *Fernando Magellan* auf, um auf dem „spanischen" Wege, d. h. westwärts fahrend, nun wirklich nach Ostasien zu gelangen. Immer weiter südwärts ging die Fahrt an der südamerikanischen Ostküste entlang, aus dem Tropengebiet des Äquators hinaus bis zu den schneebedeckten Bergen des „Feuerlandes". Hier endlich fand der Forscher in der später nach ihm benannten Magellanstraße die ersehnte Durchfahrt in das andere große Weltmeer, das er den Pazifischen Ozean nannte. Die Fahrt war frei nach dem Chinesen- und Inderland.

Mit fünf Schiffen und 265 Mann Besatzung war Magellan von Sevilla aus aufgebrochen. 1522, nach 1124 Tagen Abwesenheit, landete ein einziges dieser Schiffe – nunmehr von Südosten kommend – mit 13 Mann Besatzung wieder in der Heimat. Aber Magellan selbst befand sich nicht darunter; er hatte nach einem Kampf mit den Eingeborenen sein Grab auf einer Insel im Pazifischen Ozean gefunden.

Arbeitsvorschläge

1. Hat es Amerigo Vespucci eigentlich „verdient", daß der amerikanische Kontinent nach ihm benannt wurde? Wie könnte Amerika mit größerer Berechtigung heißen?

2. 1124 Tage dauerte die erste Weltumsegelung. Die Seefahrer werden nicht ununterbrochen gesegelt sein. Wodurch könnte sich die Fahrt beispielsweise verzögert haben?

3. Stelle in einer Tabelle die vier wichtigsten Entdeckungsreisen zusammen:

Jahr	Reiseweg	Entdecker
1488	....	....
1492	....	....
1497–1498	....	....
1519–1522	....	....

Der Beginn der Kolonialpolitik

Den Entdeckern folgen die Eroberer

Gegen Ende des Mittelalters hatte Venedig im Handel mit dem Orient die Vormachtstellung in Europa gehabt. Der Weg zu den Schätzen des Fernen Ostens führte durch das östliche Mittelmeer.

Die Forschungsreisen der Portugiesen und die kühne Fahrt des Kolumbus leiteten eine neue Zeit in der Geschichte Europas und der Welt ein. Jetzt ging der Reiseweg in die Länder des Fernen Ostens zum Mittelmeer hinaus und südlich um Afrika herum. Jetzt kannte man außerdem eine „Neue Welt" mit unermeßlichen Reichtümern im Westen des Atlantischen Ozeans. Damit erlangten die europäischen Länder an der Atlantikküste die Vormachtstellung: zunächst Portugal und Spanien. Man wollte mit den fernen Ländern jedoch nicht nur handeln – man wollte sie jetzt selbst besitzen!

Den ersten raschen Entdeckungen folgte die Zeit der Besitznahme, der Erschließung der neuen Gebiete – und ihrer Ausplünderung. Den Entdeckern folgten die Eroberer!

Cortez erobert Mexiko (1519—1521). Ein Lebensbild

Im 15. Jahrhundert hatten im heutigen Mexiko die kriegerischen Azteken ein großes Reich gegründet und dabei andere Indianerstämme unterworfen. Hauptstadt dieses Reiches war Tenochtitlan (heute Mexiko), das mitten in einem See im Innern des Reiches lag und zu Beginn des 16. Jahrhunderts wohl 300 000 Einwohner hatte. Seit dem Jahre 1502 war Montezuma II. Herrscher dieses Reiches.

Die Ankunft der weißen Götter

Im Frühjahr 1519 brach im Palast des Königs Montezuma große Aufregung aus: Schnelläufer hatten von der Ostküste die Nachricht gebracht, daß weißhäutige Fremdlinge auf großen Wasserhäusern über das Meer gekommen und gelandet waren. Sie brachten riesige vierbeinige Wesen mit, von denen sie pfeilschnell dahingetragen wurden. Sie besaßen Rohre, aus denen sie Blitz und Donner über das Land schickten und so die Bäume des Waldes brachen. Und diese hellfarbigen, bärtigen Fremden waren jetzt auf dem Marsch nach Tenochtitlan. Sie wurden begleitet von vielen tausend Kriegern der Uferstämme, gegen die Montezuma und seine Vorfahren Kriege geführt hatten.

Montezuma rief eilends seine Ratgeber zusammen. Was sollte geschehen? Die Meinung im Rat war geteilt. Einige der Krieger rieten zum sofortigen Widerstand gegen die Fremden. Andere sprachen dagegen: Vielleicht waren es Gesandte eines fremden Fürsten jenseits des Wassers. Dann war es ungastlich und ungerecht, ihnen sogleich feindlich entgegenzutreten.

Der Aztekenherrscher entschied sich nach langem Zögern, den Fremden eine Gesandtschaft mit prächtigen Geschenken entgegenzusenden: goldene Helme und Masken, Schmuck und Edelsteine. Gleichzeitig verbot er ihnen jedoch, sich seiner Hauptstadt zu nähern.

Die Fremden nahmen die Geschenke, aber sie rückten weiter auf die Stadt zu. Montezumas Zweifel und Sorgen wuchsen. Nach einer alten Sage hatte es in Mexiko vor vielen Jahren einen Gott mit heller Gesichtsfarbe und mit langem Bart gegeben. Er hatte den Mais eingeführt und den Menschen nur Segen gebracht. Dann aber war er nach Osten gewandert und über das Meer davongezogen. Doch die Priester hatten seine Wiederkehr vorausgesagt. Waren die Fremden Sendboten dieses Gottes? So mußte es sein! Wie konnten sie sonst seinen Befehlen trotzen?

Am 8. November 1519 rückten die Weißhäute in Tenochtitlan ein, über einen der vier Steindämme, die vom Lande aus zur Hauptstadt führten. Montezuma empfing sie am Ende des langen Dammes. Seinen Kopf schmückte eine breite grüne Federkrone, verziert mit herrlichen Perlen und Edelsteinen. Er begrüßte die Ankömmlinge höflich und wies ihnen einen weiträumigen Palast als Quartier an. Noch immer wußte er nicht, wie er sich ihnen gegenüber verhalten sollte.

Wer waren diese merkwürdigen Fremden nun wirklich? Keine „weißen Götter" — sondern ein spanischer Adliger, Fernando Cortez mit Namen, und seine Streitmacht. Auf mannigfache Weise hatte er von dem Goldland Montezumas erfahren und daraufhin Soldaten und Seefahrer angeworben. Mit 600 Männern, 16 Pferden und 14 Kanonen war er aufgebrochen. Nun saß er in der Hauptstadt, und sein ganzes Denken kreiste nur um die eine Frage: Wie kann ich dieses goldreiche Aztekenland unter meine Herrschaft bringen?

Cortez in Tenochtitlan

Staunend sahen die Spanier das Leben in der mexikanischen Hauptstadt: Straßen und Plätze waren von vorbildlicher Sauberkeit. Inselgärten trugen die herrlichsten Früchte, Gemüse und Blumen. Großartige Tempel und Paläste drängten sich in einem Stadtteil. Täglich badete dieser Montezuma, und mehrmals am Tag wechselte er seine Kleider. Niemals legte er ein Gewand zum zweiten Male an, es wurde sofort an die Umgebung verschenkt.

Erlesenste Gerichte bedeckten seinen Eßtisch – und sein Lieblingstrank war ein brauner, süßer Saft, den man „Chocolatl" nannte. Er wurde aus den Früchten des Kakaobaumes hergestellt. Nach den Mahlzeiten sog der Herrscher aus seiner reichverzierten Pfeife den Rauch eines brennenden, betäubenden Krautes ein, des „Tobaco".

Nein, dieser Fürst war kein „Wilder", ohne Lebensart und Kultur, und sein Land war keine Wildnis, von ungebildeten Eingeborenen bevölkert, wie die Spanier es sich am Anfang vorgestellt hatten. Dieses Reich war kultiviert und gepflegt wie die Reiche Europas, auch wenn sie hierzulande noch keine Feuerrohre, stählernen Waffen und Pferde kannten – und keine christliche Religion!

Begegnung zwischen Cortez und Montezuma. Hinter Cortez steht die indianische Dolmetscherin Marina, die Cortez von Kuba mitbrachte. Montezuma wird von aztekischen Häuptlingen begleitet.

Aber der Götzendienst der Azteken erschien ihnen geradezu teuflisch: Gefangene legten sie über den Opferstein, öffneten mit einem steinernen Messer die Brust und rissen ihnen das zuckende Herz heraus.

So glaubten sie, ihren blutdürstigen Göttern lebendige Kraft geben zu können. Voller Grauen hatte Cortez bei einem Besuch des Heidentempels auf einer Stufenpyramide diese Schlachtstätte erblickt. Schaudernd hatte einer seiner Soldaten die vielen gebleichten Menschenschädel zu zählen versucht, die auf einem weiträumigen Holzgerüst zur Schau gestellt waren.

Montezuma: Gefangener der Spanier

Wochen um Wochen saßen die Spanier in der Hauptstadt, ohne daß Cortez seinem Ziel näher gekommen war. Montezuma überhäufte ihn mit Geschenken aus Gold und Edelsteinen, aber um so mehr wuchs nur seine Gier.

Schließlich schien ihm der richtige Zeitpunkt zum Handeln gekommen. Mit einigen seiner Männer machte er sich auf zum Palast des Herrschers. Die Wachen wagten nicht, ihm entgegenzutreten; sie fürchteten sich vor den weißen Göttern und ihren Feuerrohren. Als die Spanier den Palast wieder verließen, führten sie in ihrer Mitte Montezuma mit sich. Es war unbegreiflich für die kriegerischen, stolzen Azteken, als sie erlebten, daß ihr verehrter Herrscher in das Quartier der Fremden umzog und alle Gegenwehr mit den Worten verbot, es sei sein eigener freier Entschluß, die weißen Götter dadurch zu ehren, daß er nunmehr die Wohnung mit ihnen teile.

Da der Herrscher der Azteken nun in Cortez' Hand war, konnte er ihn zu immer neuen Zugeständnissen erpressen. Es gab Unruhen im Land. Auf Cortez' Befehl ließ Montezuma die dafür verantwortlichen Häuptlinge und Fürsten in die Hauptstadt kommen und lieferte sie den Spaniern aus. Aus dem ganzen Lande wurden nunmehr die Schätze des Reiches als Tribut für die weißen Götter zusammengebracht – ein ungeheurer, nie gesehener Reichtum! Eilig ließ Cortez die Fülle der Schmucksachen, wertvollste Kunstwerke der mexikanischen Handwerkerkunst, zusammenstampfen, einschmelzen, zu Goldbarren gießen und mit dem Wappen Spaniens siegeln.

Den Höhepunkt der Macht über die Hauptstadt erreichte er, als er Montezuma zwang, an der Stelle des Tempels auf der Stufenpyramide eine christliche Kirche zuzulassen. Die Götzenbilder wurden die Pyramidenstufen hinabgeworfen, die blutigen Reste der Menschenopfer entfernt und das Kreuz sowie ein Marienbild aufgestellt. In feierlicher Prozession zogen die Spanier die 114 Stufen der Pyramide hinauf, um ihrem Gotte Lob und Dank zu sagen.

Der Aufstand der Azteken

Fast schien Cortez' waghalsiges Spiel gelungen, er schien der eigentliche Herr Mexikos zu sein. Doch da begingen die Spanier eine besonders üble Tat: Alljährlich im Mai fand ein Fest zu Ehren des Kriegsgottes statt. Wohl 600 der vornehmsten Azteken, fast alle Häuptlinge und Edlen des Reiches, waren zu diesem Fest in die Hauptstadt gekommen und hatten sich im Hof einer Götterpyramide versammelt. Auf ein Zeichen hin stürzten sich die Spanier auf die Festgemeinde, metzelten die Waffenlosen, Eingeschlossenen nieder und schleppten Kleider und Schmuck als Beute in ihren Palast.

Die Bilder rechts oben zeigen kunstvolle Goldarbeiten der Indianer, Schätze, nach denen die europäischen Eroberer immer gierten, und die sie dann zu Tausenden einschmolzen.

Links ist ein Brustschmuck der Azteken abgebildet – der Kopf eines Totengottes mit hohem Kopfputz. Das rechte Bild zeigt den Griff eines Opfermessers aus dem Inkareich. Auch er ist als Figur eines Gottes gestaltet und mit Türkisen reich besetzt. Der Kopfschmuck soll wahrscheinlich eine solche Federkrone andeuten, wie sie unten abgebildet ist.

Diese Federkrone hat Montezuma 1519 Cortez geschenkt! Es ist ein kostbares Stück, für das etwa 250 heilige Vögel ihr Leben lassen mußten. Sie mißt 170 cm in der Breite und ist fast 120 cm hoch. Der Kopfschmuck kam später nach Wien und befindet sich noch heute dort.

Seit dieser Untat erhoben sich die Azteken gegen die Fremden. Tausende von aufgebrachten Kriegern belagerten mit durchdringendem Kriegsgeschrei ihren Palast, warfen Brände, schleuderten Pfeile und Speere. Die Spanier saßen in einer Falle. Als Cortez den gefangenen Montezuma zwang, von der Palastmauer aus sein Volk zum Gehorsam aufzufordern, schleuderten sie Steine und Speere auch gegen ihren Herrscher. Er wurde an der Stirn getroffen und starb wenig später.

Die Eroberer waren in einer verzweifelten Lage. In einer der folgenden Nächte setzte Cortez alles aufs Spiel und wagte mit seiner Streitmacht den Ausfall aus der Stadt über einen der Dämme hinweg. Es wurde ein fürchterlicher Rückzug. Von allen Seiten drängten Aztekenkrieger heran, viele tausend Mann. Mit Booten ruderten sie auf die Flüchtenden zu, zerrten sie in die Tiefe, sperrten den Damm. Zwar erreichten die Spanier das Festland, aber es war nur noch ein jämmerlicher Haufen: 500 Soldaten hatte Cortez verloren, dazu die meisten seiner indianischen Hilfstruppen, fast sämtliche Feuerwaffen und den größten Teil seiner Beute. In vielen weiteren Kämpfen konnte er sich schließlich zur rettenden Küste durchschlagen.

Die endgültige Eroberung

Cortez hatte Glück. An der Küste fand er Verstärkung vor, neue Geschütze, neue Pferde. Die Indianerstämme des Küstenlandes unterstützten ihn auch weiterhin, da sie sich mit Hilfe der Weißen von den übermächtigen Azteken befreien wollten. Mit einem frischen Heer zog er 1521 erneut vor die Hauptstadt Tenochtitlan. Doch dieses Mal belagerte er die Inselstadt. Tenochtitlan wurde vom Festland abgeschnitten und dabei auch die Wasser- und Lebensmittelzufuhr blockiert. Bald brachen Seuchen aus, Hunger und Durst zermürbten die Hunderttausende, die auf ihrer Insel zusammengedrängt waren. Dann plünderte und zerstörte er ein Gebäude nach dem anderen, bis sich schließlich die erschöpften Verteidiger ergaben. In der spanischen Stadt, die er an dieser Stelle erbauen ließ, war kaum noch ein indianisches Bauwerk erhalten.

Das eroberte Gebiet wurde eine spanische Kolonie – ebenso wie das Land der Küstenstämme, die Cortez geholfen hatten. Der erste Statthalter hieß Cortez.

Ein mexikanischer Künstler hat die Eroberung Mexikos in einer Bilderfolge festgehalten, hier den Angriff der Azteken auf die in ihrem Palast eingeschlossenen Spanier. Sie schleudern Wurfspeere in den Palast, der an einigen Stellen schon brennt. Die Spanier wehren sich durch Ausfälle auf ihren Pferden und durch Einsatz ihrer Kanonen. Montezuma (oben links) spricht von der Mauer des Palastes beruhigende Worte, wird aber mit Steinen beworfen.

Dieses Bild zeigt die endgültige Eroberung der Stadt. Über einen der Dämme dringen die Angreifer vor, an der Spitze Indianer der verbündeten Küstenstämme. Schon haben sie ein Verteidigungsgerüst überwunden, auf dem der Kopf eines geopferten Gefangenen befestigt ist. – Auf der unteren Seite des Dammes rudern aztekische Boote auf die Angreifer zu, auf der oberen greift ein spanisches Schiff an.

Arbeitsvorschläge

1. Cortez wendet bei seinen Zügen gegen Tenochtitlan unterschiedliche Methoden an, um die Stadt in seine Gewalt zu bringen. Welche?

2. Wie beurteilst du Montezumas Verhalten? Nenne mögliche Gründe dafür!

3. Stelle zusammen: Waffen der Spanier – Waffen der Azteken. Beachte dazu auch die Abbildungen!

4. Begründe bitte, warum gerade Portugal und Spanien eine Vormachtstellung im mittel- und südamerikanischen Raum einnehmen konnten!

5. Welche Seegebiete verloren in der Zeit der Entdeckungen wohl an Bedeutung?

6. Die Eroberer fanden in Mexiko bereits eine hohe Kultur vor. Nenne Beispiele! Betrachte dazu bitte auch die auf S. 29 abgebildeten Kunstgegenstände!

7. Informiere dich über das moderne Mexiko! Sammle Bilder und hefte sie an die Stecktafel!

Die Folgen der Eroberungen

Die Eroberung Mexikos und die Vernichtung der aztekischen Kultur ist nur ein Glied in der Kette von Eroberungszügen, mit denen die Europäer nunmehr die neu entdeckte Welt in ihren Besitz brachten. So folgte 1532 der Eroberungszug eines anderen Spaniers mit dem Namen *Pizarro* nach *Peru*. Er vernichtete das „Sonnenreich" der Inkas, und es ist eine ähnlich grausame Geschichte wie die Eroberung von Mexiko. Die Portugiesen eigneten sich vor allem in Indien und der vorgelagerten, gewürzreichen Inselwelt große Besitzungen an.

Die Kolonien

Die unterworfenen Gebiete außerhalb Europas wurden *Kolonien* genannt. Sie bildeten Anhängsel der europäischen Mutterländer und wurden von ihnen ausgebeutet. Sie standen in völliger Abhängigkeit.

Mit den Eroberungszügen begann die große Aufteilung der Erde unter die Völker Europas. Im 16. Jahrhundert bildeten sich zunächst die großen Kolonialreiche Portugals und Spaniens heraus. Später folgten die Kolonialreiche der Niederlande, Englands und Frankreichs. Es begann das Ringen der europäischen Staaten um die koloniale Vorherrschaft in der Welt.

Das Schicksal der Eingeborenen

Der Mönch *Bartolomeo de Las Casas* (1474–1566) war einige Zeit Bischof in Mexiko. Er berichtete 1542 über das Schicksal der Indianer in den neuen spanischen Kolonien:

> „Über diese sanftmütigen Menschen kamen die Spanier, und zwar vom ersten Augenblick, wo sie sie kennenlernten, wie grausame Wölfe, Tiger und Löwen, die man tagelang hat hungern lassen. Sie haben in diesen vierzig Jahren nichts anderes getan und tun auch heute nichts anderes als zerreißen, töten, ängstigen, quälen, foltern und vernichten... Und das alles in solchem Maße, daß auf der Insel Haiti von drei Millionen Seelen heute keine 200 Eingeborenen mehr da sind... Ich wage zu erklären, daß in der Zeit jener vierzig Jahre, da die Spanier in diesen Ländern ihre Schreckensherrschaft ausübten, mehr als zwölf Millionen Menschen unbillig ausgerottet worden sind."
> *(Nach: Geschichte in Quellen III, München 1966, S. 89)*

Was war geschehen? Die Eroberer in Amerika hatten die Eingeborenen zusammengetrieben und unter schlimmsten Bedingungen zur Sklavenarbeit gezwungen. Sie mußten neue Städte errichten und in den Bergwerken Silbererz abbauen, bis sie umkamen. Vor allem starben auch Hunderttausende an den unbekannten Krankheiten, welche die Europäer mitbrachten, zum Beispiel Pocken und Pest.

Eingeborene werden von den Spaniern gezwungen, geraubte Schätze fortzuschaffen. (Kupferstich vom Ende des 16. Jahrhunderts.) Welche Handlungsweisen der Spanier kannst du im einzelnen bezeichnen?

Bevor die Negersklaverei einsetzte, gab es in Westafrika reiche und blühende Küstenstaaten mit Städten und ausgebauten Straßen. Kunstwerke wie der Kopf eines Königs aus dem 13. Jahrhundert sind Zeugnisse dieser frühen Kultur (Bild links). Das rechte Bild zeigt einen portugiesischen Afrikafahrer, wie ihn Neger im 16. Jahrundert dargestellt haben, vielleicht einen Sklavenhändler.

Der Beginn der Negersklaverei

Auf Las Casas Betreiben wurden die „Neuen Gesetze" erlassen, Vorschriften für menschlichere Behandlung der Eingeborenen in den spanischen Kolonien. Freiheit und Recht sollten allen Bewohnern sicher sein – in Wirklichkeit aber blieb fast alles beim alten.

Um den Mangel an Arbeitskräften in den menschenleeren Gebieten Amerikas zu beseitigen, gingen die Eroberer dazu über, Negersklaven aus Afrika ins Land zu holen. Von der Peitsche getrieben, mußten sie in den Bergwerken und Werkstätten, auf den Gütern und Zuckerrohrplantagen härteste Arbeit leisten. „Es ist in höchstem Maße verdammungswürdig, daß man die Neger an der Küste Afrikas wie Wild einfängt, sie in Schiffe pfercht, nach Indien verfrachtet und dort mit ihnen so umgeht, wie es täglich und stündlich geschieht", schrieb jetzt Las Casas.

Denn nun begannen europäische Afrikafahrer ein neues „Geschäft". Sie fuhren zur afrikanischen Westküste und fingen oder kauften hier Sklaven ein, die sie nach Amerika brachten und mit großem Gewinn verkauften. Aber auch diese starben meist schon nach kurzer Zeit. Bis weit ins 19. Jahrhundert hinein dauerte der schändliche Sklavenhandel.

Das Innere eines Sklavenschiffes. Während der Überfahrt nach Amerika lagen die Neger eng zusammengepfercht auf mehreren niedrigen Decks im Bauch des Schiffes. Oft starb jeder zweite von ihnen bereits unterwegs.

Arbeitsvorschläge

1. Stelle bitte im einzelnen heraus, was die Eroberung durch die Europäer für die Eingeborenen bedeutete!

2. Du hast schon in früheren Zeiten der Geschichte etwas über Sklaven gehört. In welchem Zusammenhang?

3. Vergleiche: Was wollte Cortez, was wollte Las Casas in der „Neuen Welt"?

4. Stelle nach der Karte auf S. 25 in einer Tabelle die Gebiete zusammen, die a) zum spanischen, b) zum portugiesischen Kolonialreich gehörten!

5. Wie erklärst und beurteilst du das unmenschliche Verhalten der Kolonialherren?

6. Wer hatte Interesse und Gewinn am Sklavenhandel?

7. Welche Erdteile gehören zur „Alten Welt", welche wohl zur „Neuen Welt"?

8. Stelle zusammen: Was die Europäer im 16. Jahrhundert von der Erde kannten.

9. Welche Staaten gibt es heute in Süd- und Mittelamerika? Liste sie bitte nach deinem Atlas auf! Welcher südamerikanische Staat erinnert noch an Kolumbus?

Wir merken uns

Am Ausgang des Mittelalters wurde das alte Weltbild von der Erde als Scheibe durch das neue Weltbild von der Erde als Kugel verdrängt. Auf der Suche nach einem Westweg nach Indien entdeckte Kolumbus 1492 Amerika. Dem Entdecker folgten hier wie anderswo die Eroberer. Zu ihnen gehörte Cortez in Mexiko (1521).

Die unterworfenen Gebiete wurden zu Kolonien der Eroberer und von diesen ausgebeutet. Die Kolonialreiche Spaniens und Portugals standen am Anfang der europäischen Ausbreitung über die Erde.

Die frühe Neuzeit in Europa

2

Kämpfende Landsknechte in einer Schlacht zwischen Frankreich und Habsburg (1525)

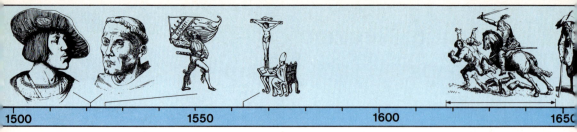

| 1500 | 1550 | 1600 | 1650 |

Vom Wandel der Zeit

Unmerklich verändert sich vieles im Lauf der Geschichte. Erst dem rückschauenden Betrachter, der aus dem Abstand heraus die Jahrzehnte und Jahrhunderte übersieht, wird plötzlich klar: wie ganz anders ist es doch heute als vor 100 oder 200 Jahren! Wie anders sind wir als unsere Eltern und Voreltern! Aber wann hat sich eigentlich diese Veränderung vollzogen? Wo liegen die Grenzen der Zeiten? Keine bestimmte Jahreszahl trennt das „Altertum" vom „Mittelalter" und das „Mittelalter" von der „Neuzeit", und doch sind sie so gänzlich voneinander verschieden!

Noch bestand, als Kolumbus westwärts segelte und dabei Amerika entdeckte, im Abendland das „Heilige Römische Reich Deutscher Nation". Aber wie anders sah es doch jetzt in ihm aus als etwa zu Barbarossas Zeiten! Fast alles hatte sich gewandelt. Die Zeit des Rittertums war allmählich dahingegangen. Viele der einstmals so stolzen adligen Herren waren verarmt und zu Raubrittern und Strauchdieben geworden. Das Städtewesen war dafür mächtig emporgekommen, und die Bürger bestimmten jetzt – neben den Fürsten – mit ihrem Geld und Handel am stärksten das Bild der neuen Zeit.

> „So jemand lieset alle Chroniken, so findet er von Christi Geburt an nichts Gleiches... Solch Bauen und Pflanzen ist nicht gewesen in aller Welt. Wer hat auch je solch Kaufmannschaft gesehen, die jetzt um die Welt fähret. So sind aufgestiegen allerlei Künste wie Malen und Kupferstechen, daß es seit Christi Geburt nicht desgleichen hat. Dazu sind jetzt so scharf verständige Leut, die nichts verborgen lassen..."

So schrieb um 1520 ein deutscher Mönch und Professor der Universität Wittenberg, *Martin Luther*. Wie Luther hatten um 1500 viele Menschen das Empfinden, am Beginn einer „neuen Zeit" zu stehen. Bis heute bezeichnen wir die Zeit seit 1500 als die *Neuzeit*.

Arbeitsvorschlag

Du kannst auch für deine Familie eine Zeitleiste anlegen. Du zeichnest etwa die Jahre seit 1900 auf und heftest dazu die einzelnen Fotos: die Kinderbilder deiner Großeltern und Eltern, die späteren Bilder, deine eigenen und die der Geschwister. Du vermerkst daran die einzelnen Lebensdaten: Geburt, Schulbesuch, Hochzeit, Wechsel des Wohnortes und so fort – und du begreifst am Beispiel deiner Familie den *Wandel der Zeit*.

Zeichen einer neuen Zeit

Erfindungen und Neuerungen

Erfindungen leiten die Neuzeit ein

Gegen Ende des Mittelalters begannen die Menschen stärker als bisher, die Natur zu erforschen und Experimente durchzuführen. Ihre Erfindungen wurden — wie die großen Entdeckungen — eine Grundlage der neuen Zeit.

Hier ist eine Liste der wichtigsten Erfindungen:

Um 1200	die erste Magnetnadel als Wegweiser auf See (1269 Kompaß);	um 1405	die Kunst des Strickens;
um 1220	die erste datierte Windmühle in Deutschland (in Köln);	1423	der älteste datierte Holzschnitt;
		um 1445	der erste europäische Buchdruck (in Mainz);
1298	das erste Spinnrad (in Speyer);	1446	der älteste datierte Kupferstich;
1331	die ersten Pulvergeschütze (in Oberitalien);	1492	der erste Globus (in Nürnberg);
1390	die erste Papiermühle (in Nürnberg);	1510	die erste Taschenuhr (in Nürnberg).

Die Erfindung des Buchdrucks

Zu den umwälzenden Neuerungen gehört der Buchdruck, den um 1445 der Mainzer Bürger *Johann Gutenberg* (um 1397–1468) erfand.

Bisher hatten vor allem Mönche Bücher „hergestellt", indem sie Seite für Seite sorgfältig immer wieder abschrieben. Gutenberg suchte nach einem Weg, wie er diese mühsame Arbeit gleich hundertfach schaffen konnte. Schließlich fand er nach vielen mißlungenen Versuchen die Lösung. Er fertigte sich lauter einzelne Buchstaben aus Metall (Lettern)

Die Herstellung einer Bleiletter

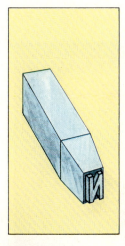

Musterletter aus hartem Metall

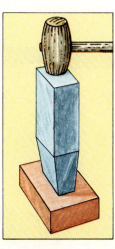

Die Musterletter wird in ein Kupferklötzchen eingeschlagen.

Die so entstandene Gießform, die Matrize, wird ausgegossen.

Mit jedem Guß entsteht eine fertige Bleiletter.

Eine frühe Buchdruckerei

und fügte sie auf einer Druckplatte zu einem bestimmten Text zusammen. Dann strich er die Platte mit Rußfett ein und druckte sie auf Pergament oder Papier ab – hundertfach, tausendfach. Nach dem Druck konnte er die Druckplatte wieder auseinandernehmen und die einzelnen Lettern zu einem neuen Text zusammenfügen.

Gutenbergs erste gedruckte Bücher waren kleinere Schriften, dann wagte er sich an das Buch der Bücher: er druckte die 1282 Seiten der Bibel. Einige Stücke dieser Gutenberg-Bibel sind uns noch heute erhalten.

Die Bibel Gutenbergs

Neuerungen im Bergbau

Besonders wichtig wurden auch die Neuerungen im Bergbau. Einen entscheidenden Fortschritt kannst du diesen Bildern aus dem frühen und dem späten 16. Jahrhundert entnehmen.

Das Bild rechts zeigt eine „Wasserkunst". Von weither führten die Bergleute Wasser heran und leiteten es auf große Schaufelräder, die beispielsweise mit einer Seilwinde verbunden waren. Je nachdem, auf welche Radseite das Wasser geleitet wurde, drehte die Wasserradseilwinde einen Kübel in den Schacht hinein oder zog ihn heraus. Auf welche Weise wird auf dem Bild oben das Erz aus der Tiefe an die Erdoberfläche befördert?

Immer noch war die Arbeit der Bergleute hart und gefährlich – sie ist es bis heute geblieben. Und wie wenig wurde doch, gemessen an den heutigen Maßstäben, geschafft! Von einer Silbergrube in St. Andreasberg (Harz) wissen wir, daß die Bergleute zehn Stunden vor Ort arbeiten mußten. Dazu kamen die Anmarschwege und die langen Zeiten des Ein- und Ausstiegs auf rutschigen Leitern. Bis zur untersten Sohle in 800 m Tiefe brauchte man 2½ Stunden. Den Aufstieg schaffte man in 1½ Stunden. Das war eine Arbeitszeit von 14 Stunden im Schacht. – Mit Schlegel und Pickel konnte der Hauer den Stollen in einem Arbeitsjahr um 3 m vorwärtstreiben. Die Gesamtlänge der Stollen in St. Andreasberg beträgt 300 km.

Wie mochte der Tageslauf eines Bergmanns wohl aussehen? Mache dir auch die Arbeitsleistung der Bergleute an den Zahlen ganz klar!

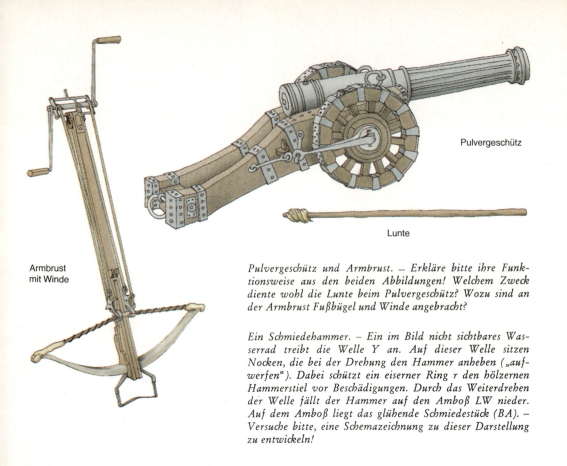

Pulvergeschütz

Lunte

Armbrust mit Winde

Pulvergeschütz und Armbrust. – Erkläre bitte ihre Funktionsweise aus den beiden Abbildungen! Welchem Zweck diente wohl die Lunte beim Pulvergeschütz? Wozu sind an der Armbrust Fußbügel und Winde angebracht?

Ein Schmiedehammer. – Ein im Bild nicht sichtbares Wasserrad treibt die Welle Y an. Auf dieser Welle sitzen Nocken, die bei der Drehung den Hammer anheben („aufwerfen"). Dabei schützt ein eiserner Ring r den hölzernen Hammerstiel vor Beschädigungen. Durch das Weiterdrehen der Welle fällt der Hammer auf den Amboß LW nieder. Auf dem Amboß liegt das glühende Schmiedestück (BA). – Versuche bitte, eine Schemazeichnung zu dieser Darstellung zu entwickeln!

Neuerungen in der Erzverarbeitung

Die abgebauten Erze wurden in Hochöfen verhüttet und anschließend in Hammerwerken geschmiedet. Auch hierbei spielte die Wasserkraft eine besondere Rolle: Wasserräder trieben große Hämmer an, durch die das Schmiedestück leichter und besser bearbeitet werden konnte. Neue Gerätschaften aus Eisen wurden erfunden und benutzt. Nachdem die Zusammensetzung des Schießpulvers bekannt war (seit 1330), veränderte sich vor allem das Kriegswesen entscheidend. Aus eisernen Kanonen verschoß man Kugeln aus Eisen mit immer größerer Treffsicherheit und Durchschlagskraft. Erste Handfeuerwaffen aus Eisen kamen zu den Schwertern und Spießen der Vergangenheit; die Armbrust, ein besonders kunstvoller Bogen zum Verschießen von Pfeilen, wurde in ihren wichtigen Teilen aus Stahl gefertigt.

Arbeitsvorschläge

1. Die Tabelle auf S. 37 nennt Erfindungen, die für die Forschungsreisen der Entdecker besonders wichtig wurden. Welche?

2. Betrachte bitte das Bild einer frühen Buchdruckerei auf S. 38 und versuche, die einzelnen Arbeitsgänge in ihrer Folge zu erkennen! (Zu deiner Hilfe: Die *Setzer* setzen die einzelnen Zeilen nach einer Textvorlage zusammen. *Druckerschwärze* wird mit Lederballen auf die *Druckplatten* aufgetragen. Die Herstellung einzelner Seiten erfolgt mit der *Druckerpresse*.) Warum sind wohl fertige Blätter im Raum aufgehängt?

3. Gedruckt wurde auf Pergament und Papier. Informiere dich über ihre Herstellung!

4. Worin unterscheidet sich die Gutenberg-Bibel von einer Bibel, die in unseren Tagen gedruckt wurde?

5. Welcher entscheidende Fortschritt war mit dem Drucken gegenüber dem handschriftlichen Abschreiben erreicht?

6. Welche Veränderungen bewirkte der Buchdruck in einzelnen Lebensbereichen? Denke an Schule und Universität, Politik, Wirtschaft, Informationswesen usw.!

7. Mit welchen Erfindungen unseres Jahrhunderts im Bereich der Nachrichtenübermittlung könnte man die Erfindung des Buchdrucks vergleichen?

8. Druckereien stellen heute nicht nur Bücher her. Welche anderen Erzeugnisse sind dir bekannt?

9. Nenne drei weitere Erfindungen aus der Zeit des Übergangs vom Mittelalter zur Neuzeit, die bis in unsere Zeit hinein wirken!

10. Neue Erfindungen werden nicht selten zuerst in der Kriegstechnik eingesetzt – damals wie heute. Nenne Beispiele und suche eine Begründung!

11. Überlege bitte, welche Bedeutung die Entwicklung der neuen Waffen für die bisherigen Formen der Kriegsführung hatte! Denke an die Verteidigungsanlagen von Städten und Burgen, an die Ausrüstung der Kämpfenden usw.!

12. Welche Waffen kannst du auf den Seiten 33 und 35 erkennen?

Humanismus und Renaissance

Der Übergang vom Mittelalter zur Neuzeit war nicht nur die große Zeit der Entdecker und Erfinder, sondern auch die große Zeit der Gelehrten und Künstler.

Die Gelehrten

Die mittelalterliche Wissenschaft war Theologie gewesen, das heißt Gotteswissenschaft. Jetzt wandten sich die Gelehrten *dieser Welt* zu: Sie wollten die Wissenschaft *für den Menschen* pflegen, und so nannten sie sich „Humanisten" (nach dem lateinischen Wort humanum = auf den Menschen bezüglich). *Humanismus* wurde das verbindende Wort dieser Zeit. Die Bildung des Menschen sah man als die große Aufgabe. Der Mensch sollte sich auf dieser Erde zurechtfinden, sie erforschen und die Gesetze der Natur erkennen.

Wie die Seefahrer dieser Zeit die neue Welt der fernen Länder entdeckten, so entdeckten die Humanisten in der Welt der Griechen und Römer des Altertums eine Kultur voller Daseinsfreude und griffen sie auf. Man wollte jetzt denken und leben, bilden und bauen wie die Alten. Eine Erneuerung des Altertums strebte man an, seine Wiedergeburt (*Renaissance*, wie es auf französisch heißt).

So bemühten sich die Humanisten vor allem um die griechische und die lateinische Sprache, über die sie die Gelehrsamkeit und Kunst des Altertums zu erschließen suchten. Hochmütig blickten sie auf die seither vergangenen Jahrhunderte zurück und nannten sie „das finstere Mittelalter".

Die Künstler

Wie die humanistischen Gelehrten, so suchten auch die Künstler an die Schöpfungen des Altertums anzuknüpfen. Sie versuchten, den Menschen in seiner Natürlichkeit darzustellen. Sie beobachteten die Menschen in ihrer Freude und in ihrem Schmerz und gestalteten sie nach. Über den Maler *Leonardo da Vinci* (1452–1519) wird berichtet:

> „Zeitgenossen, die mit ihm verkehrten, erzählen, er wollte einmal ein Bild mit lachenden Bauern malen. Da wählte er Leute aus, die er für geeignet hielt, machte sie zutraulich und gab ihnen dann mit Beiziehung einiger Freunde ein Essen. Dabei setzte er sie in seine Nähe und erzählte ihnen die größten Schnurren und Lächerlichkeiten von der Welt, so daß sie, ohne seine Absicht zu merken, lachten, bis sie fast die Mundsperre bekamen.
>
> Er achtete dabei genau auf alle ihre Bewegungen ... und prägte sie sich ein. Dann, als sie fort waren, ging er in seine Kammer und zeichnete sie so vollendet, daß die Beschauer über das Bild nicht weniger lachen mußten, als wenn sie die Geschichten Leonardos bei der Tafel gehört hätten." *(Zitiert nach: Kurt Fina, Geschichte konkret, Würzburg 1975, S. 46)*

Humanismus und Renaissance hatten in Italien ihren Ursprung. Zu den bedeutendsten Künstlern zählten dort neben Leonardo da Vinci noch *Michelangelo* (1475–1564) und *Raffael* (1483–1520). In Deutschland ist *Albrecht Dürer* (1471–1528) der überragende Künstler.

In den Jahren 1308–1311 schuf der Maler Duccio aus der italienischen Stadt Siena das Bild der thronenden Madonna mit dem Jesuskind im Stil seiner Zeit. Zweihundert Jahre später (um 1505) gestaltete Michelangelo ein ähnliches Motiv: die Heilige Familie.
Beschreibe doch bitte einmal die Unterschiede! Was hat das untere Bild mit der „Wiedergeburt des Altertums" zu tun, was mit dem obigen Quellentext über Leonardo da Vinci? Achte aber auch auf den Hintergrund, auf die „Perspektive"! Berücksichtige die Anordnung der Gestalten, die Farbe, die Wiedergabe der einzelnen Gesichter! Du erkennst die ganz andere Art der künstlerischen Darstellung des Renaissance-Malers. Ist das Bild des Duccio aber „schlechter"? Was meinst du dazu?

43

Die neue Macht: das Kapital

Die Fugger als Kaisermacher

Um das Jahr 1500 hatte das Augsburger Geschlecht der Fugger einen ungeheuren Reichtum angesammelt — wohl den größten in ganz Europa. Die Fugger finanzierten Kriege und Bauten mit ihrem Geld, ihrem *Kapital*. Als im Jahre 1519 eine Kaiserwahl stattfand, lieh der Kaufherr Jakob Fugger einem Bewerber um die Kaiserkrone mehrere hunderttausend Gulden. Damit konnte dieser seine Wähler, die Kurfürsten (vgl. Band 1, S. 158), bestechen. Mit Recht schrieb *Jakob Fugger* — der „Reiche", wie man ihn nannte — wenige Jahre später an den so gewählten Kaiser Karl V.: „Es ist auch bekannt und liegt auf der Hand, daß Eure Kaiserliche Majestät die Römische Krone ohne meine Hilfe nicht hätte erlangen können..."

Die Handelsherren

Woher hatten die Fugger eine solche Macht, einen solchen Reichtum? Ursprünglich waren sie eine Handwerkerfamilie gewesen, der Weberzunft ihrer Vaterstadt zugehörig. Dann waren sie *„Verleger"* geworden: Sie arbeiteten nicht mehr selbst in ihrer Werkstatt, sondern holten die Rohstoffe, Woll- und Leinengarne, heran. Diese Rohstoffe gaben sie an andere Weber weiter und kauften ihnen die fertigen Tuche ab. Die Fertigwaren vertrieben sie mit ihren Planwagen weithin. Immer mehr Weber wurden von der Fuggern „verlegt". Sie konnten die Rohstoffe nicht mehr selbst einkaufen und ihre Fertigwaren nicht mehr selbst auf dem Markt verkaufen. So gerieten sie in Abhängigkeit von den Fuggern. Die aber wurden reich dabei.

Immer weiter dehnten sie ihre Fahrten und Geschäfte aus. Sie handelten nicht mehr nur mit Stoffen, sondern auch mit Gewürzen und anderen Luxusgütern. In einer Reihe von europäischen Städten gründeten sie Niederlassungen. Sie waren *Großhändler* mit einem umfangreichen Warenangebot geworden.

Viele wollten an dem Luxus teilhaben, den die Fugger anboten, nicht alle konnten jedoch bezahlen. Manche Fürsten verpfändeten ihnen statt dessen ihre Bergwerke. So stiegen die Fugger auch in den Bergbau ein. Sie erwarben Silber- und Kupferbergwerke, verhütteten die gewonnen Erze und verkauften das Silber und das Kupfer mit hohem Gewinn. Ihre Bergwerke lagen in Tirol, auf dem Balkan und in Spanien. Sie waren damit *Großindustrielle* geworden, Bergwerks- und Hüttenunternehmer.

Wie verändern die Verleger die Situation der Weber? Erläutere bitte das Schaubild nach dem vorstehenden Text!

Die Kapitalherren

In den Händen der Fugger und weniger anderer Familien häufte sich das Geld Europas. Sie borgten den ewig geldhungrigen Landesherren große Summen. Sie machten auch Geschäfte mit Kaisern und Päpsten und handelten sich damit Pfänder und Vorrechte ein. So waren sie auch reich genug, die Bestechungsgelder für die Kaiserwahl aufzubringen.

Der frühe Kapitalismus

Die Fugger sind ein Beispiel für die *Anfänge des Kapitalismus* in Europa. In dieser Zeit wurde das Geld immer stärker zum Schlüssel der Macht. In dieser Zeit aber riß auch der Gegensatz zwischen arm und reich in neuer Weise auf: Den wenigen Unternehmern und ihrem oft märchenhaften Reichtum stand eine Schicht entrechteter und besitzloser Arbeitnehmer gegenüber. Es waren zuerst die Webstuben und die Bergwerke, in denen sich Massen von Arbeitern sammelten, die in allem der Gnade und Ungnade ihres Arbeitsherrn ausgeliefert waren.

Arbeitsvorschläge

1. Stelle die einzelnen Stufen des Aufstiegs der Fugger zusammen! Vielleicht kannst du sie auch bildlich darstellen?

2. Du kannst die Städte mit Niederlassungen der Fugger in eine Umrißkarte von Europa einzeichnen und durch Striche mit Augsburg verbinden. So erhältst du ein „Spinnennetz" der Fuggerschen Handelsverbindungen! Welche dieser Städte waren für den Handel über See wichtig?

3. Was bedeutete es im einzelnen für die Weber, daß sich zwischen sie und den Markt ein „Verleger" schob?

4. Wie ist das Verhältnis von „Unternehmern" und „Arbeitnehmern" heute bei uns?

Jakob Fugger und sein Hauptbuchhalter im Kontor (um 1520). Die Schilder an dem Schrank im Hintergrund nennen einige der Orte, in denen die Fugger eigene Niederlassungen hatten. Ofen ist Budapest, Craca ist Krakau, Antorff ist Antwerpen.

Wir merken uns

Die Zeit um 1500 war eine Zeit zahlreicher Erfindungen, darunter die Erfindung des Buchdrucks durch Johann Gutenberg.

Mit Humanismus und Renaissance entwickelten sich neue Anschauungen über die Stellung des Menschen in der Welt. Sie fanden in den Werken der Gelehrten und Künstler ihren Ausdruck.

Um 1500 erreichte der frühe Kapitalismus in Deutschland seinen Höhepunkt. Beispielhaft dafür stehen die Fugger in Augsburg.

Deutschland zu Beginn der Neuzeit

Kaiser und Fürsten

Der Aufstieg der Habsburger

Wie wir bereits erfahren haben, wurde im Jahre 1519 Karl V. zum deutschen Kaiser gewählt. Er stammte aus dem damals sehr mächtigen Geschlecht der *Habsburger*, das seit 1273 wiederholt deutsche Kaiser und Könige gestellt hatte (vgl. Band 1, S. 158).

Mächtig war, wer viel eigenes Land besaß: wer über reiche Einnahmen aus Wald, Flur und Bergwerken verfügen sowie hohe Steuern von den Städten seines Landes einziehen konnte. Deshalb versuchten alle neugewählten Kaiser und Könige dieser Zeit, ihren eigenen Landbesitz zu erweitern: durch Kriege und Käufe, vor allem aber durch Heirat. Nur so, mit der *Stärkung ihrer „Hausmacht"*, konnten sie gegenüber den Fürsten unabhängiger werden.

Die Habsburger

Mit großem Geschick – besonders durch eine kluge „Heiratspolitik" – brachten die Habsburger eine riesige Hausmacht zusammen. Als Graf Rudolf von Habsburg 1273 gewählt wurde, besaß er nur im Südwesten des Reiches etwas Land, in der heutigen Schweiz. Als der junge Karl V. 1519 gewählt wurde, bestand seine Hausmacht außerdem aus Österreich, der Steiermark, Kärnten, Krain, Tirol, Burgund, Luxemburg, den Niederlanden, Spanien und Sardinien, Sizilien und Neapel.

Arbeitsvorschläge

1. Suche auch im Atlas die Gebiete, über welche die Habsburger 1519 geboten!

2. Welcher europäische Staat wird sich durch die habsburgische Hausmacht besonders bedroht gefühlt haben?

3. Fertige eine Faustskizze der Mächte Europas im Jahre 1519 an!

Diese Karte zeigt die Hausmacht der Habsburger, nicht bei der Wahl, sondern beim Tode Karls V. Damals wurde die Hausmacht in eine spanische und eine deutsche Hälfte geteilt. Karl V. herrschte aber noch über das gesamte Gebiet und war zugleich Kaiser des „Heiligen Römischen Reiches Deutscher Nation".

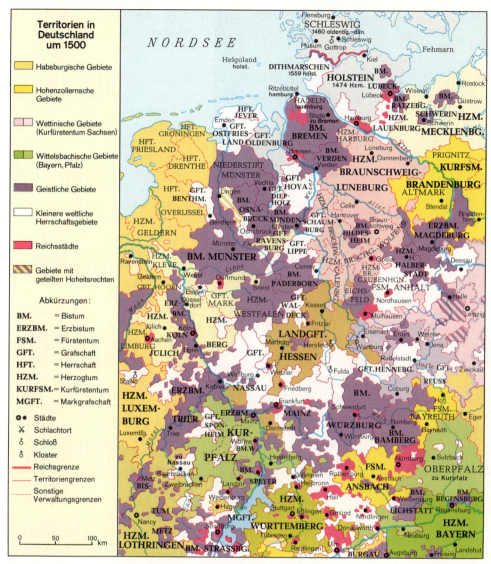

Das Reich zur Zeit Karls V.

Das Reich und Europa

Wie sah es zu Beginn der Neuzeit im Deutschen Reich und in Europa aus? Vor welchen Aufgaben stand ein Kaiser?

Das „Heilige Römische Reich Deutscher Nation" umfaßte:
die Gebiete der 7 Kurfürsten,
die Gebiete von 33 deutschen und nochmals 33 ausländischen Fürsten,
50 Bistümer,
76 Abteien und kleinere kirchliche Herrschaften,
107 Grafschaften und andere kleine Herrschaften,
85 freie Reichsstädte.

Das war eine Fülle von „Territorien": Länder und Ländchen, die weitgehend selbständig waren und miteinander oder gegeneinander ihre Politik führten.

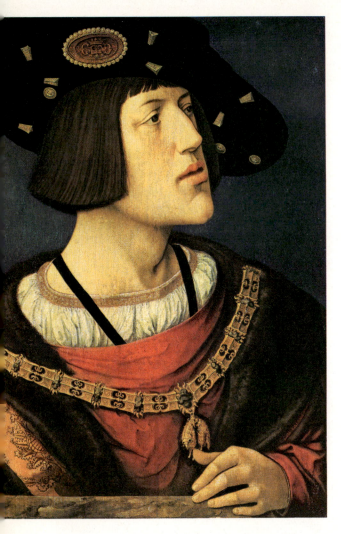

War dieses Reich noch wirklich ein „Reich", ein geordneter Staat in der Hand seines Herrschers? War es nicht vielmehr ein wirres Durcheinander vielfältiger Machtansprüche, ein Gebilde ohne Einheit und ohne gemeinsame Interessen? Es mußte der innere Zustand geändert, eine *Reichsreform* durchgeführt werden! Man mußte eine allgemeine *Reichssteuer* erheben, einen „gemeinen Pfennig", und regelmäßige Beiträge für ein *Reichsheer*. Man mußte durch ein *Reichsgericht* den Landfrieden sichern, damit endlich Straßenraub und Selbsthilfe aufhörten. Man mußte schließlich dem Kaiser eine *Reichsregierung* zur Seite stellen.

In *Spanien* stand die gleiche Aufgabe an. Auch hier mußte Karl eine neue, straffe Form der Regierung schaffen, sonst hörten die Unruhen nie auf, die das Land erschütterten.

In *Rom* saß das Oberhaupt der Christenheit, der allumfassenden katholischen Kirche. Aber der Papst war zugleich auch weltlicher Herrscher, Herr des Kirchenstaates, und als solcher in die Streitigkeiten der europäischen Politik verflochten wie alle übrigen Fürsten. Die Kirche war „verweltlicht", sie war nicht mehr nur eine Sache des Glaubens

Kaiser Karl V. (1500–1558) als junger Mann, etwa zur Zeit des Reichstages in Worms 1521

und der Gemeinschaft der Gläubigen. Immer wieder forderten fromme Leute eine Reform, eine Erneuerung der Kirche, ihre Zurückführung zum alten frommen Dienst.

Dann war da *Frankreich*. Dessen König Franz I. war heftigster Mitbewerber um die Kaiserkrone gewesen. Die Gegnerschaft blieb. Frankreich verhandelte überall um Bundesgenossenschaft gegen den neuen Kaiser – sogar mit dem Erzfeind der Christenheit, dem Sultan der Türken!

Frankreich lag als Staat straff in der Hand seines Königs. Die Gelder aus allen Quellen flossen dem Herrscher zu, der damit seine Politik treiben konnte. Überall tauchten seine Goldstücke auf, im Reich wie in den übrigen Staaten Europas: als Schmiergelder für die geheimen Anhänger. Dagegen war der Kaiser in seinem zersplitterten und ungeordneten Reich fast ein armer Mann!

Diesen Landsknecht zeichnete der berühmte Maler Albrecht Dürer aus Nürnberg. ▷

Es war ein Europa voller Unfriede!

36 Jahre Krieg in Europa

Als der junge Karl den Thron von Aachen bestieg, hatte er gemeint, seine erste Aufgabe würde sein, Frieden und Ordnung, Recht und Sicherheit in dem ihm anvertrauten Reich zu schaffen. Aber mit dem Beginn seiner Herrschaft begannen auch die Kriege, die dann Jahr um Jahr seines Lebens füllten, die seine Kräfte in Anspruch nahmen und verzehrten, bis er nach 36 Jahren Regentschaft und Krieg die Krone niederlegte – ohne seinem Ziel nähergekommen zu sein. 36 Jahre Krieg in allen Teilen und an allen Grenzen seines Reiches: in Spanien, Italien, Frankreich, Deutschland, auf dem Balkan, im Mittelmeer und in Nordafrika.

Kriege gegen Frankreich

Viermal führte Karl V. lange Kriege mit seinem Gegner Franz I. von Frankreich. Über 20 Jahre Krieg brachten kein wesentliches Ergebnis, denn die entscheidende Ursache blieb. Solange Deutschland, Italien und Spanien in der Hand eines Mannes, des Kaisers, waren, fühlte sich Frankreich durch solche Umklammerung aufs stärkste bedroht. Die übergroße Macht Habsburgs störte das Gleichgewicht in Europa. So hatte Franz I. jedesmal neue Bundesgenossen gefunden, wenn er von Karl besiegt worden war, und jeder Friedensschluß war nur eine Atempause vor neuem Ringen.

Krieg gegen die Türken

Als seinen eigentlichen Gegner sah der glaubenseifrige Kaiser Karl den vordringenden Sultan der „heidnischen" Türken an. 1525 eroberte Suleiman der Prächtige das Königreich Ungarn. 1529 stand er mit seinen Truppen vor Wien und bedrohte so unmittelbar die habsburgische Hausmacht. Gleichzeitig brandschatzten Seeräuber von Nordafrika aus die Küsten Spaniens, Siziliens und Italiens.

Es gelang dem Kaiser nicht, die Macht der Türken zu brechen. Kaum, daß er die Grenzen seines Reiches gegen diese Bedränger wahrte, denn immer hatte er zugleich im Rücken seine anderen Gegner.

Die Landsknechte

Diese Kriege wurden nicht mehr, wie zu Barbarossas Zeiten, mit Ritterheeren ausgefochten. An die Stelle der gepanzerten Lehnsleute, die vom Pferd herab mit Schwert und Lanze den Gegner bekämpften, war das Fußvolk der Landsknechte getreten. Sie wurden von den kriegführenden Herren angeworben und bezahlt.

Es waren sonderbare Kriege. Nicht die Waffen waren eigentlich entscheidend, die Spieße, Hellebarden, Schwerter, die Armbrüste und Hakenbüchsen, die Feldschlangen und Mörser, sondern das Geld, der Sold, mit dem man die rauhen, wilden Kriegsgesellen entlohnte. Man schlug mit den gemieteten und bezahlten Kriegsknechten die gemieteten und bezahlten Kriegsknechte des Gegners. Und nach jedem Feldzug, nach jeder Schlacht mußten Sieger wie Besiegte ihre kostspieligen Lohntruppen sofort wieder entlassen – weil die Kassen leer waren! Oft genug plünderten dann die siegreichen Söldner im eigenen Land, um sich für nicht gezahlten Sold schadlos zu halten. Und als Frucht des Sieges blieben dem Herrscher nur die Kriegsschäden und seine Schulden, die er – z. B. den Fuggern – mit Zinsen zurückzahlen mußte. Im nächsten Jahr warb der besiegte Gegner wieder ein neues Heer an, vielleicht sogar die gleichen Landsknechte, die ihn im Vorjahr geschlagen hatten. Das Ringen begann von neuem, bis wiederum das Geld ausging oder sonst ein Ereignis den Krieg beendete.

Die Abdankung des Kaisers

In den Jahren der Regierung Karls V. war die Hausmacht der Habsburger weit über Europa hinausgewachsen. Immer wieder meldeten Karls Statthalter die Unterwerfung neuer Gebiete in Mittel- und Südamerika. Alle fremden Schätze freilich, die seine Häfen am Atlantik erreichten, verschwanden in seinen ewigen Kriegen sofort wie in einem Faß ohne Boden. Und die Rechnungsbücher der Fugger in Augsburg verzeichneten nach wie vor die Schulden der kaiserlichen Majestät.

Im Reiche selbst mißglückten alle Versuche zu der dringend notwendigen Reform. Zu allem aber kam das Ringen um den rechten Glauben, das die Regierungszeit Karls vom ersten Tage an erfüllte. Der Kaiser war ein frommer, gläubiger Christ, der es ernst nahm mit seinem Amt als oberster Schutzherr der Kirche. Aber er sah die Glaubenseinheit seines Reiches und Euopas zerbrechen. Gichtgekrümmt und von Atemnot gequält, verzichtete er schließlich 1556 auf den Thron.

Als Karl V. abdankte, wurde die gewaltige Hausmacht geteilt: in eine spanische Hälfte unter seinem Sohn Philipp und in eine deutsche Hälfte unter seinem Bruder Ferdinand. An Ferdinand ging auch die Kaiserkrone. Karl starb 1558 in Spanien.

Arbeitsvorschläge

1. Wie viele „Territorien" gab es um 1519 im „Heiligen Römischen Reich Deutscher Nation"?

2. Trage in deine Faustskizze von den Mächten Europas durch Pfeile die Kriege Karls V. ein!

3. Gibt es auch heute noch Söldner?

4. Welche amerikanischen Gebiete wurden in der Regierungszeit Karls V. unterworfen? (Denke an Cortez und Pizarro!)

5. An Karl V. hatte der Bischof Las Casas seine Schilderung der Zustände in den spanischen Kolonien gerichtet. Lies sie noch einmal durch!

Wir merken uns

Durch ihre Heiratspolitik wurden die Habsburger zu einer Großmacht. Karl V. vereinigte unter seiner Herrschaft weite Gebiete Europas und Amerikas. Seine Regierungszeit (1519–1556) war erfüllt von ständigen Kriegen, vor allem gegen die Franzosen und gegen die Türken.

Reformation und Bauernkrieg

Die Reformation

Kirchliche Mißstände

Nicht nur Kriege und Kämpfe gegen äußere Feinde hatten die Zeit Karls V. erfüllt. Bis in unsere Gegenwart bedeutsvoll wurde vielmehr ein Ereignis im Bereich des Glaubens: *die Reformation*, die Entstehung eines neuen, „evangelischen" Bekenntnisses.

Immer wieder war die Forderung nach einer Änderung der Zustände in der Kirche erhoben worden. In vielem war die Kirche verweltlicht. Der Papst hatte sich in Rom mit einer Pracht umgeben, die in Europa einzig war. Hohe Kirchenämter waren verkauft worden, um Geld in die Kassen zu bringen. Prunkvolle Bauten und Kunstwerke sollten die Größe des Papsttums deutlich machen.

Luthers neue Lehre

Der Anstoß zur Reformation war 1517 in dem sächsischen Städtchen Wittenberg erfolgt. Dort hatte der Mönch und Professor der Theologie, *Dr. Martin Luther*, Streitsätze („Thesen") verkündet, die sich vor allem gegen den Handel mit „Ablaßbriefen" richteten, wie er damals betrieben wurde. Diese Thesen Luthers hatten das ganze Land erregt und ihn zum Anführer einer breiten Bewegung gemacht, die sich gegen das damalige Bild der Kirche richtete.

In immer neuen Kampfschriften entwickelte Luther seine neue Lehre: Nur wer wirklich glaubt und ehrlich bereut, findet Gottes Vergebung – zu kaufen ist sie nicht! Allein die Heilige Schrift enthält Gottes Wort, nicht die Glaubenssätze und Forderungen des Papstes und der Bischöfe! Ja, der Papst ist sogar ein „Widersacher Christi" – die Deutschen sollten sich von ihm trennen!

Bald nach 1500 hatte der Papst einen großen „Ablaß" verkündet. Wer einen „Ablaßbrief" kaufte, dem sollten die Strafen im Fegefeuer für seine Sünden erlassen sein. Die Gelder waren für den Neubau der Peterskirche in Rom bestimmt. Mönche durchzogen das Land und verkauften die Ablaßbriefe. Sie fragten nicht viel danach, ob die Menschen ihre Sünden auch bereuten.

Der Mönch Tetzel trieb bei Wittenberg sein Unwesen. Unser Spottbild legt ihm die Worte in den Mund: „Sobald der Gulden im Becken klingt, im Hui die Seel' in den Himmel springt."

Das Bild links stammt aus einer Flugschrift gegen den Papst. Er ist als Drache dargestellt, der den Mönch Luther anspringt. Aus seinem Rachen speit er Wasser, um das Licht in Luthers Hand – Gottes Wort, das Evangelium – auszulöschen. Und mit seinen Krallen will er die Bibel zerfetzen. Aber er kann Luther nichts anhaben. – Im Hintergrund flüchtet ein Ablaßhändler, begleitet von den „Klostermäusen" und verfolgt von einem Wespenschwarm.

Luther auf dem Reichstag zu Worms

Der Papst hatte den aufrührerischen Mönch „gebannt", aus der Kirche ausgeschlossen, Luther jedoch die *Bannbulle* öffentlich vor den Toren der Stadt verbrannt. Nun war er vom Kaiser vor den Reichstag in Worms geladen.

Am 18. April 1521 stand Luther vor dem Kaiser. Des Kaisers Beauftragter fragte ihn, ob er bereit sei, seine neue Lehre zu widerrufen. In ausführlicher Rede bekannte sich Luther zu allen seinen Schriften. Er könne nichts davon preisgeben, denn sie ruhten auf Gottes Wort und folgten aus klaren, vernünftigen Gründen. Er habe alles genugsam bedacht und erwogen, auch daß er Unfriede und Streit in die Welt bringen könne. Aber man müsse allein dem Gebot Gottes und der Stimme des Gewissens folgen, gleich, was daraus komme. Er schloß mit den Worten: „Deshalb kann und will ich nicht widerrufen... Gott helfe mir, Amen."

Martin Luther (1483–1546), wie ihn der Künstler Lucas Cranach 1520 in einem Kupferstich darstellte

Am 8. Mai erging das Urteil, die Verhängung der *Reichsacht* über den Reformator. Jetzt war der Dr. Luther vogelfrei. Aber der sächsische Kurfürst wurde zu seinem Beschützer: Zum Schein ließ er ihn überfallen und verschleppen.

Auf der Wartburg lebte Luther nun, verkleidet und in einem Turmstübchen versteckt, und übersetzte die Heilige Schrift ins Deutsche. Aber noch gab es gar keine einheitliche deutsche Sprache, sondern nur Mundarten: hoch- und niederdeutsche und vielerlei Mischformen von beiden.

Mancher hatte sich schon an dem schweren Werk der Bibelübersetzung versucht, nie jedoch war sie recht geglückt. Martin Luther aber rang um das Wort, das alle Deutschen verstanden. Und es ist ihm gelungen: Luthers Bibel wurde für Jahrhunderte das Lesebuch des deutschen Volkes. Seine Redeweise, anschaulich und klar, wurde gemeinsames, lebendiges Gut in allen Teilen des Reiches. Sie erklang in den Schulen, in den häuslichen und kirchlichen Andachten, in Reden, Briefen und Schriften. Luther schuf, ohne es zu wissen, unsere neuhochdeutsche Schrift- und Umgangssprache. Das wurde, neben der Reformation, seine größte Tat.

Aus alten Bibelübersetzungen		
Hochdeutscher Druck 1518	Niederdeutscher Druck 1522	**Luthers Wortlaut**
Der herr regieret mich und mir geprist nichts, und an der stat der weide, da setzt er mich. Er hat mich gefüret auf dem wasser der widerspringung, er bekeret mein sel. Er fürt mich auss auf die steig der gerechtigkeit, vmb seinen namen. Wann ob ich gen in mitte des schatten des todes, ich fürcht nit die üblen ding, wann du bist bei mir: Dein ruot und dein stab, die selben haben mich getröstet.	De here regeret mi und mi schal nicht gebreken, in der stede der weide, dar he mi satte. He ledde mi up dat water der weddermakinge, he bekerte mine sele. He ledde mi ut up den wech der rechtferdichkeit, dorch sinen namen. Wente efte ick ga in dem middel des schemen des dodes, ick schal nein qual forchten, wente du bist mit mi: din rode und din staf, de hebben mi getrost.	Der Herr ist mein Hirte, mir wird nichts mangeln. Er weidet mich auff einer grünen Awen und füret mich zum frischen Wasser. Er erquicket meine Seele. Er füret mich auf rechter Straße, vmb seines namens willen. Und ob ich schon wandert im finstern tal, fürchte ich kein Unglück, denn Du bist bey mir, Dein stecken und stab trösten mich.

Arbeitsvorschlag Die folgenden Worthinweise sollen dir helfen, die Bibeltexte zu verstehen: awe = Aue; geprisen, gebreken = (gebrechen), fehlen; widerspringung, weddermaking = Wiedergeburt, Erneuerung; steig, wech = Steig, Weg.
Lies bitte zunächst Luthers Wortlaut und vergleiche ihn mit dem entsprechenden Bibeltext aus unserer Zeit (23. Psalm)! Vergleiche ihn dann Wort für Wort mit den Übersetzungen von 1518 und 1522! Du wirst manches über die Entwicklung unserer Sprache erkennen.

Der Fortgang der Reformation

Nach dem Auftreten Luthers in Worms war die Spaltung der Kirche nicht mehr aufzuhalten. Mönche verließen ihre Klöster, Priester heirateten, die Formen des Gottesdienstes wandelten sich. Auch viele Fürsten folgten der neuen Lehre – einige aber nur, um die Kirchengüter in ihrem Land zu beschlagnahmen und in ihren eigenen Besitz zu bringen. Mehr als die Hälfte des deutschen Reichsgebietes wurde lutherisch. Ebenso traten Dänemark, Schweden und Norwegen der neuen Lehre bei. Der König von England begründete in seinem Reich eine eigene „anglikanische" Landeskirche. Auch in Frankreich, Polen und Ungarn rangen neue und alte Glaubensformen miteinander.

Zwingli und Calvin

Neben Luther standen noch andere Reformer außerhalb der alten katholischen Kirche: die Begründer des *„reformierten"* Bekenntnisses, *Ulrich Zwingli* (1484–1531) und *Johann Calvin* (1509–1564). Auch die „Reformierten" gründeten ihre Lehre auf das Zeugnis der Schrift wie Luther, sie unterschieden sich aber von ihm durch ihren Glauben an die Vorherbestimmung des Menschen. Gott, so glaubten sie, hat jeden Menschen von Geburt an entweder auserwählt oder verworfen. Wer im Leben und im Beruf tüchtig ist, dem wird Gottes Segen bestätigt.

Ausgangspunkt der „reformierten" Lehre war die Schweiz: in Zürich hatte Zwingli gelehrt, in Basel und Genf Calvin. Von hier verbreitete sie sich besonders in Westeuropa und später in Nordamerika.

Mit der Gründung der lutherischen und der „reformierten" Kirche zerbrach die bisherige Glaubenseinheit im Reich und in Europa.

Das Täuferreich in Münster

Außerhalb dieser Kirchen und auch außerhalb der alten Glaubensform standen reformerische Gruppen, die ein Gottesreich auf Erden errichten wollten. Weder Arme noch Reiche, weder Herren noch Knechte sollte es darin geben. Einige dieser Gruppen wollten durch Umsturz und Gewalt zu ihrem Ziel gelangen, wie zum Beispiel die Wiedertäufer in Münster. Sie lehnten die Kindestaufe ab; wer zu ihnen gehören wollte, sollte als Erwachsener noch einmal entscheiden, ob er getauft sein wollte. Deshalb nannte man sie „Täufer" oder „Wiedertäufer".

„Sie haben sich heimlich untereinander getauft, so lange, bis die Wiedertäufer begannen, ein Haufe zu werden. Und alle Tage kamen Wiedertäufer in die Stadt aus anderen Ländern ... Es sind der Wiedertäufer so viele in der Stadt geworden, daß sie begannen, öffentlich zu taufen, wer sich wollte taufen lassen ...

So sind die Wiedertäufer in den Dom gelaufen und haben ihn geplündert und alle Pfaffen daraus gejagt und den Küstern die Schlüssel genommen und den Dom ringsum zugeschlossen und alle Kisten und Becken entzweigeschlagen und so zwei oder drei Tage im Dom gelegen und darinnen gesungen und sind gesprungen und haben alle Heiligen entzweigeschlagen und sie verbrannt und Tag und Nacht im Dom gelegen und getrunken ...

Als nun der erste Montag in den Fasten [23. Februar 1534] gekommen ist ..., haben die Wiedertäufer den alten Rat abgesetzt und einen neuen Rat gewählt, ... und alle diejenigen, die sie in den Rat setzten, das waren alle miteinander Wiedertäufer, denn sie wollten einerlei Leute sein.

Da sind sie an diesem Freitag [27. Februar 1534] morgens gegen sieben Uhr in der Stadt in den Straßen auf und ab gelaufen und haben gerufen: ‚Heraus, ihr Gottlosen, Gott will einmal aufwachen und will euch strafen!' So liefen sie durch die Stadt mit ihrem Gewehr, mit Büchsen, Spießen und Hellebarden und schlugen die Türen auf und haben da jeden aus der Stadt gejagt, der sich nicht wollte taufen lassen. Und dieselben mußten alles stehenlassen, was sie besaßen, Haus und Hof, Frau und Kind, und mußten jämmerlich von dem Ihren ziehen. So sind Männer und Frauen und die ganze Geistlichkeit, Mägde und Kinder an einem Freitag aus Münster ausgezogen ... Dieselben, die von den Männern, Frauen und Mägden in der Stadt geblieben sind, sind mit Gewalt zur Taufe gezwungen worden ...

So sind sie des weiteren eins geworden und haben beschlossen, daß alles Gut gemeinsam sein soll, ... so daß jeder so viel haben sollte wie der andere, sie wären reich oder arm gewesen, sie sollten alle gleich sein ... So haben sie das Volk auf dem Markt zusammenkommen lassen und dort eine Predigt getan. Da hat Jan van Leiden [einer der Anführer] gesagt, daß es Gottes Wille wäre, daß ein jeder sein Geld, Gold und Silber aufbringen sollte. ‚Dasselbe Geld, Silber und Gold ist zu unserem Besten, wo wir es dann nötig haben.' ... Wo sie einen ausfindig machen konnten, der sein Geld, Silber und Gold behalten hatte, taten sie ihn aus der Gemeinschaft und straften ihn ... Und sie hieben einem Teil von ihnen die Köpfe ab ...

Sie wollten auch haben, daß alle Dinge frei sein sollten, das eine sowohl wie das andere, Haus und Hof, kein Ding ausgenommen. So wollten sie nimmer die Tür zuschließen, es wäre Tag oder Nacht. Allezeit sollten die Häuser offenstehen, so daß der eine zu dem anderen hineingehen sollte, wann er wollte.

So haben [sie auch] verkündigt, daß es Gottes Wille wäre, daß sie sollten die Welt vermehren, daß ein jeder sollte drei oder vier Frauen nehmen, so viel als er haben wollte ... Und es hat Jan van Leiden alle Tage mehr Frauen genommen, so daß er zuletzt fünfzehn Frauen hatte. So haben die Holländer, Friesen und alle rechten Wiedertäufer auch mehr Frauen zu ihrer ersten Frau genommen ... Da hat der Teufel gelacht. Da haben sie ihren Willen gehabt, die da alte Frauen hatten, und konnten die jungen Frauen nehmen ...

Jan van Leiden ist eine große Offenbarung gekommen, daß er sollte ein König über Neu-Israel und über die ganze Welt und nächst Gott sein. In der ganzen Welt sollte kein König oder Herr sein als Jan van Leiden. Und in der ganzen Welt sollte keine Obrigkeit mehr sein als Jan van Leiden und wen er von den Wiedertäufern einsetzte ... Das gemeine Volk hat stillgeschwiegen in der Stadt. Der eine hat es geglaubt und der andere nicht mit der Offenbarung. Die Obersten in der Stadt sind sich einig geworden, ... haben Jan van Leiden zum König gemacht.

[Der Bischof von Münster hatte im Februar 1534 mit der Belagerung der Stadt begonnen.]

So ist nun der Hunger so groß geworden in der Stadt, daß sie vor Hunger gestorben sind... Männer und Frauen, alte kranke Leute sind verschmachtet... Der König mit seinem Anhang wollte die Stadt nicht aufgeben... Der König hatte noch gut Fasten mit seinem Anhang. Ein Teil hatte noch genug zu essen. Es ging mehr über das andere gemeine Volk.

[Münster wird nach 16 Monaten Belagerung im Juni 1535 erobert.]

Als sie die Stadt nun also eingenommen hatten, sind die Landsknechte in alle Häuser durch die ganze Stadt gelaufen, ... und sie haben von den Wiedertäufern noch einen Teil gefunden und haben sie bei den Haaren aus den Häusern gezogen und danach auf den Straßen totgeschlagen. Gleich darauf wurde der König angeklagt, daß er sich gegen Gott und den Rat vergangen, ... die Kirchen und heiligen Gebäude zerstört und geplündert, ... den legitimen Rat vertrieben ... und sich gegen das allgemeine Recht zum König gemacht ... und die Bürger in ein jammervolles Exil gejagt hätte ... Deshalb wurde er zum Tode verurteilt. Wegen beinahe derselben Schandtaten wurden auch Knipperdolling und Krechting zum Tode verurteilt.

[Sie werden unter qualvoller Marter hingerichtet.]

Darauf wurden ihre Leichname zum Lambertusfriedhof geschafft und in eiserne und vergitterte Körbe gesetzt und darin mit einigen Halseisen aufgerichtet und emporgehalten und am obersten Teil des Lambertusturmes auf der Südseite befestigt, wo die nach der Entfernung des Fleisches und der Gebeine zum ewigen Gedächtnis an diese Sache aufgehängten Körbe auch jetzt noch betrachtet werden können."

[Münster wird von seinem Bischof wieder katholisch gemacht.]

(Darstellung des Heinrich Gresbeck und des Hermann Kerssenbroch, nach: Die Reformation in Augenzeugenberichten, München 1973, S. 425—433)

Arbeitsvorschläge

Täuferkörbe am Lambertusturm in Münster

1. Arbeite bitte den vorstehenden Quellentext abschnittsweise durch! Versuche, zu jedem Abschnitt eine passende Überschrift zu finden! Die folgenden Fragen können dir dabei helfen.

   a) Auf welche Weise bildet sich in Münster ein Zentrum der Täufer?

   b) Gegen wen wenden sich die Täufer zuerst?

   c) Wie führen sie die Eroberung der Macht in der Stadt weiter?

   d) Durch welche Maßnahmen versuchen sie, nur „einerlei Leute" in der Stadtbevölkerung zu haben? (Gelingt es ihnen wohl?)

   e) Welche Stellung nehmen die Täufer zum Privateigentum ein?

   f) Welche Stellung nehmen die Täufer zum Ehestand ein? (Womit begründen sie diese?)

   g) Welche neue „Obrigkeit" wird in Münster begründet? (Wie wird sie begründet? Welches geschichtliche Vorbild wird herangezogen? Soll die Obrigkeit auf Münster beschränkt bleiben?)

   h) Wie wirkt sich die Belagerung durch den Bischof aus? (Wer leidet am stärksten, wer offenbar am wenigsten?)

   i) Was geschieht nach der Einnahme der Stadt mit den einfachen Täufern, was mit den Anführern? (Stelle die Anklagepunkte gegen Jan van Leiden zusammen!)

   j) Mit welcher Absicht werden die Körbe am Lambertusturm aufgehängt?

2. Welcher Seite gehören wohl die Augenzeugen an? Berichten sie „parteiisch" oder „unparteiisch"? In welchen Formulierungen zeigt sich gegebenenfalls ihre Parteinahme?

3. Wie beurteilst du das Verhalten der Anführer der Täufer, aber auch das der bischöflichen Beauftragten?

Der Augsburger Religionsfriede

Im Reich kam es 1546 zum Krieg zwischen Kaiser Karl V. und seinen lutherischen Landesfürsten, dem „Schmalkaldischen Krieg". Er dauerte zwei Jahre.

Es war der erste Glaubenskrieg zwischen der alten, alles umfassenden katholischen Lehre und dem neuen Bekenntnis. Dahinter stand außerdem der alte Gegensatz von Kaisermacht und Selbständigkeitsstreben der einzelnen Landesfürsten. Glaube und Politik waren untrennbar miteinander verflochten – auf beiden Seiten.

Der Kampf endete unentschieden. Jede Seite steckte ihre Ansprüche und Ziele etwas zurück, man schloß einen „Kompromiß", den *Augsburger Religionsfrieden* von 1555. Lutheraner wie Katholiken sollten hinfort gleichberechtigt nebeneinander leben. Jeder Fürst bestimmte über die Religion seiner Untertanen. Lutherische Fürsten durften beschlagnahmte Kirchengüter behalten. Die Reformierten blieben von dieser Regelung ausgeschlossen.

Arbeitsvorschläge

1. Im Augsburger Religionsfrieden wurde festgelegt, daß der Landesfürst die Religion seiner Untertanen bestimmen durfte. Wie denkst du darüber?

2. Stelle a) in deiner Klasse, b) in deiner Schule fest, wie viele Schüler dem einen oder anderen Bekenntnis angehören! Stelle die verschiedenen Anteile in Schaubildern dar: Figurendarstellung, Säulendarstellung, Darstellung im Prozentkreis!

Bereits in den letzten Jahrhunderten des Mittelalters breitete sich der Hexenglaube in Deutschland aus. Man nahm an, daß viele Frauen mit dem Teufel verbündet wären und dadurch übermenschliche Fähigkeiten besäßen. Trotz aller neuen Erkenntnisse über die Natur, die Erde und die Menschen steigerte sich nach der Reformation dieser Aberglaube noch einmal zum „Hexenwahn". Selbst Luther und Calvin glaubten fest, daß es Hexen gäbe. Viele tausend unschuldige Frauen wurden als Hexen verbrannt, wie hier 1574 in der Schweiz.

Hexenwahn und Folter im 16. Jahrhundert

„Was reichte als Grund zur Anklage aus? Alles. Wer konnte und mußte Anzeige erstatten? Jedermann; auch Fieberträume von Kranken waren als Beweis zugelassen. Wen durfte die Anklage betreffen? Jeden, auch Kinder, in der Hauptsache selbstverständlich Frauen und Mädchen. Stand eine Frau allein im Feld und ein plötzliches Hagelwetter brach los: Hexerei! Hatte sie außerdem gegen irgend jemanden, dessen Felder ebenfalls verhagelt waren, irgendwann – und sei es vor Jahren – eine bedrohliche Äußerung getan, so zweifelte niemand mehr an ihren Hexenkünsten, sondern glaubte nur, sie hätte jenem Betreffenden den Hagel aufs Feld geholt. Gutes Gedeihen der eigenen Haustiere: Hexerei! Guter Ernteertrag: Hexerei ...

Ungewöhnlicher Fleiß, hervorstechende Sauberkeit: Hexerei (Heinzelmännchen! Hilfsbereite Hausgeister!). Mehr Glück bei den Männern als die Nachbarstochter: Hexerei! – Andererseits legte Heimatlosigkeit, ein abstoßendes Äußeres, unstetes Leben, Neigung zu gefahrdrohenden Schimpfwörtern, übler Körpergeruch, Muttermale und Warzen den Verdacht auf Hexerei nahe."

(Eberhard Orthbandt, Das deutsche Abenteuer, Baden-Baden 1960, S. 617)

„War aber jemand einmal in der Hand des Hexenrichters, dann sah er nur in den allerseltensten Fällen Freiheit und Leben wieder. Das Gerichtsverfahren, dem die Hexen unterworfen wurden, war ein Hohn auf Gerechtigkeit, Menschlichkeit, Christlichkeit ...

Immer teuflischer wurde ... die Folter herangezogen. Was nur immer die entmenschte Wollust der Grausamkeit an Qualen ersinnen konnte, das haben die Hexenrichter an ihren Opfern ausgeführt. Natürlich gestanden die armen Opfer unter den wahnsinnigen Peinen alles, was die Richter nur gerade hören wollten. Sie gestanden Dinge, die die Richter sofort als unsinnig erkennen konnten.

So bekannte einmal zu Fulda eine Hexe bei der Folterung, sie habe ihre zwei Kinder durch Zauberei umgebracht und einem Bauer einen Schimmel ,gesterbt'; die beiden Kinder aber lebten, und der Bauer hatte nie einen Schimmel verloren; nichtsdestoweniger wurde die Hexe hingerichtet.

Neben der Folter wurde oft noch die schon im frühen Mittelalter bekannte Wasserprobe angewandt; die Beschuldigte wurde völlig entkleidet, an Händen und Füßen gebunden und mit einem Strick um den Leib ins Wasser geworfen; sank sie unter, so galt sie für unschuldig, schwamm sie oben, so schien ihre Schuld erwiesen – die Schlußfolgerung wurde jedoch bisweilen auch umgekehrt gezogen."

(Friedrich Zoepfl, Deutsche Kulturgeschichte, Freiburg 1937, Band 2, S. 216—218)

So lebten im 16. Jahrhundert, auf dem Höhepunkt des Hexenwahns, besonders die Frauen und Mädchen in ständiger Furcht vor Verleumdung und Anklage. Wie viele Menschen als Hexen verbrannt oder zu Tode gefoltert worden sind, läßt sich nicht annähernd schätzen. Erst 1749 wurde in Deutschland die letzte „Hexe" verbrannt.

Arbeitsvorschläge

1. Allein die *Anklage* der Hexerei bedeutete praktisch schon den Tod. Begründe bitte diese Aussage, indem du dir die möglichen Verläufe eines Prozesses vor Augen führst!

2. Suche nach Gründen für den Hexenwahn! Warum mochte er gerade in der Zeit der Reformation seinen Höhepunkt erreichen? Gibt es auch in unserer Zeit noch Anzeichen des Hexenglaubens?

3. Auf S. 93 kannst du nachlesen, wann und in welchem Zusammenhang in Teilen Deutschlands die Folter abgeschafft wurde.

4. Manchmal wird auch in unserer Gegenwart noch von Folterungen in der Welt berichtet. Welche Beispiele kannst du nennen?

In die nebenstehende Karte des deutschen Bauernkriegs ist die zeitgenössische Abbildung eines Fahnenträgers aus dem Bauernkrieg einmontiert.
Stelle bitte mit Hilfe deines Erdkunde-Atlasses fest, in welchen Landschaften die Hauptgebiete des Aufstandes lagen, welche Landschaften nicht davon berührt wurden!

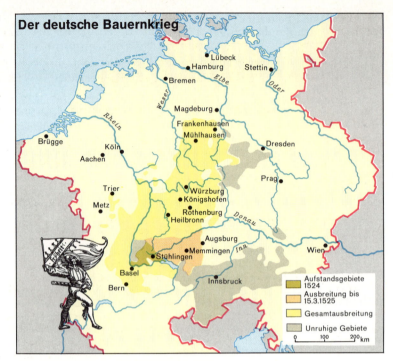

Der deutsche Bauernkrieg

Das Leben der Bauern

Über das Leben der Bauern zu Beginn des 16. Jahrhunderts berichtet uns ein Zeitgenosse:

„In die nahen Städte bringt das Volk zum Verkauf, was es vom Acker, vom Vieh gewinnt, und kauft sich wiederum hier ein, was es bedarf; denn Handwerker wohnen keine oder wenige unter ihnen. In der Kirche ... kommen sie an Festtagen vormittags alle zusammen und hören von ihrem Priester Gottes Wort und die Messe, nachmittags verhandeln sie unter der Linde oder an einem öffentlichen Ort ihre Angelegenheiten, die Jüngeren tanzen danach nach der Musik des Pfeifers, die Alten gehen in die Schenke und trinken Wein. Ohne Waffen geht kein Mann aus: sie sind für alle Fälle mit dem Schwert umgürtet.

Die einzelnen Dörfer wählen unter sich zwei oder vier Männer, die sie Bauermeister nennen, das sind die Vermittler bei Streitigkeiten und Verträgen und die Rechnungsführer der Gemeinde. Die Verwaltung aber haben nicht sie, sondern die Herren oder die Schulzen, die von jenen bestellt werden.

Den Herren fronen sie oftmals im Jahre, bauen das Feld, besäen es, ernten die Früchte, bringen sie in die Scheunen, bauen Holz, bauen Häuser, bauen Gräben. Es gibt nichts, was dieses sklavische und elende Volk den Herren nicht schuldig sein soll. Nichts, was ihnen befohlen wird, können die Bauern verweigern, ohne daß ihnen von den Herren Gefahr droht. Der Schuldige wird streng bestraft. Aber am härtesten ist es für die Leute, daß der größte Teil der Güter, die sie besitzen, nicht ihnen, sondern den Herren gehört, und daß sie sich durch einen bestimmten Teil der Ernte jedes Jahres von ihnen loskaufen müssen." *(Joh. Boemus, Über den Bauernstand, 1520)*

Arbeitsvorschläge

1. Stelle bitte zusammen, was du bereits in Band 1 über die Lage der Bauern im Mittelalter und über frühere Erhebungen der Bauern erfahren hast!

2. Lies den vorstehenden Quellentext genau! Wie spielen sich Alltag und Feiertag der Bauern im allgemeinen ab? Wie unterscheiden sich die Aufgaben des Bauermeisters und des Schulzen? Wer hat wohl die größere Macht? Welche Dienste und Abgaben werden im einzelnen genannt?

Die Forderungen der Bauern

Noch immer lebten die Bauern in vielerlei Abhängigkeit von ihren Herren. Noch immer hatten sie Abgaben und Dienste zu leisten, entschied der Grundherr bei Streitigkeiten. Noch immer war der Bauer wenig angesehen oder gar verachtet. Jetzt aber gab Luthers Schrift „Von der Freiheit eines Christenmenschen" das Stichwort der Freiheit. Mit ihren Forderungen beriefen sie sich auf die Heilige Schrift, wie hier in den zwölf Artikeln der schwäbischen Bauern vom Februar 1525:

1. Jede Gemeinde hat das Recht, ihren Pfarrer selbst zu wählen und auch abzusetzen, wenn er sich ungebührlich verhalten sollte.

2. Der Kornzehnt soll bleiben, weil er bereits in der Bibel aufgeführt ist. Der Viehzehnt soll aber wegfallen.

3. Die Hörigkeit soll abgeschafft werden, weil Christus alle Menschen erlöst hat.

4. Jeder Mann soll frei jagen und fischen dürfen.

5. Die Wälder sollen den Gemeinden gehören, die Holznutzung frei sein, damit jeder Bau- und Brennholz hat.

6. Die Frondienste sollen verringert werden.

7. Die Herren sollen den Bauern nicht willkürlich Dienste aufzwingen.

8. Ein unparteiischer Rat soll den Pachtzins festsetzen, nicht der Grundherr ihn beliebig erhöhen dürfen.

9. Nur nach überliefertem Recht soll gestraft werden und nicht nach Gunst.

10. Die Allmende soll wieder hergestellt werden.

11. Abgaben im Todesfall sollen abgeschafft werden.

12. „Wenn einer oder mehrere Artikel hier aufgestellt sein sollten, die dem Wort Gottes nicht gemäß sind, dann wollen wir davon Abstand nehmen, wenn man uns das aus der Heiligen Schrift nachweist."

Arbeitsvorschlag

Die Forderungen der Bauern sind hier sinngemäß in einer starken Beschränkung auf das Wesentliche dargestellt. Worum geht es in den einzelnen Artikeln? Welches „Recht" der Herren stand diesen Forderungen jeweils entgegen? In welchen Artikeln wird die Berufung auf die Heilige Schrift deutlich?

Der Krieg

Als die Herren nicht auf die Forderungen der Bauern eingingen, griffen sie zu ihren Waffen. Im März 1525, so schreibt ein Zeitgenosse, waren „von Augsburg bis zum Bodensee aller Obrigkeit Bauern und Untertanen in Aufruhr und Empörung". Das arme Volk aus den Städten schloß sich an. Zahlreiche Pfarrer, entlaufene Mönche, selbst vereinzelte Ritter und Adlige, wie Florian Geyer und Götz von Berlichingen, kämpften als Anführer der Bauern. Überall Sturm und Gewalttat gegen Kirchen, Klöster, Burgen und Schlösser, Aufruhr in den Städten!

Aufständische Bauern überfallen und plündern ein Kloster.

Aufständische Bauern mit der Bundschuhfahne umringen einen Grundherren.

Luther und die Bauern

Luther nimmt in zwei Schriften zu den Forderungen und Handlungen der Bauern Stellung:

„Es hat die Bauernschaft, die sich jetzt im Schwabenland zusammengeworfen hat, zwölf Artikel über ihre unerträglichen Beschwerungen gegen die Obrigkeit [zusammen] gestellt...

Es sind nicht Bauern, liebe Herren, die sich wider euch setzen; Gott ist's selber, der setzt sich wider euch, heimzusuchen eure Wüterei...

Etliche fangen an und geben dem Evangelium die Schuld, sprechen, dies sei die Frucht meiner Lehre... Ihr und jedermann muß mir Zeugnis geben, daß ich in aller Stille gelehrt habe, heftig wider Aufruhr gestritten, ... so daß dieser Aufruhr nicht kann aus mir kommen, sondern die Mordpropheten, welche mir ja so feind sind als euch, sind unter diesen Pöbel gekommen...

Ist euch noch zu raten, ihr Herren, so weicht ein wenig um Gottes Willen dem Zorn... auf daß nicht ein Funke angehe und ganz deutsch Land anzünde... Verliert ihr doch mit der Güte nichts..."

(Martin Luther, Ermahnung zum Frieden auf die zwölf Artikel der Bauernschaft in Schwaben, April 1525)

„Ehe denn ich mich umsehe, greifen die Bauern mit der Faust drein, ... rauben und toben und tun wie die rasenden Hunde... Nun denn sich solche Bauern und elenden Leute verführen lassen und anders tun als sie geredet haben, muß ich auch anders von ihnen schreiben...

Dreierlei greuliche Sünden wider Gott und die Menschen laden diese Bauern auf sich... Zum ersten, daß sie ihrer Obrigkeit geschworen haben, untertänig und gehorsam zu sein ... Weil sie aber diesen Gehorsam brechen, haben sie verwirkt Leib und Seele... Zum anderen: [dadurch] daß sie Aufruhr anrichten, rauben und plündern... verschulden sie zwiefältig den Tod an Leib und Seele... Zum dritten: [dadurch] daß sie solch schreckliche, greuliche Sünden mit dem Evangelium decken, werden sie die größten Gotteslästerer...

Der Bauer führt das Schwert wider Gottes Wort und Gehorsam und ist ein Teufelsglied ... Gott wolle sie erleuchten und bekehren. Welche aber nicht zu bekehren sind, da gebe Gott, daß sie kein Glück noch Gelingen haben..."

(Martin Luther, Wider die räuberischen und mörderischen Rotten der Bauern, Mai 1525)

Arbeitsvorschläge

1. An wen wendet sich Luther in seinem Text vom April 1525? Welche Stellung nimmt er zu den Forderungen der Bauern ein? Ist er damit einverstanden, daß sich die Bauern auf ihn berufen? Wen macht er für den Aufruhr verantwortlich? Welche Ratschläge gibt er den „Herren"?

2. In dem Text vom Mai 1525 hat Luther seine Stellung zu den Bauern verändert. Welche Begründung gibt er dafür? Welcher „Sünden" klagt er die Bauern an?

3. Gibt es auch in unserer Gegenwart Anlässe, über das Verhältnis zur „Obrigkeit" nachzudenken?

Die Niederlage

Im Laufe des Sommers 1525 schlugen die Fürsten und Städte mit unerbittlicher Härte den Aufstand nieder. Die Bauern waren zumeist mit Sensen und Heugabeln, mit Dreschflegeln und Äxten, aber auch mit Schwertern und Dolchen bewaffnet. Sie konnten gegen die Söldnerheere wenig ausrichten, zumal ihnen die einheitliche Führung fehlte.

Thomas Müntzer (1489?—1525)

Über das Ende des Bauernaufstandes in Thüringen wird uns in dem folgenden Text berichtet. Bei der kleinen Stadt Frankenhausen hatten sich die Bauern in einer Wagenburg verschanzt. Die Fürsten forderten die Auslieferung ihres Anführers, des Predigers *Thomas Müntzer*.

„Während Müntzer predigte und die Bauern wohl in dem Glauben lebten, daß, solange die Verhandlungen dauerten, Waffenstillstand herrschte, hatten die Fürsten ihre Geschütze, dann auch ihre Reisigen [schwerbewaffnete Reiter] und Knechte um die Bauern herum auf die Höhen gebracht. So sahen sich die Bauern plötzlich von allen Seiten umzingelt. ...

Unmittelbar darauf trafen die ersten Schüsse der fürstlichen Geschütze die Wagenburg der Bauern. Noch vertrauten sie Müntzers Wort, daß die Kugeln der Fürsten ihnen nichts anhaben könnten. Noch standen sie im Gesang des Müntzerschen Pfingsthymnus ‚Komm, heiliger Geist, Herre Gott' zusammen. Mit den ersten Treffern zerbrach die Täuschung.

In wüster Flucht eilte alles den Berg hinab, den rettenden Mauern der Stadt zu, ihnen nach Reiter und Fußvolk, alles niederstechend, was sie antrafen. Nur ganz vereinzelt setzten sich kleine Gruppen zur Wehr. Vergeblich. Zugleich mit den Fliehenden drangen die Truppen in die Stadt selbst ein. In den engen Gäßchen setzte sich das Morden fort, bis die Fürsten Einhalt geboten.

Gegen 5000 Bauern waren gefallen, nur 600 gefangen. Kaum viel mehr werden sich durch die Flucht gerettet haben. Noch heute heißt ein Tälchen, das vom Schlachtberg herab zur Stadt führt, die Blutrinne. Die fürstlichen Truppen hatten dagegen nur sechs Tote.

Müntzer war es gelungen, in die Stadt zu entkommen. Er versteckte sich in einer Bodenkammer und stellte sich krank. Ein Knecht entdeckte ihn trotzdem. Noch in Frankenhausen wurde Müntzer verhört. Dann übergaben ihn die Fürsten seinem erbittertsten Gegner, Ernst von Mansfeld. Der führte ihn nach Heldrungen, um ihn zu foltern." [Wenige Tage später wurde er enthauptet.]

(Günter Franz, Der deutsche Bauernkrieg, Darmstadt ⁴1956, S. 269 f.)

Im Herbst war das Land wieder „befriedet", an der Lage der Bauern jedoch nichts gebessert. Für Jahrhunderte waren die Niedergeschlagenen weiter zum harten, elenden Leben in Unfreiheit verurteilt.

Arbeitsvorschlag

Prüfe bitte noch einmal: Wer kämpfte mit den Bauern, wer stand gegen sie? Wie verhielten sich offenbar die Bürger in den Städten? Warum scheiterte der Aufstand? Was bedeutete das Scheitern für das künftige Verhältnis zwischen Bauern und Herren?

Wir merken uns

Die Reformation wurde von dem Wittenberger Professor Martin Luther 1517 durch seine Thesen gegen den Ablaßhandel eingeleitet. Auf dem Reichstag zu Worms 1521 verteidigte er seine Schriften vor Kaiser und Reich. Die lutherische und auch die reformierte Lehre breiteten sich in vielen Ländern Europas aus.

Unter dem Einfluß der lutherischen Lehre erhoben sich 1525 die Bauern. Dieser Aufstand wurde von den Fürsten blutig niedergeschlagen. Das Bauerntum versank für Jahrhunderte in neuer Abhängigkeit.

Die Zeit der Glaubenskämpfe

Das Konzil von Trient

Die Erneuerung der katholischen Kirche

Die Reformation führte nicht nur zur Entstehung der lutherischen und der „reformierten" Kirche, sie wirkte auch auf die alte Kirche zurück. Diese reformierte sich nun selbst, suchte abzustoßen, was angreifbar und schlecht war.

Für das Jahr 1545 berief der Papst eine große Kirchenversammlung, ein „Konzil", nach Trient ein. Die Verhandlungen schleppten sich, mit Unterbrechungen, 18 volle Jahre hin. Kaiser Karl V. und der Papst starben darüber, wie auch viele andere, die bei der Eröffnung zugegen gewesen waren.

Das Konzil von Trient war für die katholische Kirche von großer Bedeutung. Es gelang, eine Reform von innen her durchzuführen. Viele Mißstände wurden abgestellt. Es folgte eine klare Abgrenzung der Glaubenslehre gegenüber den neuen Bekenntnissen. Die katholische Kirche erhielt hier ihre heutige Gestalt.

Arbeitsvorschlag

Kannst du Unterschiede zwischen der katholischen und der evangelischen Kirche heute nennen? Du wirst sicher auch viele Gemeinsamkeiten finden!

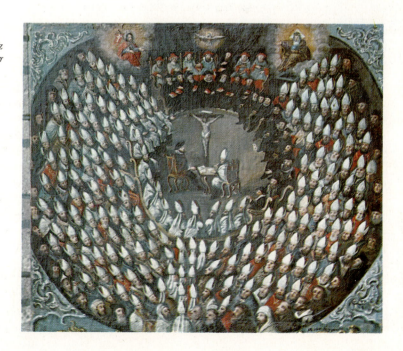

Dieses Gemälde aus dem Kloster Stans in der Schweiz zeigt die Teilnehmer des Konzils von Trient. Die Konzilsväter bilden ein weites Halbrund, dessen Mittelpunkt der Heiland am Kreuz ist. Unter dem Kreuz sitzen der (weltliche) Vertreter der Habsburger und der (geistliche) Protokollführer, in der Öffnung des Halbrunds die Vertreter des Papstes. Über allen schweben Gottvater, Jesus Christus und der Heilige Geist (als Taube).

**Die Gegen-
reformation**

Die Erneuerung der katholischen Kirche sollte nicht nur durch innere Reform erfolgen. Ein weiteres Ziel war die Rückgewinnung der Abgefallenen, eine *„Gegenreformation"*.

**Ignatius
von Loyola**

Der Beginn der Gegenreformation ist mit dem spanischen Edelmann *Ignatius von Loyola* (1491–1556) eng verbunden. – Ignatius von Loyola war als junger Offizier bei einer Belagerung schwer verwundet worden – eine Kanonenkugel hatte ihm das Bein zerschmettert. Auf einem jahrelangen Krankenlager vertiefte er sich in die Geschichte der Märtyrer und der Heiligen. Es wurde sein Entschluß, sein weiteres Leben in den Dienst seiner Kirche zu stellen. Er zog ins Heilige Land, um die Mohammedaner zu Jesus Christus zu bekehren. Es gelang ihm nicht – enttäuscht kehrte er zurück. Zur besseren Schulung für den Kampf um die Seelen zog er 1528 mit einem Esel, der seine Bücher und Schreibereien trug, nach Paris, zur Universität. Hier gewann er sechs jugendliche Landsleute als Gleichgesinnte. Er schloß sich mit ihnen im Bund der „Brüder im Namen Jesu Christi" zusammen. Sie gelobten, ihr Leben lang für Jesus und die katholische Kirche zu kämpfen und wie Mönche arm, ehelos und gehorsam zu leben. Das geschah 1534 in Paris. Sechs Jahre später bestätigte der Papst den Bund als *Orden der Gesellschaft Jesu*.

Die Jesuiten

Die „Jesuiten", wie sich die Ordensbrüder jetzt nannten, lebten nicht in der Abgeschiedenheit der Klöster wie im Mittelalter. Sie trugen auch keine Mönchskutte. Sie zogen hinaus in die Welt, sie wurden Prediger in den Städten, Missionare in fernen Ländern oder Erzieher an den Fürstenhöfen. Immer stand ihr Leben nur unter der Aufgabe, dem Papst in unbedingtem Gehorsam zu dienen, den katholischen Glauben zu festigen und auszubreiten.

Der Orden wuchs rasch an. Als Ignatius von Loyola starb, zählte er rund 1000 Mitglieder. Um 1600 waren es bereits mehr als 15 000.

Die Jesuiten wurden so vor allem die geistlichen Streiter für das Ziel, die verlorenen Menschen und Gebiete zur Einheit des alten Glaubens zurückzugewinnen. Die Gegenreformation führte große Teile Europas wieder der katholischen Kirche zu. Der Norden Deutschlands aber blieb evangelisch. Auch im Norden Europas, in England, Holland und den skandinavischen Ländern behauptete sich die Reformation.

Papst Paul III. bestätigt den Orden der Gesellschaft Jesu. Ignatius von Loyola kniet vor dem Papst und nimmt die päpstliche Bulle in Empfang.

Der Dreißigjährige Krieg (1618-1648)

Kampf und Krieg überall

Die Auseinandersetzung um den rechten Glauben nahm in vielen Ländern Europas kriegerische Formen an. – *Spanien,* seit der Abdankung Karls V. Führungsmacht der westlichen Hälfte des habsburgischen Reiches, wurde unter Philipp II. (1556–1598) zum Vorkämpfer des strengen katholischen Glaubens. Selbst zum Christentum übergetretene Juden und Araber sowie andere „Ketzer" wurden hingerichtet oder aus dem Lande vertrieben. – In den „reformierten" *Niederlanden* erkämpfte sich die Bevölkerung 1581 die religiöse und politische Freiheit von Habsburg-Spanien. – Auch in *Frankreich* waren Hunderttausende der Lehre Calvins beigetreten. Sie wurden „Hugenotten" genannt. Blutige Bürgerkriege erschütterten das Land (1562–1598), bis endlich ein Kompromiß gefunden wurde. – *England* blieb ebenfalls nicht frei von religiösem Hader.

Hinter diesen Glaubensverfolgungen und Religionskriegen standen aber immer auch die eigensüchtigen weltlichen Interessen der Herrscherhäuser und Völker. Religion und Politik waren fast nirgends zu trennen. Eines der großen politischen Ziele dieser Zeit war es, die Vormacht der katholischen Habsburger in Europa zu brechen, die auch nach der Teilung des Reiches in eine spanische und eine deutsche Linie in ihrer Politik zusammenhielten.

Die Gegner

In Deutschland hatte der Kompromiß des Augsburger Religionsfriedens von 1555 ein halbes Jahrhundert vorgehalten. Nach der Jahrhundertwende aber spitzten sich die Gegensätze erneut zu – aus kleinem Anlaß entwickelte sich der große *„Dreißigjährige Krieg",* in dem die Zeit der Glaubenskämpfe ihren Höhepunkt erreichte.

Es war zunächst ein Kampf zwischen der evangelischen und der katholischen Fürstenpartei in Deutschland, der „Union" und der „Liga". Wie schon beim Schmalkaldischen Krieg ging es außerdem um Fragen der Politik, um den Gegensatz von Kaisermacht und Selbständigkeit der Fürsten.

Doch bald griffen auch ausländische Mächte aufs stärkste ein – zunächst Dänemark, dann Schweden, das seine Macht im Ostseeraum ausbauen sowie den evangelischen Fürsten zu Hilfe eilen wollte. Schließlich kämpfte auch das katholische Frankreich gegen den katholischen Kaiser, weil es erneut eine Möglichkeit sah, die habsburgische Umklammerung zu sprengen.

Die Auseinandersetzung um Glaubensdinge war sehr schnell zu einem Kampf um die Macht der Staaten geworden.

Die großen Gegenspieler dieses Ringens waren
auf katholischer Seite   Kaiser Ferdinand II.
                           mit seinen Feldherren Tilly und Wallenstein,

auf der Gegenseite   König Christian von Dänemark,
                           König Gustav Adolf von Schweden,
                           der französische Minister, Kardinal Richelieu.

Arbeitsvorschlag

Du hast erfahren, daß im Dreißigjährigen Krieg drei lange bestehende Gegensätze erneut aufeinanderprallten: katholischer und evangelischer Glaube, Kaisermacht und Selbständigkeitsstreben der Fürsten, Habsburg und Frankreich. Versuche, die Gegensätze in einer bildlichen Darstellung wiederzugeben!

Die Leiden der Menschen

Dreißig Jahre lang verwüsteten, mit Unterbrechungen, die Söldnerheere das deutsche Land. Unendliche Greuel und Grausamkeiten kennzeichneten auf beiden Seiten den Krieg, der einmal hier, einmal dort seinen Schwerpunkt hatte. „Der Krieg muß den Krieg ernähren", hieß die Regel, und so schleppten die plündernden Söldner das letzte Hab und Gut der Bewohner hinweg – quälten, marterten, erschlugen und verbrannten sie unschuldige Menschen.

... auf dem Lande

Bald nach dem Kriege schrieb der Dichter Grimmelshausen sein Buch „Der abenteuerliche Simplicissimus". Hier beschreibt er den Überfall auf den Hof seines Vaters („Knan"), den er als Kind erlebte:

„Das erste, was die Reiter taten, war, daß sie ihre Pferde einstellten; dann aber hatte jeder seine besondere Arbeit zu verrichten. Etliche fingen an, zu metzgern, zu sieden und zu braten, so daß es aussah, als sollte eine lustige Schmauserei gehalten werden. Andere durchstürmten das Haus von unten bis oben. Noch andere machten von Tuch, Kleidern und allerlei Hausrat große Packen, als ob sie damit einen Krempelmarkt anstellen wollten; was sie aber nicht mitzunehmen gedachten, wurde zerschlagen und zugrunde gerichtet. Etliche durchstachen Heu und Stroh mit ihren Degen, als ob sie nicht Schafe und Schweine genug zu stechen gehabt hätten. Etliche schütteten die Federn aus den Betten und füllten dafür Speck, gedörrtes Fleisch und sonstiges Gerät hinein, als ob dann besser darauf zu schlafen wäre. Andere schlugen Ofen und Fenster ein, als hätten sie einen ewigen Sommer zu verkünden. Kupfer- und Zinngeschirr stampften sie zusammen und packten die verbogenen und verderbten Stücke ein. Bettladen, Tische, Stühle und Bänke verbrannten sie, obgleich viele Klafter dürres Holz im Hofe lagen. Töpfe und Schüsseln mußten alle entzwei, entweder weil sie lieber am Spieß Gebratenes aßen oder weil sie allhier nur eine einzige Mahlzeit zu halten gedachten.

Unsere Magd ward im Stall dermaßen mißhandelt, daß sie kaum noch gehen konnte. Den Knecht legten sie gebunden auf die Erde, steckten ihm ein Querholz in den Mund und schütteten ihm einen Melkkübel voll garstiger Mistjauche in den Leib – das nannten sie einen schwedischen Trunk. Dadurch zwangen sie ihn, eine Abteilung dahin zu führen, wo die übrigen Bewohner des Hofes sich versteckt hatten. Nicht lange währte es, und sie brachten auch meinen Knan, meine Meuder und unser Ursele in den Hof zurück.

Nun fing man an, die Feuersteine von den Pistolen loszuschrauben und dafür meiner Mutter und Schwester die Daumen festzuschrauben und die armen Schelme so zu foltern, als wenn man Hexen brennen wollte. Mein Knan war meiner damaligen Ansicht nach der Glücklichste, weil er mit lachendem Munde bekannte, was andere unter Schmerzen und Wehklagen sagen mußten. Solche Ehre widerfuhr ihm ohne Zweifel nur darum, weil er der Hausvater war. Sie setzten ihn nämlich an ein Feuer, banden ihn, daß er weder Hände noch Füße regen konnte, und rieben seine Fußsohlen mit angefeuchtetem Salz ein, das ihm unsere alte Geiß wieder ablecken mußte. Das kitzelte ihn so, daß er vor Lachen hätte bersten mögen. Mir kam das so spaßig vor, daß ich zur Gesellschaft, oder weil ich's nicht besser verstand, von Herzen mitlachen mußte.

Unter solchem Gelächter bekannte er, daß er im Garten einen Schatz vergraben hätte, der an Gold, Perlen und Kleinodien viel reicher war, als man sonst bei einem Bauern hätte suchen mögen.

Mitten in diesem Elend wandte ich den Braten und war um nichts bekümmert, weil ich noch nicht wußte, wie das alles gemeint war. Ich half auch nachmittags die Pferde tränken, wobei ich zu unserer Magd in den Stall kam. Ich erkannte sie nicht gleich, so sehr war sie mißhandelt worden. Sie aber sprach zu mir mit schwacher Stimme: ‚O Bub, lauf weg; sonst werden dich die Krieger mitnehmen! Mach, daß du fortkommst; du siehst ja, wie übel ...' Mehr konnte sie nicht sagen."

(Sprachlich vereinfacht)

Überfall auf Bauern

Arbeitsvorschläge

1. Versuche bitte, dir klarzumachen, was es heißt: dreißig Jahre Krieg!
2. Erzähle den Überfall auf den Hof so, als ob du ihn als plündernder Söldner erlebt hättest! Mache dir vorher eine „Gliederung"!
3. Neben den Schreckensschilderungen gibt der Bericht vom Überfall auch einen Einblick in den Haushalt eines Bauernhofes damals. Wie unterschied er sich von einem Haushalt heute?
4. Wie haben Menschen ihre Mitmenschen zu Beginn der Neuzeit gepeinigt? Du kannst Antworten nach Text und Bildern dieses Buches zusammenstellen!

... und in der Stadt

Nicht nur die bäuerliche Bevölkerung mußte unsägliches Elend ertragen. Auch die Menschen in den Städten litten unter dem Krieg, wie das Beispiel Magdeburgs auf den beiden nächsten Seiten zeigt. Die Folgen der Eroberung der Stadt hat *Otto von Guericke* (1602–1688), der Erfinder der Luftpumpe und der „Magdeburger Halbkugeln", beschrieben. Er war zeitweise Bürgermeister dieser Stadt.

Arbeitsvorschläge

1. Betrachte bitte zunächst die Abbildung auf den Seiten 68/69! Beschreibe das Bild der Stadt Magdeburg, die Stadtmauern und sonstigen Befestigungsanlagen! Was hat sich bei den Verteidigungsanlagen gegenüber dem mittelalterlichen Stadtbild verändert? Kannst du Gründe für diese Veränderungen angeben oder vermuten? (Lies evtl. auf S. 41 nach, welche Waffen dem Kriegswesen ein anderes Gesicht gaben!)
2. Welcher Augenblick des Kampfgeschehens ist wiedergegeben? Versuche bitte, die einzelnen Schauplätze zu beschreiben und zu deuten!
3. Worin unterscheidet sich diese Kampfszene von der auf S. 35 dargestellten Schlacht?
4. Versuche, den in der Sprache des 17. Jahrhunderts belassenen Quellentext in einer Kurzfassung mit deinen Worten wiederzugeben!
5. Wie haben sich Magdeburger Bürger auf Kosten ihrer Mitbürger bereichert?

In Magdeburg lebten etwa 40 000 Menschen, als der kaiserliche Feldherr Tilly mit der Belagerung begann. Sechs Monate hielt die Stadt stand, dann wurde sie im Mai 1631 von den „Kaiserlichen" erobert. Ein Brand legte die Stadt fast ganz in Schutt und Asche. Von den Einwohnern wurden 20 000 ermordet oder kamen bei dem Brand ums Leben.

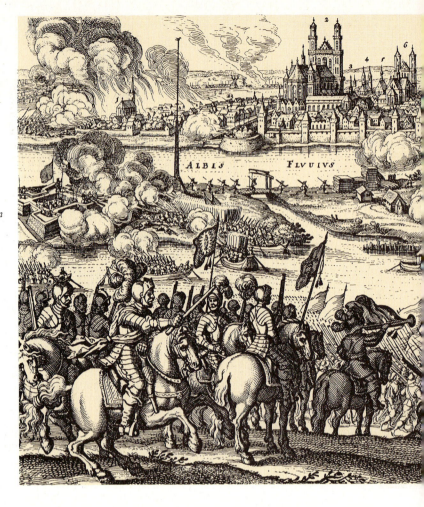

„Belangend die Anzahl der Erschlagenen und Umgekommenen in der Stadt, weil nicht allein das Schwert, sondern auch das Feuer viel Menschen aufgefressen, kann man dieselbe nicht eigentlich wissen; denn nicht allein [hat] bald nach dieser erbärmlichen Einäscherung der General Tilly die verbrannten Leichname und sonst Erschlagenen von den Gassen, Wällen und anderen Plätzen auf Wagen laden und ins Wasser der Elbe fahren lassen, sondern man hat auch fast ein ganzes Jahr lang nach der Zeit in den verfallenen Kellern viel tote Körper zu fünf, sechs, acht, zehn und mehr gefunden. Und weil die, so auf den Gassen gelegen, sehr vom Feuer verzehrt und von den einfallenden Gebäuden zerschmettert gewesen, also daß man oft die Stücke mit Mistgabeln [hat] aufladen müssen, wird niemand die eigentliche Summam benennen können. Insgemein aber hält man dafür, daß, mit eingeschlossen die beiden Vorstädte und was von der kaiserlichen Soldatesque umgekommen und verbrannt, es auf zwanzigtausend Menschen, klein und groß, gewesen ...

Die abgestorbenen Leichname, so vor das Wassertor hinaus in die Elbe geführt worden, haben, weil an dem Orte alle Wege ein Kräusel oder Wirbel ist, nicht bald hinwegfließen können oder wollen, also daß viele da lange herumgeschwommen, die teils die Köpfe aus dem Wasser gehabt, teils die Hände gleichsam gen Himmel gereckt und dem Anschauer ein fast grausam Spektakel [Anblick] gegeben haben, davon denn viel Geschwätzes gemacht worden, gleich als hätten solche tote Leute noch gebetet, gesungen und zu Gott um Rache geschrieen."

"Sobald sich aber die Hitze und Glut in etwas gestillet, hat der kaiserliche General von der Artillerie ... alle Braupfannen, Glocken und anderes Kupfergeschirr zusammen auf unterschiedliche große Haufen führen und für sich als seine Beute verwahren lassen. So hat sich auch überdies eine unglaubliche Anzahl von Eisenwerk auf den abgebrannten Stätten und, insonderheit noch in den Kellern, viel Zinnwerk und dergleichen befunden, so teils auch von der kaiserlichen Soldatesque [Kriegsvolk] zusammengebracht worden. Nicht weniger haben auch bald hernach teils die Bürger selbsten ... diese Metalle zusammengelesen und von den Soldaten um ein ganz schnödes Geld an sich gebracht und heimlich nach Hamburg und andere Örter verführet, also daß sie teils davon viel reicher als zuvor geworden sind. Den mehreren Teil aber von den Braupfannen, zerbrochenen Glocken und andern Metallen, so obengemeldeter General von der Artillerie und andere Kaiserliche [haben] sammeln lassen, haben sie nachmals zusamt mit der Stadt quittieren [aufgeben] und den Schwedischen überlassen müssen.

Man hat auch in gar vielen Kellern im Bier und Wein bis an die Knie gehn mögen, weil der Übermut und Frevel des gemeinen Kriegsvolkes so groß gewesen, daß, wenn etwa ein Eimer Biers oder Weins aus einem Fasse gezapft worden, sie den Zapfen nicht wieder einstecken wollen und das Bier und den Wein hinlaufen lassen."

(Otto von Guericke, Geschichte der Belagerung, Eroberung und Zerstörung der Stadt Magdeburg, 1911, S. 81 ff.)

Pestkranke und Pesttote vor den Toren einer Stadt. Unten links ein Bettler der Nachkriegszeit

Die Verwüstung des Landes

Keine der kämpfenden Parteien konnte militärisch gewinnen, „der Krieg starb an Erschöpfung". Er hinterließ ein zerstörtes und entvölkertes Land. Vielerorts hatte zusätzlich die Pest gewütet. In den Dörfern Thüringens stand die Hälfte der Häuser leer. In Mecklenburg wurde nach dem Ende der Kriegshandlungen nur etwa ein Viertel der Bauernstellen wieder unter den Pflug genommen. Es fehlte an allem: an Menschen, an Vieh, an Ackergeräten und Saatkorn.

Ähnlich sah es in den Städten aus. Die Einwohnerzahl von Berlin war zwischen 1618 und 1654 von 12 000 auf 6000 zurückgegangen, Frankfurt an der Oder hatte nach dem Kriege von 13 000 Einwohnern nur noch 2400.

Wie viele Menschen dieser Krieg durch Kämpfe, Seuchen und Hunger insgesamt gekostet hat, weiß niemand genau – es waren mindestens 6 Millionen (von 18 Millionen)! Hunderttausende waren heimatlos geworden. Flüchtlinge, Bettler und Wegelagerer durchzogen noch Jahre hindurch das Land. Der Handel, der so viele Städte reich und blühend gemacht hatte, war fast völlig zusammengebrochen. Es gab keine Arbeitskräfte und keine Arbeitsmöglichkeiten mehr.

Arbeitsvorschläge

1. Auch im Zweiten Weltkrieg (1939–1945) starben bei Kämpfen, Luftangriffen und Vertreibungen etwa 7 Millionen Deutsche. Die Bevölkerungszahl betrug 1939 aber 70 Millionen. Mache dir die Zahlenverhältnisse beider Kriege in zwei Schaubildern klar!
2. Laß dir von deinen Eltern oder Großeltern berichten, was sie in und nach dem letzten Kriege erlebt haben!
3. Gibt es heute noch solche Seuchen in der Welt wie die Pest?

Gesandte beschwören den Frieden in Münster. Der niederländische Maler Gerard Terborch, der sich 1648 am Ort des Friedensschlusses aufhielt, gab den feierlichen Augenblick in diesem Gemälde wieder.

Der Westfälische Friede Am 24. Oktober 1648 unterzeichneten in den westfälischen Städten Münster und Osnabrück die Vertreter der beteiligten Mächte endlich das umfangreiche Vertragswerk des *Westfälischen Friedens*.

Der Münzmeister Ketteler aus Münster fertigte zur Erinnerung 1648 den Friedenstaler unten. Die lateinischen Umschriften lauten: MONASTERIUM („Münster") WESTFALIAE („in Westfalen") und PAX OPTIMA RERUM („Der Friede ist das Höchste aller Dinge").

71

Der Westfälische Friede beendete zunächst nur den Krieg in Deutschland. Für Spanien-Habsburg fand das Ringen erst im „Pyrenäenfrieden" von 1659 seinen Abschluß. Auch hier war Frankreich der Gewinner. Die Karte gibt die Lage um das Jahr 1660 wieder. Die Niederlande und die Schweiz sind aus dem Reichsverband ausgeschieden. Schweden hat Vorpommern und Bremen erhalten, Frankreich Gebiete im Südwesten.

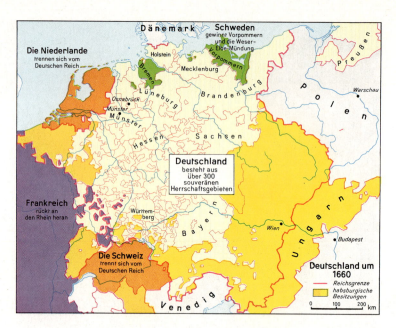

Innenpolitisch brachte der Friedensschluß in Münster und Osnabrück die völlige „Souveränität" der Landesfürsten: Jeder Fürst konnte hinfort sogar mit fremden Staaten eigene Bündnisse und Verträge abschließen. Das Reich hatte praktisch aufgehört zu bestehen. Es existierte nur noch dem Namen nach weiter, bis zum Jahre 1806. Die Kaiserwürde war lediglich noch ein Titel – ohne Macht und Geltung.

Im Innern Deutschlands traten bedeutsame Gebietsveränderungen ein. Wichtig waren aber besonders die Veränderungen an den Grenzen des Reiches, wie sie die Karte oben zeigt. Vor allem hatte sich Frankreich durch Gewinne im Südwesten bis an den Rhein vorgeschoben. Das „Heilige Römische Reich Deutscher Nation" war völlig ohnmächtig geworden – es schied aus dem Kreis der europäischen Mächte aus.

Die Vormachtstellung des Hauses Habsburg in Europa war endgültig gebrochen. Unter den aufstrebenden Nationalstaaten war Frankreich jetzt zur tonangebenden europäischen Macht geworden.

Wir merken uns

Die Glaubensspaltung in Europa veranlaßte eine innere Reform der katholischen Kirche auf dem Konzil von Trient. Der Jesuitenorden leitete unter seinem Gründer Ignatius von Loyola eine „Gegenreformation" ein.

Seit der Reformation war Europa erfüllt von vielfachen Glaubens- und Machtkämpfen. Ihr Höhepunkt wurde der „Dreißigjährige Krieg" (1618–1648), der mit einer furchtbaren Verwüstung Deutschlands endete. Die habsburgische Vormachtstellung in Europa ging auf Frankreich über.

Die Zeit des Absolutismus

3

Das Barockschloß Versailles, Sinnbild des Absolutismus

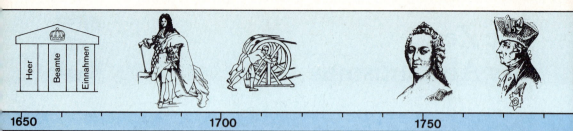

| 1650 | 1700 | 1750 |

Das Kleider-Edikt

Es war kurz vor Weihnachten des Jahres 1731. In einer kleinen preußischen Stadt war die Bürgerschaft vor dem Rathaus versammelt. Ein Gesetz des Königs, ein *Edikt*, sollte bekanntgegeben werden. Der Ratsschreiber stand auf den Stufen vor der Rathaustür, so daß er über alle hinwegschauen konnte. Laut las er das Schriftstück vor, das ein reitender Bote überbracht hatte (s. Seiten 75–78).

„Habt ihr verstanden?" fragte er nach der Verlesung die Menge. „Ja!" schrien einige. Andere riefen: „Nein!" Es entstand ein allgemeines Gemurmel und Getümmel.

„Lese Er den Leuten noch einmal das Wichtigste vor – nur die Hauptsätze!" befahl der Bürgermeister dem Schreiber. „Ich möchte keiner Weibsperson hernach den Seidenrock abreißen lassen müssen, verstanden?"

„Jawohl, Herr Bürgermeister!" sagte der Ratsschreiber, und noch einmal dröhnte seine Stimme über den Platz.

„Dann schlage Er das Edikt, wie befohlen, an der Rathaustür und an den Stadttoren an!"

„Jawohl, Euer Hochwohlgeboren!" dienerte der Schreiber.

Das neue Gesetz gab den Leuten, besonders den Frauen und Mädchen, viel Anlaß zu beifälligen und auch aufrührerischen Redensarten. Aber was half's – der Wille des Königs mußte durchgeführt werden!

Arbeitsvorschläge

1. Auf den folgenden Seiten findest du das Edikt des Königs in seiner Originalform abgedruckt. Kannst du herausfinden, worum es darin geht? (Ein „Camisol" ist ein eng anliegendes Leibchen.)
2. Schreibe bitte die Titelseite des Edikts in modernes Deutsch um! (Das erste Wort heißt „EDIKT", das Wort in der dritten Zeile von unten „CUSTRIN" = Küstrin.)
3. Orientiere dich zunächst genauer, welcher König dieses Edikt erlassen hat, zum Beispiel auf der Zeitleiste unter der Karte S. 96!
4. Auf der zweiten Seite des Edikts werden eine Reihe weiterer Titel aufgeführt, welche dieser König innehatte (z. B. Markgraf, ...). Stelle sie doch einmal zusammen!
5. Suche auf einer Karte – am besten einer Geschichtskarte – möglichst viele der Gebiete, über die der König gebot!
6. Versuche, die auf der dritten Seite des Edikts enthaltenen Anordnungen klar herauszuarbeiten! Beantworte dazu bitte im einzelnen:
   a) An wen ist das Edikt gerichtet?
   b) Was wird angeordnet?
   c) Womit wird diese Anordnung begründet? (Es sind mehrere Gründe!)
   d) Welche Strafe wird angedroht?

(Fortsetzung auf Seite 79)

EDICT.

Daß
Nach Verlauf sechs Monathe
Die
Dienst = Mägde
Und
gantz gemeinen Weibes = Leute,
Sowohl
Christen als Juden,
Keine
Seidene Röcke, Camisoler und Lätze
ferner tragen sollen.
De Dato Berlin, den 6ten Novembris 1731.

CUSTRIN,
Gedruckt bey Gottfr. Heinichen und Joh. Hübnern, Königliche Preußische Neumärckische Regierungs-Buchdrucker.

Wir Friderich Wilhelm,

von GOttes Gnaden, König in Preußen/ Marggraf zu Brandenburg/ des Heil. Römischen Reichs Ertz-Cämmerer und Chur-Fürst/ Souverainer Printz von Oranien/ Neufchatel und Vallangin, in Geldern/ zu Magdeburg/ Cleve/ Jülich/ Berge/ Stettin/ Pommern/ der Cassuben und Wenden/ zu Mecklenburg/ auch in Schlesien zu Crossen Hertzog/ Burggraf zu Nürnberg/ Fürst zu Halberstadt/ Minden/ Camin/ Wenden/ Schwerin/ Ratzeburg und Moeurs/ Graf zu Hohenzollern/ Ruppin/ der Marck/ Ravensberg/ Hohenstein/ Tecklenburg/ Lingen/ Schwerin/ Bühren und Lehrdam/ Marquis zu der Vehre und Vlißingen/ Herr zu Ravenstein/ der Lande Rostock/ Stargard/ Lauenburg/ Bütow/ Arlay

lay und Breda ꝛc. ꝛc. ꝛc.   Thun kund und fügen hiemit zu wissen; Nachdem Wir mißfällig angemercket/ daß die Dienst=Mägde und gantz gemeinen Weibes-Leute es seyen Christen oder Juden/ sowohl in den Städten als auch auf dem platten Lande/ seidene Camisöler/ Röcke und Lätze gar häufig tragen/ solches aber nicht allein dem Debit der dem gantzen Lande so sehr ersprießlichen Woll=Manufacturen hinderlich/ sondern auch den vorher bereits ergangenen Verordnungen/ nach welchen sich ein jeder seinem Stande gemäß kleiden/ und solches nicht überschreiten soll/ entgegen ist/ überdem auch öfters daher zu allerhand Unordnungen und wohl gar zu sündlichem Leben Gelegenheit entstehet/ indem vielleicht manche Dienst=Magd und gantz gemeine Weibes=Person/ wann sie von ihrem Lohn zu Anschaffung der seidenen Camisöler/ Röcke und Lätze das erforderte nicht erübrigen kan/ durch unrechtmäßige und unerlaubete Mittel solches zu erlangen suchet: Also Wir der Nothdurft zu seyn erachtet/ solchem Unwesen durch dieses Edict zu steuren.

Wir setzen/ ordnen und wollen demnach hiemit/ daß nach Verlauf sechs Monathe nach Publication dieses Edicts/ keine Dienst=Mägde und gantz gemeine Weibes=Leute/ es seyen Christen oder Juden/ ferner seidene Camisöler/ Röcke oder Lätze tragen/ sondern/ wofern sich nach Ablauf solcher gesetzten Zeit dennoch welche damit betreffen lassen würden/ denenselben solche seidene Kleidung öffentlich auf den Strassen abgenommen werden soll; als worüber jeden Orts Magistrat und Gerichts=Obrigkeit mit gehörigem Ernst und Nachdruck ohne die geringste Connivenz und Nachsicht zu halten hat.

Damit auch der Inhalt dieses Edicts zu jedermanns Wissenschaft kommen möge/ so soll selbiges nicht allein
gewöhn=

gewöhnlicher maſſen in den Städten an öffentlichen Oertern/ nemlich an den Rath-Häuſern und Stadt-Thoren/ auf den Dörfern aber an den Krügen oder Schencken angeſchlagen und öffentlich ausgehangen/ ſondern auch in den Städten der verſammleten Bürgerſchaft auf dem Rath-Hauſe/ auf den Dörfern aber nach geendigtem Gottesdienſt den Gemeinden von den Küſtern vor den Kirch-Thüren vorgeleſen werden/ damit ſich ein jeder genau darnach achten könne.

Uhrkundlich unter Unſerer höchſteigenhändigen Unterſchrift und beygedrucktem Königlichen Inſiegel. Gegeben zu Berlin/ den 6ten Novembris 1731.

F. W. v. Grumbkow. F. v. Görne. A. D. v. Viereck. F. M. v. Viebahn. F. W. v. Happe.

7. Die vierte Seite des Edikts gibt dir Auskunft, wie damals Bekanntmachungen erfolgten. Stelle gegenüber: Bekanntmachungen damals – heute!

8. Das Edikt verlangt eine „standesgemäße" Kleidung. – Wie in alter Zeit gliederte sich damals das Volk nach Geburt und Stellung in verschiedene Stände:
   1. Stand: Geistlichkeit
   2. Stand: Adel
   3. Stand: reiche Bürger und das „gemeine Volk"
            (arme Stadtbewohner, Bauern usw.).
   An welchen Stand ist das Edikt des Königs gerichtet?

9. Lege eine Liste der Fremdwörter an, die im Edikt vorkommen!

10. Was kannst du aus der Urkunde über die damalige Art der Druckschrift entnehmen?

11. Stelle zusammen, was dir an der Rechtschreibung und der Zeichensetzung der damaligen Zeit auffällt!

12. In der preußischen Stadt haben die Leute 1731 Beifälliges und Aufrührerisches zum Edikt gesagt. Wie mögen diese „Redensarten" gelautet haben? Vielleicht vollzieht ihr die Szene vor dem Rathaus im Rollenspiel einmal nach?

13. Gibt es eigentlich heute noch eine „standesgemäße" Kleidung? Könnte heute ein Rektor den Mädchen das Tragen von Jeanshosen und Miniröcken oder den Jungen das Tragen langer Haare verbieten? Könnten heute ein Gemeinde- oder Stadtdirektor, ein Minister, der Bundeskanzler oder Bundespräsident solche Gesetze erlassen? Begründe bitte!

um 1300

um 1500

Vom Wandel der Mode

Um 1300: Zur Zeit des *ritterlichen Minnesangs* gehen Mann und Frau fast gleich gekleidet in bodenlangen Gewändern mit ärmellosen Übergewändern. Die Männer wirken mit ihren halblangen Locken und dem bartlosen Kinn sehr weiblich.

Um 1500: Zu *Beginn der Neuzeit* trägt der vornehme Bürger ein Wams mit Faltenrock und geschlitzten und gepufften Ärmeln, dazu ein gefälteltes Hemd, Langstrümpfe und breite, flache Schuhe – „Kuhmaul" genannt. Der pelzbesetzte, ärmellose Kurzmantel sieht sehr kostbar aus. – Seine Frau trägt wie er als Kopfbedeckung das große, flache Barett. Auch bei ihr ist das Hemd gefältelt, sind die Ärmel geschlitzt und gepufft.

Um 1700: Hauptmerkmal der *Barockmode* ist die gewaltige Lockenperücke des Mannes. Dazu trägt er einen reichbestickten Überrock, Kniehosen, Zwickelstrümpfe und hochhackige Stiefel. – Der obere Rock der Frau ist vorn offen, über den Hüften gerafft und endet hinten in einer Schleppe. Auf dem Kopf trägt sie ein hohes, gesteiftes Häubchen.

Um 1750: Der mächtige Reifrock ist wichtigster Bestandteil der *Rokokokleidung*. Anfangs tragen die Damen ihr weißgepudertes Haar flach am Kopf, später türmen sie es mit Hilfe von Kissenpolstern zu riesigen, kunstvollen Gebilden auf. Bei Kopfjucken hilft man sich mit einem Kopfkratzer. – Das modische Beiwerk des Mannes sind Spitzenkrawatte und -manschetten, das ebenfalls weiß gepuderte Haar wird als Zopf im Nacken getragen.

um 1700

um 1750

Der französische Absolutismus

Ludwig XIV. und sein Hof

Der Sonnenkönig

Ganz anders als die deutschen Kaiser hatten es die französischen Könige vermocht, sich gegen ihre Fürsten und den übrigen Adel durchzusetzen. Sie waren immer mehr zum Mittelpunkt des Staates geworden.

Was seine Vorgänger eingeleitet hatten, vollendete Ludwig XIV. Als er 1661 die Amtsgeschäfte übernahm, verbot er seinen Ministern, irgendein Schriftstück ohne seinen Befehl zu unterschreiben. Er allein erließ die Gesetze, keiner durfte ihm dreinreden. Er rief auch die „Generalstände" nicht mehr zusammen, die früher dem König neue Steuern bewilligen mußten: die Vertreter der Stände Adel, Geistlichkeit und Bürgertum. Mit diesen und anderen Maßnahmen schaffte es der König, alle Macht im Staate an sich zu reißen. Er regierte fortan *unumschränkt*, *„absolut"*.

„Der Staat bin ich!"

„Kleiner als Gott – aber größer als der Erdball", so verkündete er seinen Anspruch. „Der, welcher den Menschen Könige gab, hat gewollt, daß man sie als seine Stellvertreter achte ... Sein Wille ist es, daß ein jeder, der als Untertan geboren, ihnen gehorche ohne Unterscheidung." Sein Königtum empfand er also als göttliche Bestimmung; es gab keinen Willen, keine Herrschaft, keine Macht und Größe außer der seinen.

Sinnbild seines königlichen Daseins war für ihn die Sonne: „Durch ihre Einzigartigkeit, durch den Glanz, der sie umgibt, durch das Licht, das sie den anderen Sternen verleiht, ... ist sie das lebendigste und schönste Abbild eines Königs."

„*Der Staat – das bin ich!*" So soll Ludwig einmal gesagt haben. Dieser Ausspruch drückt wie kein anderer seine Regierungsweise aus: die Staatsform des *Absolutismus*.

Der Tageslauf

Schon das Aufstehen des „Sonnenkönigs" am späten Morgen war ein feierlicher Staatsakt. An seinem Bett erschienen die Prinzen und andere hohe Adelige. Sie reichten ihm in genau vorgeschriebener Rangfolge das Hemd, die Unterhose, die Strümpfe, das Beinkleid, die Schuhe, Weste und Rock. Sie hielten ihm Waschbecken und Handtuch, damit er sich ein wenig Gesicht und Hände benetzte, und sie reichten ihm Parfümflasche und Puderdose, die große Lockenperücke, die Spitzenkrawatte, die seidene Gürtelschärpe, den Degen.

Mit großem Gefolge ging es sodann in die Schloßkirche zur Messe. Sechs bis acht Stunden lang schloß sich daran die Berufsarbeit des Königs, die Zeit, in der er sein Land regierte. Und er nahm es ernst mit dieser Regierung, bei der jede Entscheidung bei ihm persönlich lag!

Am Abend folgten Maskerade oder Ball, Oper oder Ballett, Feuerwerk oder Wasserspiele. Es war ein glänzendes Schauspiel, das der Sonnenkönig seinen Gästen und den Fürsten Europas bot!

Ludwig XIV. (1638–1715) im Krönungsmantel und mit Herrschaftszeichen ▷

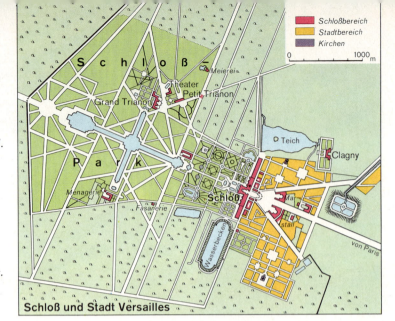

Die Karte läßt deutlich werden, wie um das Schloß von Versailles der Park und die Stadt nach genauen Plänen errichtet worden sind. „Grand Trianon", „Petit Trianon" und „Clagny" sind Nebenschlösser. Vergleiche Text, Karte und das Bild auf S. 73! Ein Schloßpark aus dieser Zeit ist auf S. 102/103 abgebildet.

Schloß und Stadt Versailles

Versailles

Ludwig schuf sich in Versailles ein prunkvolles Schloß als ständigen Aufenthaltsort – eine Tagereise von der Hauptstadt Paris entfernt, abseits vom Lärm und von der Arbeit des Volkes.

Die Gegend war so ungeeignet wie möglich. Öde und verlassen, war sie teils eine Sandwüste, teils ein Morast. Aber vielleicht reizte gerade das den jungen König: zu zeigen, daß er sogar über die Natur Sieger sein konnte? 22 000 Arbeiter und abkommandierte Soldaten schafften jahrelang, um das Land zu verwandeln. Hunderte starben dabei durch Unfälle und Sumpffieber. Sie zogen Gräben, gruben Teiche und Kanäle, entwässerten den Sumpf, schütteten Hügel auf, ebneten Anhöhen ein, pflanzten Wälder um, legten Straßen an, bauten und bauten. Sein ganzes Leben lang ließ der König an diesem Versailles bauen: am großen Schloß, den Nebenschlössern, an der Stadt und dem Park.

Der Park

Der Gartenbaumeister legte nach genauen Plänen ein Netz von Alleen, Kieswegen und Beeten über das Land. Kein Baum blieb, wie er gewachsen war: alle wurden gestutzt, beschnitten, zu grünen Kugeln, Säulen, Kegeln, Pyramiden oder Figuren umgezwängt. Wie Mauern standen die Hecken. Ein Heer von Standbildern bevölkerte diesen Gartenpalast. Überall in den Alleen und in den künstlichen Teichen waren Springbrunnen angelegt, die ihre silbernen Wasserstrahlen in der Luft zerstäubten.

Das Schloß

Alle Hauptwege mündeten auf das Schloß, einen 580 Meter langen Bau aus Marmor und rotem Ziegelstein. Es war das größte und prunkvollste Barockschloß Europas und bot für mehr als 10 000 Menschen Raum. Alles hier zielte auf Großartigkeit und Wirkung hin: spiegelnder Parkettfußboden, riesige, farbenprächtige Teppiche, Seidentapeten und vor allem eine Fülle von Schnörkeln und Verzierungen aus Gips, die mit Goldbronze und leuchtenden Farben überzogen waren. Glanz und Pracht des Schlosses sollten ein sichtbarer Ausdruck der Größe des Sonnenkönigs sein.

Die Hofstadt	60 000 Menschen füllten die Hofstadt des Königs, die sich vor dem Schlosse ausbreitete und deren Hauptstraßen ebenfalls in drei großen Strahlen auf den Prunksitz des Herrschers zuliefen. 60 000 Menschen zum Dienste für den König und seine Adelsgesellschaft, die den Palast und den Park in Stöckelschuhen, mit Lockenperücken und Bauschröcken bevölkerte.
Die Kehrseite des Glanzes	Der Bau von Versailles verschlang allein die gesamten Staatseinnahmen eines Jahres. Nachdem das Schloß bezogen war, kostete die glanzvolle Hofhaltung Unsummen. Dieses Geld mußten die Untertanen aufbringen. Zur wirtschaftlichen Lage des französischen Volkes äußerte sich ein hoher Beamter des Königs:

„Durch [meine] langjährigen Studien ... bin ich zu der Wahrnehmung gelangt, daß in der letzten Zeit fast ein Zehntel der Bevölkerung an den Bettelstab gelangt ist und sich tatsächlich durch Betteln erhält; daß von den übrigen neun Zehnteln fünf nicht in der Lage sind, das erste Zehntel durch Almosen zu unterstützen, weil sie selber diesem Elendszustand um Haaresbreite nahe sind. Von den verbleibenden vier Zehnteln sind drei außerordentlich schlecht gestellt und von Schulden und Prozessen bedrängt ...

Ich fühle mich bei Ehre und Gewissen verpflichtet, seiner Majestät vorzutragen, daß man nach meinem Eindruck in Frankreich von je her nicht genug Rücksicht auf das niedere Volk genommen und zu wenig Aufhebens von ihm gemacht hat. Daher ist es denn auch die am meisten ruinierte und elendeste Schicht im Königreich, andererseits aber durch seine Zahl und durch die wirklichen und nützlichen Dienste, die es dem Staat leistet, die bedeutendste Schicht ... Sie stellt Soldaten und Matrosen für Heer und Flotte, dazu zahlreiche Offiziere, alle Kaufleute und die unteren Justizbeamten. Sie übt alle Künste und Gewerbe aus, sie betreibt den gesamten Handel und die Manufakturen des Königreiches, sie stellt die Arbeiter, Weingärtner und Tagelöhner auf dem Lande ..."

(Vauban, Projet d'une Dixième Royale, zitiert nach: Geschichte in Quellen III, S. 460—461)

Französische Bauern in der Zeit des Absolutismus. Zu welchem „Zehntel" der Bevölkerung mögen die hier dargestellten Personen gehören?

83

Staat und Wirtschaft unter Ludwig XIV.

Die Säulen der Macht

Auf drei Säulen ruhte die Macht Ludwigs XIV. und später auch die seiner Nachfolger und Nachahmer in der Zeit des Absolutismus.

Das „stehende Heer"

Er schuf sich ein Heer von *Soldaten,* das jederzeit schlagkräftig und einsatzbereit war, um die Ziele der königlichen Politik – nach innen wie nach außen – durchzusetzen, ein *„stehendes Heer",* dessen Soldaten nicht mehr nach jedem Kriege entlassen wurden. Sie waren jetzt einheitlich bewaffnet und gekleidet, die Uniform war ihr Kennzeichen. Sie wurden unablässig gedrillt und streng nach ihren Aufgaben gegliedert (z. B. in Artillerie, Kavallerie, Infanterie). Viele unserer militärischen Bezeichnungen heute stammen aus jener Zeit und sind französische Lehnwörter (z. B. Soldat, General, Kompanie, Armee).

Die Beamten

Als zweite Säule schuf sich Ludwig ein ziviles Heer von besoldeten „Staatsdienern", die im ganzen Lande für die Durchführung der königlichen Befehle sorgten. Sie überwachten den Staat und verwalteten ihn nach dem Willen des Herrschers. So bildete sich jetzt eine ganz neue Berufsgruppe heraus: die der *Beamten.* Sie standen im festen, lebenslänglichen Dienst ihres Königs, der ihre Versorgung, ihre Besoldung und ihren Schutz übernahm und dem sie sich allein verpflichtet fühlten. Seine höchsten Beamten waren seine Minister.

Die Einnahmen

Die dritte wichtige Säule bildeten die *Einnahmen* des Königs. Sie kamen vor allem aus den Steuern, die seine Untertanen zu entrichten hatten. Es gab einmal die *„direkte"* Steuer, welche nach Besitz und Einkommen eingezogen wurde. Hiervon waren Geistlichkeit und Adel, der erste und der zweite Stand, befreit. Hinzu trat jetzt die *„indirekte" Steuer:* Zuschläge auf einzelne Waren und Verbrauchsgüter, die beim Kauf mitbezahlt werden mußten, zum Beispiel auf Salz, Tabak, Seife.

Zur Verwaltung seiner Einnahmen hatte der König einen Finanzminister. Dieser mußte mit dem Geld „haushalten", mußte dafür sorgen, daß nicht mehr ausgegeben als eingenommen wurde. Und wenn die Ausgaben stiegen, mußte er sich bemühen, auch die Einnahmen zu steigern. Zur Führung seines Finanzhaushalts stellte er einen Haushaltsplan, einen *„Etat",* auf, der nach Einnahmen und Ausgaben gegliedert war.

Den ersten Posten auf der *Ausgaben*seite bildeten die Kosten für die königliche Hofhaltung, die etwa ein Drittel der gesamten Staatseinnahmen ausmachten. Der zweite und größte Betrag ging an das Heer. Mit dem geringen Rest konnte die Beamtenschaft bezahlt werden.

Arbeitsvorschläge

1. Gib mit deinen Worten die Ordnung des absolutistischen Staates wieder!
2. Frankreich hatte zur Zeit Ludwigs XIV. etwa 20 Millionen Einwohner. Wie groß ist nach Vaubans Schätzung (S. 83) der Anteil der Franzosen, um die es „außerordentlich schlecht bestellt" ist?
3. Warum kann man sagen, daß im Absolutismus der moderne Staat begründet wurde?
4. Stelle die Abbildungen S. 81 und 83 gegenüber! Welche Überschrift würdest du für diese Gegenüberstellung wählen?
5. Stelle nach den Angaben im Text die Posten zusammen, die im Etat des französischen Finanzministers auftreten mußten!

Der Merkantilismus

Wie kann man die Einnahmen des Staates steigern, wenn die Untertanen weitere Steuern einfach nicht mehr aufbringen können, wenn man den Adel und die Geistlichkeit aber nicht belasten will?

Der Finanzminister Ludwigs XIV., *Colbert*, fand auf diese Frage eine Antwort: *Der Staat muß versuchen, möglichst viel Geld ins Land zu ziehen, möglichst wenig Geld hinauszulassen!* „In demselben Maße, wie wir das Bargeld im Lande vermehren, erhöhen wir auch die Macht und die Größe des Staates", sagte Colbert zum König.

Bargeld ins Land ziehen konnte man, indem man möglichst viele Waren in das Ausland verkaufte. Also mußte man im Inland die Erzeugung von solchen Gütern steigern, die man gut ausführen konnte! Also mußte man im Inland das Gewerbe und den Handel fördern: *neue Industrien aufbauen, die Land- und Wasserstraßen ausbauen, einheitliche Maße und Gewichte schaffen!*

① Zollmauer
② Aufbau neuer Industrien (Manufakturen)
③ Ausbau der Verkehrswege
④ Einheitliche Maße und Gewichte
⑤ Erwerb von Kolonien
⑥ Einfuhr von Rohstoffen durch
⑦ eigene Handelsflotte
⑧ Ausfuhrverbot für Rohstoffe
⑨ Einfuhrverbot für Fertigwaren
⑩ Ausfuhr von Fertigwaren

Die Wirtschaftsform des Merkantilismus

Damit das Gewerbe möglichst billig seine Waren herstellen konnte, mußte man die Rohstoffe, die es im Lande selbst nicht gab, auch möglichst billig beschaffen. Am billigsten waren die Rohstoffe aus *eigenen Kolonien*. So setzte Colbert jetzt alles daran, ein mächtiges Kolonialreich aufzubauen. Bei seinem Tode (1683) gehörten Teile Nordamerikas – Kanada und das Stromgebiet des Mississippi – sowie Kolonien in Afrika und Asien zu Frankreich (vgl. Karten S. 123). Eine eigene große *Handelsflotte* wurde geschaffen, um die Rohstoffe billig herantransportieren.

Wie aber konnte das zweite Ziel erreicht werden, möglichst wenig Geld aus dem Lande hinauszulassen?

Man mußte verhindern, daß ausländische Waren gekauft wurden. Man mußte das Land durch eine *hohe Zollmauer* vom Ausland abriegeln (oder sogar die *Einfuhr von Fertigwaren* gänzlich *verbieten*). Man mußte umgekehrt die *Ausfuhr von* (billigen) *Rohstoffen verbieten* und diese statt dessen im eigenen Lande zu Fertigwaren verarbeiten.

Mit solchen und vielen weiteren Maßnahmen leitete Finanzminister Colbert die gesamte Wirtschaft Frankreichs. Wir nennen sein Wirtschaftssystem *„Merkantilismus"* (von lateinisch mercator = Kaufmann). Es wurde bald von den übrigen absoluten Fürsten Europas nachgeahmt.

Arbeitsvorschläge

1. Das Schaubild auf S. 85 ist ursprünglich von einer Schülerin gezeichnet worden. Sie hat auch die Stichwörter dazugeschrieben. – Erläutere diese Stichwörter mit einzelnen Sätzen!

2. Stelle an Hand des Bildes eine Tabelle auf:

Maßnahmen des merkantilistischen Wirtschaftssystems	
Verbote	Förderungsmaßnahmen
....	....
....	....

3. Gibt es auch heute noch Länder, in denen die gesamte Wirtschaft vom Staat gelenkt wird? Wie steht es damit in der Bundesrepublik?

Die Manufakturen

Es galt also, die Produktion von Fertigwaren im Inland zu steigern. Das gelang am besten durch die Errichtung von großen Betrieben, in denen mehr Waren hergestellt werden konnten als in den kleinen Werkstätten der Handwerker. Solche handwerklichen Großbetriebe nennen wir *Manufakturen*. Sie sind die Vorläufer unserer heutigen Fabriken, denn hier arbeiteten jetzt viele Menschen in einer weitgehenden Arbeitsteilung zusammen. Noch aber gab es keine Maschinen – alles wurde mit der Hand hergestellt.

Colbert richtete staatliche Manufakturen ein. Er förderte aber auch private Kaufleute, die solche Manufakturen errichten wollten, durch Geldzuschüsse und mancherlei Vorrechte. So durften einige von ihnen allein bestimmte Rohstoffe beziehen, bestimmte Waren erzeugen und diese allein verkaufen. Dafür aber kontrollierte und lenkte Colbert auch diese Manufakturen. Was hergestellt wurde, bestimmte der Staat.

Eine „Staatskarosse" Ludwigs XIV., in der die Königin mit ihren Hofdamen sitzt. Der König reitet auf einem Schimmel hinterher. So zog Ludwig zu einem seiner Feldzüge aus (s. Karte Seite 90).

Die Kutschenmanufaktur: ein Beispiel

Die Manufakturen fertigten vor allem Luxuswaren, wie Kutschen, Wandteppiche (Gobelins), Spitzen, Seidenstoffe, Uhren. Oder aber sie waren auf bestimmte Massenerzeugnisse eingestellt, wie Tuche, Waffen, Werkzeuge.

Im Mittelalter arbeiteten viele Handwerker in getrennten Werkstätten und zu verschiedenen Zeiten an der Herstellung eines Wagens oder einer Kutsche. Die absoluten Herrscher ließen ihre Prachtkutschen, ihre „Staatskarossen", in einem großen Arbeitshaus herstellen, der Kutschenmanufaktur. Hier arbeiteten alle Handwerker nebeneinander, Hand in Hand: der Stellmacher (Gestellmacher), der Kastenschreiner, der Drechsler, der Schmied, der Schlosser, der Spengler (Klempner), der Sattler, der Polsterer, der Schneider, der Posamentierer (Bortenmacher), der Maler, der Lackierer, der Vergolder, der Glaser, der Leuchtenmacher.

Die Kutschen wurden in einem durchgehenden Arbeitsgang hergestellt. Da ein großer Bedarf an solchen Prunkgefährten bestand, wurde gleichzeitig an vielen Kutschen gearbeitet. So hatte jeder Handwerker immerfort zu tun und konnte sich auf einem Teilgebiet seines Handwerks immer mehr vervollkommnen: er spezialisierte sich. So konnte er auch mehr schaffen als früher.

Rasiermessermanufaktur

Das Bild zeigt die staatliche Rasiermessermanufaktur in Paris 1783. Sie wurde vom französischen König gegründet, um die berühmten englischen Stahlwaren aus Sheffield zu ersetzen, deren Einfuhr er verboten hatte. Kannst du den Grund für dieses Verbot nennen?

Unser Bild gibt einen guten Einblick, wie damals in den Manufakturen gearbeitet wurde. Versuche einmal, dich „hineinzulesen" und folgende Arbeitsvorschläge zu lösen:

1. Wie viele Arbeiter sind insgesamt beschäftigt?
2. Sind Frauen und Kinder darunter?
3. Welche Arbeitsgeräte und Werkzeuge sind erkennbar?
4. Wie werden die Arbeitsgeräte angetrieben?
5. Welche Arbeitsvorgänge kannst du erkennen?

Suche Bilder aus modernen Fabriken und halte sie neben dieses Bild! Du findest dann schnell heraus, warum die Manufakturen des 17. und 18. Jahrhunderts noch keine Fabriken im heutigen Sinne waren.

Manufakturen verändern die Arbeitswelt

Die Manufakturen brachten einen Fortschritt in der Erzeugung von Gütern. Sie veränderten auch das Wirtschaftsleben. Bisher hatten die Handwerker einzelne Bestellungen ausgeführt („Bedarfsdeckungswirtschaft"). In den Manufakturen wurde auf Vorrat gearbeitet; man warb um neue Käufer und Verbraucher und weckte damit auch neue Bedürfnisse des Menschen („Bedarfsweckungswirtschaft").

Die Errichtung und Erhaltung einer Manufaktur erforderte viel Geld, viel „Kapital" – weit mehr als die eines Handwerksbetriebes. Sie erforderte Organisation, Planung, Aufsicht. Über den arbeitenden Handwerker schob sich damit der Inhaber und Leiter einer Manufaktur, der *Unternehmer*.

Und die Handwerker in diesen Arbeitshäusern? Ihre Arbeitswelt veränderte sich in vielerlei Hinsicht. Der einzelne sah in seinen Händen nicht mehr ein fertiges Werk entstehen wie beim Zunfthandwerk. Er stellte immer wieder nur einzelne Teile her, und diese Spezialisierung bedeutete auch Eintönigkeit in der Arbeit. Er verkaufte seine Arbeitskraft gegen Lohn. Der Handwerker wurde zum *Arbeitnehmer,* zum Rädchen in einer großen, vielfältigen Maschine.

Zur Zeit der absoluten Fürsten waren die Manufakturen Ausnahmen. Noch arbeiteten die meisten Menschen in der Landwirtschaft oder in den kleinen Handwerksbetrieben. Aber die Manufakturen sind doch schon Vorboten unserer heutigen Arbeitswelt!

Arbeitsvorschläge

1. Das Wort Manufaktur kommt aus dem Lateinischen: „manu" = mit der Hand, „factus" = gemacht. Welcher Unterschied zur modernen Fabrik wird also besonders betont?

2. Lies noch einmal die Anordnungen des Königs auf der dritten Seite des Kleider-Ediktes nach. Du wirst jetzt besser verstehen können, welche besondere Einrichtung er mit seinem Verbot fördern wollte! (Eine Seidenmanufaktur gab es in seinem Lande nicht.)

3. Überlege bitte: Aus welchen Gründen war in den Manufakturen eine Steigerung der Produktion möglich?

4. Was hatten die einzelnen Handwerker in der Kutschenmanufaktur bei der Herstellung einer solchen „Staatskarosse" zu tun, wie sie auf S. 87 abgebildet ist?

5. Gib bitte die Unterschiede zwischen dem mittelalterlichen Handwerker und dem Arbeiter in der Manufaktur an:

   a) Der Handwerker arbeitet in seinem Wohnhaus, der Arbeiter ...
   b) Der Handwerker ist selbständig, der Arbeiter ...
   c) Der Handwerker schafft ein ganzes Werk, der Arbeiter ...
   d) Der Handwerker verkauft sein Werk, der Arbeiter verkauft ...
   e) Der Handwerker bekommt den ganzen Erlös für sein Werk, der Arbeiter ...
   f) Der Handwerker ist vielseitig tätig, der Arbeiter ...
   g) Die Arbeitsergebnisse des Handwerkers fallen verschieden aus, ...
   h) Der Handwerker kann sich am Entstehen und an der Vollendung seines Werkes freuen, der Arbeiter ...

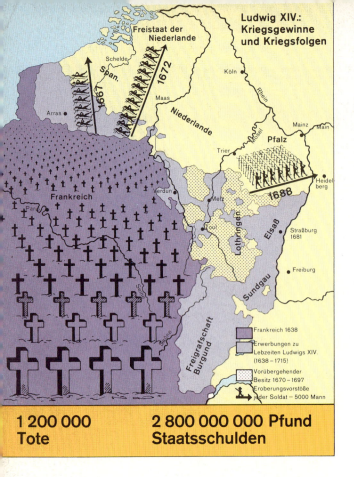

Was die Kriege Ludwigs XIV. – wie immer wieder alle Kriege überall in der Welt – bedeuteten, hat einmal eine Schülerin mit dieser Bildkarte dargestellt: zuallererst den Tod von vielen hunderttausend oder gar Millionen Menschen; dazu ungeheure Summen an Kriegskosten, die Frankreich völlig verarmen ließen! Was sie nicht in ihrer Bildkarte erfassen konnte, ist die Verwüstung weiter Landstriche, durch welche die Heere zogen.

Die Karte zeigt drei der Vorstöße Ludwigs XIV.

Frankreich und Europa

Die Kriege des Sonnenkönigs

Frankreich hatte 150 Jahre gekämpft, um die Vorherrschaft der Habsburger in Europa zu brechen und sich aus ihrer Umklammerung zu befreien. Am Ende des Dreißigjährigen Krieges war es nun selbst zur tonangebenden Macht aufgestiegen. Ludwig XIV. sah das Ziel seiner Politik darin, diese Machtstellung Frankreichs immer mehr auszubauen und damit gleichzeitig seinen eigenen Ruhm zu erhöhen. Als wichtigsten Schritt betrachtete er das immer weitere *Vordringen gegen den Rhein*. So hatte er es schon vom Staatskanzler seines Vaters gelernt: „Sich bis an den Rhein ausbreiten, das ist die wahre Sicherheit Frankreichs." Der Rhein erschien ihm als die *„natürliche Grenze"* seines Landes.

Und so führte er seine Kriege: gegen die Habsburger, den König von Spanien wie den deutschen Kaiser, gegen den Freistaat der Niederlande, gegen die deutschen Reichsfürsten, gegen England und Schweden – 36 Jahre lang! Immer wieder fand er dabei Bundesgenossen, vor allem den Sultan der Türken (vgl. S. 100).

Doch trotz aller Anstrengungen erreichte der Sonnenkönig sein Ziel, die unbedingte Vormachtstellung Frankreichs, nicht. Das große, immer erneute Ringen endete vielmehr mit dem ungefähren Gleichgewicht der fünf führenden Mächte in Europa: England, Frankreich, Schweden, Rußland und das habsburgische Österreich.

*Die Bauleidenschaft der „kleinen Sonnenkönige" ließ in Deutschland Meisterwerke von unvergänglicher Schönheit entstehen – vor allem im süddeutschen Raum.
Im Auftrag des Bischofs von Würzburg schuf Balthasar Neumann die Würzburger Residenz.
Sie ist eines der großartigsten Bauwerke im Stil des Barock.
Das nebenstehende Bild des Treppenhauses gibt einen Eindruck von der Pracht dieses 1744 vollendeten Fürstensitzes.
Vielleicht findest du in deiner Heimat ein ähnliches Beispiel der Baukunst des Barock oder des Rokoko (vgl. S. 101).*

Die „kleinen Sonnenkönige" in Deutschland

In jedem Ländchen, jedem geistlichen oder weltlichen Fürstentum Deutschlands strebte der Fürst danach, ein absoluter Herrscher zu werden. Ihrer aller Vorbild war der Sonnenkönig. Ihm eiferten sie nach; sie wollten werden wie er: reich, mächtig, unumschränkt gebietend, der kleine Gott im eigenen kleinen Staate. So bauten sie wie der Sonnenkönig. Überall entstanden in den deutschen „Hauptstädten" und um sie herum neue prunkvolle Bauwerke: Stadtschlösser, Landschlösser, Jagdschlösser, Lustschlösser, Parks, Anlagen, Theater, Museen usw. Unstillbare Großmannssucht erfüllte diese Herren.

Nicht mehr die Bauten der Bürger, sondern die Bauten der Fürsten veränderten das Bild der deutschen Städte. Und die freien, selbständig denkenden und handelnden Bürger des Mittelalters? In den meisten Städten wurden sie unterwürfige Fürstendiener und treue Untertanen, ausgeschlossen von jeder Mitbestimmung und Mitverantwortung!

Hessische Landeskinder, von ihrem Fürsten an England verpachtet, werden nach Nordamerika verfrachtet. Lies hierzu auch den Text über Schiller auf S. 177/178!

Der Soldatenhandel

Mit dem Gelde ihrer Untertanen bezahlten die Fürsten ihre Schlösser, manchmal sogar mit deren Leben. Das traurigste Kapitel deutscher Fürstengeschichte jener Zeit ist der Soldatenhandel. Um Geld für ihre Hofhaltung zu bekommen, verpachteten Fürsten ihre „Landeskinder" an fremde Staaten. Junge Burschen wurden in ihren Dörfern eingefangen, in Uniformen gepreßt, auf dem Exerzierplatz gedrillt und schließlich unter scharfer Aufsicht wie Vieh verladen. Dieser Menschenhandel war ein gewinnbringendes Geschäft, ein wichtiger Posten im Etat für viele absolute Fürsten.

So verpachteten zum Beispiel 1775 der Markgraf von Ansbach-Bayreuth, der Herzog von Braunschweig, der Graf von Hessen-Hanau, der Fürst von Hessen-Waldeck und der Fürst von Anhalt-Zerbst insgesamt 28 875 Mann an England. Sie wurden nach Nordamerika verfrachtet und mußten dort für England kämpfen. Von ihnen fielen 12 562.

Wir merken uns

Ludwig XIV. regierte von 1661 bis 1715 als absoluter Herrscher in Frankreich. Seine Regierungsweise und seine Hofhaltung wurden das Vorbild fast aller europäischen Fürsten.

Die Wirtschaft Frankreichs lenkte sein Minister Colbert nach dem System des Merkantilismus. Die neu entstehenden Manufakturen veränderten die Arbeitswelt. Frankreich stieg zur Kolonialmacht auf.

Das Ziel einer französischen Vormachtstellung in Europa erreichte Ludwig XIV. nicht. Statt dessen bildete sich ein „Gleichgewicht" von fünf Mächten heraus.

Preußen und Österreich

Der aufgeklärte Absolutismus

„Ich bin der erste Diener meines Staates"

„Ich bin der Staat!" war das Leitwort Ludwigs XIV. und seiner Nachahmer gewesen. Statt dieses eigensüchtigen Wortes wurde im 18. Jahrhundert für manche Herrscher ein anderes gültig: „Ich bin der erste Diener meines Staates".

Bei diesen Fürsten traten Verantwortungs- und Pflichtgefühl an die Stelle von Eigensucht und Vergnügungslust. Es erschien ihnen als Gebot der menschlichen Vernunft, alles zu tun, was der Stärkung des Staates und der „Wohlfahrt" des Volkes nützlich war. Sie herrschten zwar auch absolut: ließen nur ihren Willen gelten und bevormundeten ihre Untertanen. Aber sie taten es nicht aus Großmannssucht, sondern weil sie meinten, daß nur sie den Staat in allen seinen Teilen überschauen konnten. Sie sahen ihr Amt nicht mehr als von Gott verliehenes Vorrecht, sondern als Dienst für Volk und Staat.

Wir nennen ihre Herrschaftsform den „aufgeklärten" Absolutismus.

Alles für das Volk, nichts durch das Volk

Aus dieser Haltung heraus haben die aufgeklärten Herrscher für Verbesserungen zum Wohle ihrer Untertanen gesorgt:

> Sie beseitigten die Folter; die Hexenverbrennungen hörten auf.
>
> Sie duldeten auch andere Bekenntnisse als ihr eigenes.
>
> Sie schufen Kranken-, Waisen- und Armenhäuser sowie eine staatliche Gesundheitspflege zum Kampf gegen die Seuchen.
>
> Sie führten die Schulpflicht ein. Immer mehr Kinder hatten regelmäßig Unterricht.
>
> Sie sorgten für den Anbau einer südamerikanischen Blattpflanze, die man bisher nicht kannte: die Kartoffel! Seit der Einführung des Kartoffelanbaus gab es in Deutschland keine Hungersnöte mehr.

Bedeutende Fortschritte wurden erreicht, aber noch immer lag auch manches im argen.

> Die Kinderarbeit galt als besonders vorteilhaft und „rentabel" – auf den Gütern, in den Manufakturen, sogar in den Bergwerken. Kinder aus Waisenhäusern wurden vielfach an Manufakturen vermietet.
>
> Die Masse der Bauern – noch immer die große Mehrheit des Volkes – blieb weiterhin in der unheilvollen Abhängigkeit von ihren Grundherren.
>
> Auch die aufgeklärten Fürsten vergaßen häufig ihre guten Vorsätze: Für einen Fetzen Landes waren sie schnell bereit, einen Krieg zu riskieren.

Vor allem aber: was immer geschah, geschah auf Anordnung des Fürsten. Hineinreden in seine Regierung, mitbestimmen durfte da niemand!

So blieb „der Staat" eine Angelegenheit, zu der ein Untertan ohne Beziehung lebte. Er gewöhnte sich daran, mehr oder weniger murrend hinzunehmen, was „von oben" kam. Er blieb Befehlsempfänger ohne Interesse und eigene Verantwortung für das Ganze.

Arbeitsvorschlag Vergleiche die Stellung des Untertans in der Zeit der aufgeklärten Fürsten mit der Stellung des Bürgers in unserem Staat! Berücksichtige dabei auch den Text auf der Randleiste!

Äußerungen aufgeklärter Herrscher

Im folgenden sind einige Anordnungen und Äußerungen von aufgeklärten Herrschern zusammengestellt: von *Friedrich II., dem Großen*, 1740–1786 preußischer König, von *Maria Theresia*, 1740–1780 Herrscherin von Österreich, und von ihrem Sohn *Joseph II.*, der 1780 bis 1790 in Österreich regierte.

Wir sind auf der Welt, um anderen Gutes zu tun ... Wir sind nicht für uns selbst da und um uns zu amüsieren, sondern um den Himmel zu erwerben, worauf alles abzielt; und er fällt einem nicht umsonst zu – es heißt, ihn sich zu verdienen.
(Maria Theresia, 1775)

Es muß unter den katholischen und evangelischen Untertanen nicht der mindeste Unterschied gemacht werden.
(Friedrich der Große, 1772)

Überzeugt von der Schädlichkeit alles Gewissenszwanges, haben wir uns bewogen gefunden, den Augsburgischen und Schweizerischen Religionsverwandten [Lutheranern und Reformierten] einen ihrer Religion gemäßen, aber nicht öffentlichen Gottesdienst allenthalben zu gestatten ...
(Joseph II., 1781)

Es ist selbstverständlich, daß das Einkommen des Herrschers von den Staatseinnahmen zu trennen ist. Diese müssen geheiligt sein, und ihre Bestimmung darf in Friedenszeiten einzig und allein darin gesehen werden, daß sie dem Wohl der Bürger dienen, sei es zur Urbarmachung des Landes oder zur Errichtung der in den Städten fehlenden Manufakturen oder endlich, um alle Einrichtungen zu festigen und den einzelnen Bürgern vom Edelmann bis zum Bauern das Leben auskömmlicher und behaglicher zu gestalten ...
(Friedrich der Große, 1784)

Jeder Fürst, der die Staatsgelder in Vergnügungen und unangebrachter Freigebigkeit vergeudet, gleicht in seinem Haushalt weniger einem Herrscher als einem Straßenräuber, weil er das Geld, das Herzblut seiner Untertanen, in unnützen und oft lächerlichen Ausgaben verbraucht ...
(Friedrich der Große, 1784)

> Die Richterkollegien müssen wissen, daß der geringste Bauer, ja was noch mehr ist, der Bettler, ebensowohl ein Mensch ist wie der König, dem alle Gerechtigkeit widerfahren muß. Vor der Justiz sind alle Menschen gleich... Ein Justizkollegium, das Ungerechtigkeiten ausübt, ist gefährlicher und schlimmer als eine Diebesbande.
>
> *(Friedrich der Große, 1779)*
>
> Die Gerechtigkeit muß die Hauptsorge eines Fürsten sein, das Wohl seines Volkes muß jedem anderen Interesse vorangehen. Der Herrscher, weit entfernt, der unumschränkte Herr seines Volkes zu sein, ist selbst nichts anderes als sein erster Diener.
>
> *(Friedrich der Große, 1740)*

(Sprachlich vereinfacht)

Arbeitsvorschläge

1. Lies die Äußerungen zunächst aufmerksam durch und mache dir ihren Inhalt ganz klar!
2. Wovon ist in den einzelnen Äußerungen die Rede? Versuche, für jede ein Stichwort zu finden!
3. Zwei Äußerungen beziehen sich auf das Bekenntnis der Untertanen.
   a) Welche sind es?
   b) Welcher dieser beiden Herrscher hat wohl seinen Untertanen größere Rechte in Glaubensdingen eingeräumt?
4. Von Ludwig XIV. stammte die Forderung: „Ein König, ein Gesetz, ein Glaube!" (Er hatte dementsprechend die Hugenotten aus seinem Lande vertrieben.)
   Vergleiche seine Forderung mit diesen beiden Aussprüchen!
5. In einer der Äußerungen werden die Lutheraner und die Reformierten als „Augsburgische und Schweizerische Religionsverwandte" bezeichnet.
   a) Wie mag diese Bezeichnung entstanden sein? (Du kannst auf S. 53 und 56 nachlesen: Bei welchem Friedensschluß wurden die Lutheraner als gleichberechtigt anerkannt? Aus welchem heutigen Land kamen Zwingli und Calvin?)
   b) Welchem Bekenntnis gehörte Joseph II. wohl selbst an?
6. Zwei Äußerungen beziehen sich auf die Einnahmen des Herrschers. (Neben den Steuern hatten die Fürsten Einnahmen aus ihrem persönlichen Besitz, z. B. ihren Gütern.)
   a) Wofür sollen die Staatseinnahmen allein verwendet werden?
   b) Der König nennt allerdings eine Einschränkung: „in Friedenszeiten". Äußere dich dazu!
   c) Wozu sollen Staatseinnahmen auf keinen Fall dienen?
   d) Wie hätte sich Ludwig XIV. wohl zu diesem Thema geäußert?
7. Ludwig XIV. war auch der oberste Richter seines Staates. Andere Richter konnten allenfalls unter ihm stehen. – Wie sieht Friedrich der Große das Verhältnis von König und Richter?
8. Vergleiche den letzten Satz der Äußerung Friedrichs des Großen aus dem Jahre 1740 mit dem Ausspruch Ludwigs XIV.: „Der Staat bin ich!"
9. Überlege bitte, ob überhaupt eine der abgedruckten Äußerungen von Ludwig XIV. stammen könnte!
10. Du wirst auf den nachfolgenden Seiten noch mehr über die drei Herrscher erfahren. Achte doch einmal darauf, ob sie wohl immer im Sinne ihrer Äußerungen gehandelt haben!

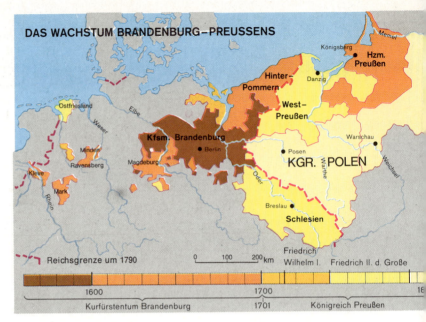

Die Mark Brandenburg mit der Hauptstadt Berlin war der Kern des preußischen Staates. 1618 kam das Gebiet des ehemaligen Deutschen Ritterordens hinzu, das Herzogtum Preußen, das später dem Ganzen seinen Namen gab. Die weit auseinanderliegenden Teile des Staates durch weitere Landgewinne zu verbinden, wurde zum Ziel seiner Herrscher im 18. Jahrhundert.

Der Aufstieg Preußens

Die Anfänge Brandenburg-Preußens

Jahrhundertelang waren die Kurfürsten von Brandenburg (aus dem Haus der *Hohenzollern*) Herrscher über ein kleines und menschenarmes Gebiet gewesen. Seit 1618 aber hatten sie durch Kriege und Erbansprüche große Gebiete hinzugewonnen, und seit 1701 führten sie sogar den Titel „König in Preußen".

Friedrich Wilhelm I. (1713–1740) übernahm den preußischen Staat von einem Vorgänger, der in allem dem Sonnenkönig nachgeeifert hatte. Der neue König aber hielt nichts von prunkvoller Hofhaltung. Er entließ den Hofstaat, schmolz alles königliche Silber zu Münzen um und machte aus dem Schloßpark einen Exerzierplatz für seine Soldaten! Beim Tode des „Soldatenkönigs" war Preußen eine Macht mit dem drittgrößten stehenden Heere Europas (nach Frankreich und Österreich), mit einem zuverlässigen „Heer" von Beamten und mit wohlgeordneten Staatseinnahmen.

Arbeitsvorschläge

1. Stelle aus der Karte oben in deinem Arbeitsheft eine *Kartenfolge* her, so daß das Wachstum Preußens als ein Nacheinander erscheint! Pause und schneide also zuerst das „Kernland" Brandenburg heraus, dann Kernland und 1. Erweiterung, dann Kernland, 1. und 2. Erweiterung usw. Klebe die Ausschnitte untereinander und beschrifte sie! Vergleiche die Erweiterungen jedesmal mit deiner Atlaskarte und gib an, zu welchem Staat die Gebiete heute gehören!

2. Welche Möglichkeiten hatten Herrscher, ihr Staatsgebiet zu vergrößern? Welche Gründe, die Landgewinn damals erstrebenswert machten, kannst du nennen?

3. Friedrich Wilhelm I. war es auch, der das Kleideredikt von 1731 (S. 75–78) erließ. Wiederhole bitte: Was wurde mit diesem Edikt verboten? Aus welchen Gründen erging das Verbot?

Das Spießrutenlaufen, wie es Ulrich Bräker im Text unten beschrieben hat. Erläutere bitte die dargestellte Szene! Im Hintergrund ist eine andere Art der Bestrafung erkennbar, die „Stäupung".

Der preußische Militärstaat

Das stehende Heer zählte 1740 83 000 Mann – gegenüber einer Gesamteinwohnerzahl Preußens von 2,4 Millionen. Der größte Teil der Staatseinnahmen wurde für das Heer verwendet. Etwa zwei Drittel der Soldaten waren Landeskinder, die übrigen wurden im Ausland angeworben, oft gewaltsam über die Grenze geschleppt. Die zum Waffendienst Gepreßten ergriffen nicht selten jede passende Gelegenheit, um zu fliehen, zu „desertieren".

Die Offiziere stellte der preußische Adel. Adliger sein hieß: des Königs Offizier sein. So entstand in Preußen die Verbindung zwischen den adligen Grundbesitzern, den „Junkern", und dem Militär.

Ulrich Bräker, ein Schweizer Hirtenjunge, der in die preußische Armee gepreßt worden war, berichtet nach seiner geglückten Flucht über den preußischen „Drill" und das Schicksal von Deserteuren.

„Bald alle Wochen hörten wir ... neue ängstigende Geschichten von eingebrachten Deserteurs, die, wenn sie noch so viel List gebraucht, sich in Schiffer und andre Handwerksleute, oder gar in Weibsbilder verkleidet, in Tonnen und Fässer versteckt u. dgl., dennoch ertappt wurden. Da mußten wir zusehen, wie man sie durch 200 Mann, achtmal die lange Gasse auf und ab Spießrutenlaufen ließ, bis sie atemlos dahinsanken – und des folgenden Tags aufs neue dran mußten; die Kleider ihnen vom zerhackten Rücken heruntergerissen, und wieder frisch drauf losgehauen wurde, bis Fetzen geronnenen Bluts ihnen über die Hosen hinabhingen ...

Auch auf dem Exerzierplatz ... war des Fluchens und Karbatschens von prügelsüchtigen Jünkerlins und hinwieder des Lamentierens der Geprügelten kein Ende. Wir selber waren zwar immer von den ersten auf der Stelle, und tummelten uns wacker. Aber es tat uns nicht minder in der Seele weh, andre um jeder Kleinigkeit willen so unbarmherzig behandelt, und uns selber so, Jahr ein Jahr aus, coujoniert zu sehn; oft ganze fünf Stunden lang in unsrer Montur eingeschnürt wie geschraubt stehn, in die Kreuz und Quere pfahlgerad marschieren, und ununterbrochen blitzschnelle Handgriffe machen zu müssen; und das alles auf Geheiß eines Offiziers, der mit einem furiosen Gesicht und aufgehobenem Stock vor uns stand, und alle Augenblick wie unter Kabisköpfe dreinzuhauen drohte. Bei einem solchen Traktament mußte auch der starknervigste Kerl halb lahm, und der geduldigste rasend werden."

karbatschen = auspeitschen; *coujonieren* = schlecht behandeln; *furios* = wütend; *Kabis* = Kohl

(Ulrich Bräker, Lebensgeschichte ..., 1789, Neudruck München 1965, S. 101 ff.)

Friedrich der Große

So „aufgeklärt" *Friedrich II.* in vielen Bereichen des staatlichen Lebens regierte – in der Außenpolitik dachte und handelte er wie andere absolutistische Fürsten. Als er 1740 im Alter von 28 Jahren den preußischen Thron bestieg, setzte er sich zum Ziel, sein Land zur führenden Macht in dem kleinstaatlich zerrissenen Deutschland zu machen.

Gleichzeitig mit ihm hatte Maria Theresia den Thron der Habsburger bestiegen, die Tochter des deutschen Kaisers. Unter dem fadenscheinigen Vorwand alter Erbansprüche verlangte er von ihr die reiche Provinz Schlesien. Unmittelbar darauf fiel er mit seinen Truppen dort ein. Er wußte, daß er damit die Waage des europäischen Gleichgewichts gefährlich ins Schwanken brachte. Jede bedeutsame Gebietsveränderung in Europa rief alle großen und kleinen Staaten auf den Plan.

Aber er hatte das wahre Ausmaß der Folgen wohl doch nicht vorausbedacht. Nahezu alle europäischen Mächte traten nach und nach in die Auseinandersetzung zwischen Preußen und Österreich ein: Frankreich, England-Hannover, Rußland, Schweden; dazu Spanien, Bayern, Sachsen.

Der Siebenjährige Krieg

Dem ersten und zweiten „Schlesischen Kriege" folgte von 1756–1763 der dritte und schwerste, der *„Siebenjährige Krieg"*. Es gab immer neue Bündnisse, Vertragsbrüche, Friedensschlüsse, neues Auflodern der Kriegsflammen. Schließlich kam Friedrich in größte Bedrängnis: 90 Millionen zählten seine Gegner an Menschen. Niederlagen wechselten mit Siegen. Zum Schluß aber konnte der preußische König das schlesische Land seinem Staate endgültig einverleiben.

Er kehrte aus diesen Kriegen um Schlesien als „Friedrich der Große" heim. Sein Ruhm als Feldherr war durch ganz Europa gedrungen. Er hatte seine Besitzungen weit ausgedehnt, und der kleine Staat Preußen war zu einer Großmacht in Europa aufgestiegen.

Den Preis dafür hat der „Alte Fritz", wie ihn der Volksmund nannte, so beschrieben:

△ *Friedrich II.,*
▽ *der Große*
(1712–1786)

> „Um sich einen Begriff von der allgemeinen Zerrüttung zu machen, in die das Land gestürzt war, um sich die Verzweiflung und Entmutigung der Untertanen zu vergegenwärtigen, muß man sich völlig verwüstete Landstriche vorstellen, in denen man kaum die Spuren der alten Ansiedlungen entdecken konnte, Städte, die von Grund aus zerstört, und andere, die halb von Flammen verzehrt waren. Von 13 000 Häusern gab keine Spur mehr Zeugnis, es gab keine bestellten Felder, kein Korn zur Nahrung für die Einwohner, 60 000 Pferde fehlten den Bauern zur Feldarbeit, und in den Provinzen hatte die Bevölkerung, verglichen mit dem Jahre 1756, um 500 000 Seelen abgenommen, was für eine Bevölkerung von $4^{1}/_{4}$ Millionen Seelen beträchtlich ist. Adel und Bauern waren von so viel verschiedenen Armeen beraubt, gebrandschatzt und geplündert worden, daß ihnen nichts blieb als das Leben und elende Lumpen, ihre Blöße zu decken."

(Friedrich II., Memoiren von 1775 [nach G. B. Volz]. Sprachlich leicht vereinfacht.)

Nach diesen Kriegen aber gab es in Deutschland neben den vielen Kleinstaaten zwei große Mächte: Österreich und Preußen. Ihr Gegensatz sollte in den nächsten hundert Jahren die deutsche und die europäische Geschichte wesentlich bestimmen.

Der Landesausbau

Schlesien wurde im Kriege gewonnen. Friedrich der Große aber erklärte mit Stolz, daß er „eine neue Provinz" für sein Land auch im Frieden gewonnen habe. In jahrzehntelanger Arbeit wurden nämlich die Sumpfniederungen der Flüsse des Landes entwässert und hier neue Siedlungsgebiete erschlossen. Ausgediente Soldaten und heimatlose Einwanderer waren die Neusiedler: etwa 300 000 Menschen in 900 Dörfern. Die Kolonisation im Oderbruch ist solch ein Beispiel „friedlicher Eroberung".

Arbeitsvorschläge

1. In Preußen wurden die Offiziere zur angesehensten Gruppe der Bevölkerung. Welche Erklärung kannst du dafür finden?

2. Wer war in Preußen ein „Ausländer"? Warum werden Ausländer eher desertiert sein als Landeskinder?

3. Wann gab es in der Geschichte ähnliche Beispiele der Zerstörung eines Landes wie die Preußens durch den Siebenjährigen Krieg? Um wieviel Prozent nahm die preußische Bevölkerung durch den Krieg ab?

4. Suche zu deiner Orientierung das dargestellte Gebiet des Oderbruches auf deiner Atlaskarte! Vergleiche dann in beiden Kartenausschnitten: den Oderlauf, die sonstigen Gewässer, die Sumpfgebiete, die Wälder, die Ackerflächen, die Ortschaften! Wie haben sich einige der Ortsnamen aus der Zeit vor der Kolonisation verändert? Warum wohl? Überlege bitte, wie der Oderbruch entwässert werden konnte!

5. Du findest auf der rechten Karte eine Verkehrseinrichtung, die es zur Zeit Friedrichs des Großen noch nicht gab (vgl. S. 228).

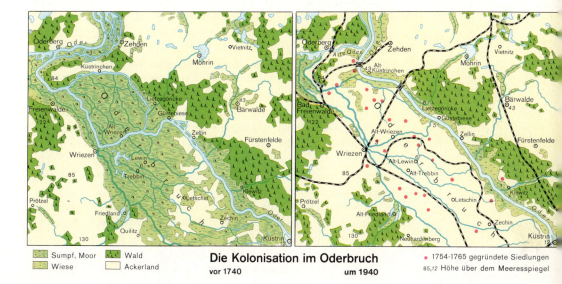

Die Kolonisation im Oderbruch
vor 1740 — um 1940

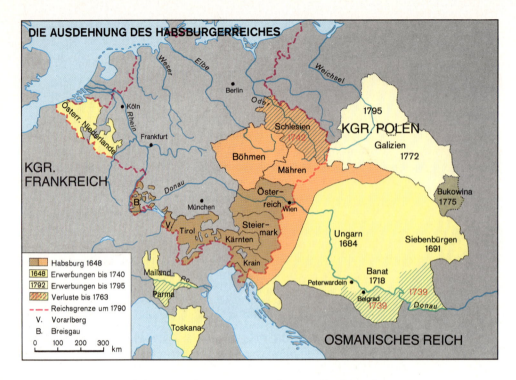

Österreich im 17. und 18. Jahrhundert

Arbeitsvorschlag

Orientiere dich bitte auf S. 46 über das Reich der Habsburger im 16. Jahrhundert! In welche Hälften wurde das Reich nach der Abdankung Karls V. geteilt? Welche Gebiete werden künftig zur deutschen Hälfte gehört haben?

Die Hausmacht der Habsburger

Aus der deutschen Hälfte des Habsburgerreiches war das Österreich des 17. Jahrhunderts hervorgegangen. Es umfaßte nach wie vor die Herzogtümer Österreich, Steiermark, Kärnten, Krain, ebenso Tirol und kleinere süddeutsche Gebiete. Seit der Zeit Karls V. gehörten auch Böhmen (mit Mähren und Schlesien) sowie Teile von Ungarn zur Hausmacht. Der größere Teil Ungarns – wie überhaupt der Balkan – wurde im 17. Jahrhundert von den Türken beherrscht.

Die Türken vor Wien (1683)

Im Jahre 1683 belagerten die Türken sogar die österreichische Hauptstadt. In einem weiten Ring zogen sich ihre Lager um die Stadt Wien: 230 000 Mann mit 300 Geschützen und Tausenden von Pferden, Kamelen und Maultieren. Nur 11 000 Verteidiger standen ihnen gegenüber. Die Belagerer gruben unterirdische Gänge, sprengten mit Pulver Breschen in die Stadtbefestigung und schossen unaufhörlich Steinkugeln und Brandbomben in die Stadt hinein.

Die Bürger deckten die Schindeldächer von den Häusern ab, damit sie nicht Feuer fingen. Sie rissen das Straßenpflaster auf, damit die Steinkugeln nicht auf dem Pflaster zersprangen. Sie brachen die Dachstühle ab und flickten mit den Balken die Breschen in den Mauern der Stadt aus. Tag und Nacht standen die Burschen und Männer unter

Waffen. Wie immer in diesen Fällen, bedrängte bald der Hunger die Eingeschlossenen. Hunde und Katzen waren Leckerbissen.

Endlich, nach zwei Monaten Belagerung, nahte Entsatz. Ein Heer aus Deutschen und Polen, von einigen Fürsten eilends aufgestellt, fiel über die Lager der Türken her. Nach wenigen Stunden war Wien, waren aber auch das Reich und Europa vor der unmittelbaren türkischen Gefahr gerettet.

▽ *Prinz Eugen von Savoyen (1663–1736)*

Prinz Eugen

In den Folgejahren gelang es den Habsburgern, die Türken immer weiter vom Balkan zu vertreiben, der eigentliche Türkenbesieger wurde dabei Prinz Eugen von Savoyen als Oberbefehlshaber der österreichischen Truppen. Seine größte Tat war die Eroberung Belgrads, das die Türken zu einer starken Festung ausgebaut hatten (1717).

Nach den Türkenkriegen aber riet er dem Kaiser: „Ungarn ist fruchtbar, doch durch die Kriege entvölkert. Laßt uns dort deutsche Bauern ansiedeln, die den Boden beackern und gute steuerkräftige Untertanen werden. Und wenn sich der Türke wieder einmal erheben und anrücken sollte, sind sie die beste Landwehr für das Reich!"

Die „Donauschwaben"

▽ *Ulmer Schachtel*

Tausende folgten dem Ruf der Werber, die nun durch das Land zogen, vor allem junge Schwaben. In „Ulmer Schachteln", schnell zusammengezimmerten Kähnen, fuhren sie die Donau abwärts und legten im Banat ihre Dörfer an. Einfach waren die Anfänge nicht. In der neugegründeten Gemeinde Billed zum Beispiel starben in den ersten sechs Jahren 743 von 908 Einwanderern an Sumpffieber. Aber mit zähem Fleiß arbeiteten sich die „Donauschwaben" aufwärts, und grimmig reimten sie: „Dem Ersten der Tod,
    dem Zweiten die Not,
    dem Dritten das Brot."

Maria Theresia

Die Gegenspielerin Friedrichs des Großen war die Erbin dieser habsburgischen Hausmacht. Und diese Frau, Maria Theresia, führte ihren Staat und ihre Völker mit großem Geschick durch Krieg und Frieden! Neben der Regierung fand sie noch Zeit für ein vorbildliches Familienleben, für ihren Mann und ihre sechzehn Kinder.

Die Hauptstadt Österreichs wurde zur Zeit Maria Theresias zu einem neuen Mittelpunkt von Kunst und Kultur. Seit der Vertreibung der Türken hatte sich hier die neue Kunstrichtung des *Barock* und seine Spätform, das *Rokoko*, besonders entfalten können. Großartige Schlösser und Gärten entstanden in und um Wien, prunkvolle Opernabende erhöhten den festlichen Glanz. Hier schufen große Meister der Musik ihre unvergänglichen Werke: Joseph Haydn, Wolfgang Amadeus Mozart und – wenig später – Ludwig van Beethoven.

Schönbrunn: ein Fürstenschloß im späten 18. Jahrhundert

Am liebsten hielt sich Maria Theresia in ihrem Schloß Schönbrunn auf, nahe bei Wien. Es wurde um die Mitte des 18. Jahrhunderts fertiggestellt und war das „Versailles Österreichs": mit fast 1500 Räumen, mit einem Park, in dem die Hecken wie Mauern standen und kein Baum, kein Strauch ungestutzt sich erheben durfte (Bild unten).

Das Bild oben rechts zeigt Maria Theresia mit ihrem Mann, Franz I., und ihrer Kinderschar auf der Terrasse des Schlosses (um 1750). Der Thronfolger, Joseph II., ist nicht ohne Absicht in die Mitte des großen Sternschmucks auf dem Fußboden gestellt worden!

Eine Opernaufführung in Schönbrunn 1765 ist auf dem Bild oben links wiedergegeben. Maria Theresia und ihre Familie sitzen in der ersten Reihe – alle gekleidet in der Mode des Rokoko, wie sie auch das Bild auf S. 79 zeigt.

Vor 1772

1772

1793

1795

Die Teilungen Polens

So heftig Preußen und Österreich einander in den Schlesischen Kriegen befehdet hatten – einmal handelten sie auch gemeinsam: 1772, 1793 und 1795 teilten sie im Verein mit Rußland den Staat *Polen* auf.

In Polen war die Entwicklung gerade umgekehrt wie in den meisten europäischen Ländern verlaufen, der König war nicht der absolut regierende Herrscher geworden. Vielmehr hatten hier die adeligen Grundherren über den König gesiegt. Jeder Schritt und jede Maßnahme des Königs bedurfte der einstimmigen Billigung seiner Adelsherren. Zu einem einstimmigen Beschluß kam es jedoch ganz selten. So waren die Verhältnisse des Staates heillos in Unordnung geraten. Diese Schwäche und Machtlosigkeit reizte die Nachbarn: Durch Verträge einigten sie sich, das polnische Gebiet wie einen Kuchen unter sich aufzuteilen. Für mehr als 120 Jahre verschwand Polen als selbständiger Staat von der europäischen Landkarte. Vergeblich begehrte das polnische Volk immer wieder gegen diese gewaltsame Teilung auf.

Maria Theresia schrieb über die erste Teilung an den Kanzler des Reiches, den Fürsten *Kaunitz*:

> „Als alle meine Länder angefochten wurden und ich gar nit mehr wußte, wo ich ruhig niederkommen sollte, steifete ich mich auf mein gutes Recht und den Beistand Gottes. Aber in dieser Sach, wo nit allein das offenbare Recht himmelschreiend wider uns, sondern auch alle Billigkeit und die gesunde Vernunft wider uns ist, muß ich bekennen, daß ich zeitlebens nit so beängstigt mich befunden und mich sehen zu lassen schäme. Bedenk der Fürst, was wir aller Welt für ein Exempel geben, wenn wir um ein elendes Stück Polen ... unsere Ehr und Reputation [Achtung] in die Schanz schlagen. Ich merk wohl, daß ich allein bin und nit mehr in voller Kraft, darum lasse ich die Sachen, jedoch nit ohne meinen größten Gram, ihren Weg gehen."
>
> (Nach: G. Guggenbühl, Quellen zur Geschichte der Neueren Zeit, Zürich 1965, S. 349. Sprachlich leicht modernisiert)

Unter die Teilungsakte schrieb sie:

> „Placet [so sei es], weil es so viele große und gelehrte Männer so wollen. Wenn ich aber schon längst tot bin, wird man erfahren, was aus dieser Verletzung an allem, was bisher heilig und gerecht war, hervorgehen wird."

Friedrich der Große spottete damals über seine frühere Gegenspielerin:

> „Sie weinte, doch sie nahm."

Die Kartenfolge auf dieser und der nächsten Seite gibt das Schicksal des polnischen Staates in den letzten 200 Jahren wieder.

Arbeitsvorschläge

1. Von einem der an den Teilungen beteiligten Staaten hast du bisher sehr wenig gehört. Welcher ist es?
2. Vergleiche die Kartenfolge auf S. 104 auch mit den Karten auf S. 96 und 100! Mit welcher Teilung stellte Preußen die Verbindung zwischen seinen Gebieten her? Welche Gebiete gewann Österreich?
3. Von dem polnischen Gesamtgebiet erhielten die Nachbarn unterschiedliche Anteile. In Prozenten ausgedrückt stiegen die Anteile wie folgt:

Staat	Teilung 1772	1793	1795
Preußen	4 %	15 %	21 %
Österreich	9 %	9 %	17 %
Rußland	14 %	41 %	62 %
	27 %	65 %	100 %
Polen verblieben	73 %	35 %	—

Du kannst an dieser Tabelle manches erkennen:
a) Welcher Staat zog den größten Landgewinn aus der Aufteilung Polens?
b) Welcher Staat war an der Teilung des Jahres 1793 nicht beteiligt?
Stelle die Angaben der Tabelle in Prozentkreisen oder in Balkenform (Breite 100 mm) dar!

4. Schreibe die Stellungnahme Maria Theresias in kurze Sätze um!
Welche Haltung kommt in ihr zum Ausdruck?
Ist der Spott Friedrichs des Großen gerechtfertigt?

5. Nach dem Ersten Weltkrieg (1914–1918) wurde der Staat Polen im Versailler Friedensvertrag von 1919 wiederhergestellt. Aber 1939, zu Beginn des Zweiten Weltkriegs, wurde sein Gebiet erneut von Hitler und Stalin zwischen Deutschland und der Sowjetunion aufgeteilt.
Wie denkst du über die Teilungen Polens? Wir müßten heute als Deutsche besonderes Verständnis für das Schicksal des polnischen Volkes haben! Vergleiche und denke nach!

Wir merken uns

Einige Herrscher des 18. Jahrhunderts sahen sich als „erste Diener" ihres Staates, vor allem Friedrich der Große (1740–1786) und Maria Theresia (1740–1780). Ihre Regierungsweise bezeichnen wir als „aufgeklärten Absolutismus".

Preußen stieg im „Siebenjährigen Krieg" (1756–1763) zur zweiten großen Macht neben Österreich im zersplitterten Deutschen Reich auf. Der Gegensatz dieser beiden Mächte bestimmte hinfort die deutsche Geschichte.

Zu den wichtigsten Ereignissen im Europa dieser Zeit zählen die Teilungen Polens (1772, 1793, 1795).

Rückblick und Ausblick

In den ersten Teilen dieses Bandes hast du Ereignisse der Geschichte kennengelernt, die sich vor allem im 16., 17. und 18. Jahrhundert abspielten. Um dir die Einsicht in einzelne Zusammenhänge zu erleichtern, haben wir, die Verfasser dieses Buches, die Schauplätze des Geschehens getrennt voneinander dargestellt. Auch im folgenden Teil „Neue Großmächte entstehen" haben wir diese Zusammenschau einzelner Themen beibehalten.

Viele der hier nacheinander behandelten Ereignisse haben sich in der Geschichte gleichzeitig abgespielt. Was geschah zum Beispiel im „Heiligen Römischen Reich Deutscher Nation", als Cortez sich anschickte, Mexiko zu erobern? Vor welchen Problemen standen die ersten Siedler in Nordamerika, als in Europa der Dreißigjährige Krieg begann? Hätten Kolumbus, Leonardo da Vinci und Jakob Fugger einander begegnen können?

Wie kannst du dir die Gleichzeitigkeit geschichtlicher Vorgänge bewußt machen?

Eine erste Hilfe liefern dir vorn die Seiten 13–16. Dort findest du eine ganz knappe Zusammenfassung der Themen dieses Bandes (und auf den Seiten 10–12 der Themen des ersten Bandes). Sie sollen dir einen *Orientierungsrahmen für die Geschichte* geben. Besonders die Zeitleisten mit ihren Sinnbildern können dir bei der zeitlichen Zuordnung dienlich sein.

Eine zweite Hilfe kann dir eine Tabelle liefern, die du dir selbst anlegst, etwa so:

	Welt	Deutschland	Rußland	England
1450		1455: Gutenberg erfindet den Buchdruck		
	1492: Kolumbus entdeckt Amerika			
1500	1519–1521: Cortez erobert Mexiko	1519–1556: Karl V. 1521: ...		
1550	1545–1563: ...			

Vervollständige die Tabelle mit den dir bekannten, gleichzeitigen Ereignissen. Die dritte und vierte Spalte laß bitte noch frei und trage die Ereignisse im Laufe der Erarbeitung der folgenden Kapitel ein!

Eine weitere Hilfe ist eine Lebensbalkenfolge, wie du sie auf S. 154 findest. Du kannst dir die Vorlage dafür aus Millimeterpapier anfertigen. Dir bekannte Lebenszeiten einzelner Gestalten trägst du als Lebensbalken ein. (Nicht angegebene Lebensdaten genannter Gestalten versuchst du einmal selbst zu ermitteln!) So erkennst du „Zeitgenossen" der Geschichte und damit auch hier geschichtliche Gleichzeitigkeit.

Neue Großmächte entstehen

4

Die Kolonisten Nordamerikas erklären ihre Unabhängigkeit (4. Juli 1776).

| 1600 | 1650 | 1700 | 1750 | 1800 | 1850 |

Die neuen Mächte   Während der Zeit der Glaubenskämpfe und des Absolutismus in Europa vollzogen sich *weltgeschichtlich bedeutsame Ereignisse*. Es bildeten sich

> das russische Großreich,
> das englische Weltreich,
> die Vereinigten Staaten von Amerika (USA).

Damit begann der Schwerpunkt des weltgeschichtlichen Handelns sich aus Europa hinaus in die nichteuropäischen Gebiete zu verlagern. Aus dem Streben nach der Vormachtstellung in Europa und der Sorge um das europäische Gleichgewicht entwickelte sich das Ringen um die Weltgeltung, um die Oberherrschaft auf der Erde. Die neuen Entscheidungsräume wurden die Weltmeere, wurden Amerika, Asien und schließlich auch Afrika.

Arbeitsvorschläge

1. Lies bitte noch einmal die zusammenfassenden Texte zum Absolutismus auf den Seiten 92 und 105! Versuche auch, dir mit Hilfe der Sinnbilder auf der zugehörigen Zeitleiste wichtige Einzelheiten ins Gedächtnis zurückzurufen!

2. Von welchen Schauplätzen der Weltgeschichte wurde bisher berichtet? Du wirst sie nennen können, wenn du die Wiederholungsseiten (vorn S. 10–13) aufmerksam durchliest!

3. Du kannst auf einer Umrißkarte der Erde diese Schauplätze einfärben und bei der Erarbeitung des nächsten Teiles dieses Arbeitsbuches nacheinander die neuen Schauplätze des weltpolitischen Handelns in einer anderen Farbe eintragen!

▷

Blick auf den Kreml in Moskau. – Der Kreml ist eine alte, dreieckige Festungsanlage, die einstige Burg der Großfürsten von Moskau, um die herum die Stadt entstand. Bis zur Zeit Peters des Großen war der Kreml Sitz der Zaren von Rußland, seit 1918 ist er wieder Regierungssitz der Sowjetunion. Die Befestigungsmauer wurde im frühen 15. Jahrhundert errichtet, die großen Kreml-Kathedralen mit den goldenen Kuppeln etwa ein Jahrhundert später. Links hinter dem Erlöserturm in der Kremlmauer (mit der großen Uhr) ist ein modernes Regierungsgebäude zu erkennen.

Im Vordergrund fließt die Moskwa, die der Stadt den Namen gab.

Die Basilius-Kathedrale rechts im Bild kannst du auch auf S. 110 wiederfinden. Zwischen ihr und dem Kreml beginnt der heutige Rote Platz, auf dem alljährlich zum 1. Mai die Sowjetregierung eine Militärparade abnimmt.

Das russische Großreich

Der Weg zur europäischen Großmacht

Ein Blick auf die Karte

Wenn wir eine politische Karte der Erde von heute betrachten, so fällt uns als größte zusammenhängende Fläche das Gebiet der Sowjetunion (UdSSR) auf – Rußland. Es umfaßt die östliche Hälfte Europas und erstreckt sich sodann über ganz Nordasien hinweg bis zum Stillen Ozean. Es ist ein noch weiter ausgedehntes Reich als das der Römer oder das „Weltreich" der Habsburger.

Arbeitsvorschläge

1. Du kannst auch rechnen:
   Fläche der Bundesrepublik   rund 250 000 qkm,
   Fläche Frankreichs   rund 550 000 qkm,
   Fläche Europas (ohne UdSSR)   rund 5 Millionen qkm,
   Fläche der UdSSR   rund 22 Millionen qkm.

2. Nenne eine dir bekannte, weite Reisestrecke in der Bundesrepublik und stelle ihre Länge fest (Auto- oder Eisenbahnkilometer)! Vergleiche sie mit der Strecke Moskau–Wladiwostok (9302 Eisenbahnkilometer)!

3. Vergleiche den europäischen Teil der UdSSR mit dem asiatischen! Wie ist das Größenverhältnis? Wie unterscheiden sich Klima und Vegetation?

4. Stelle bitte zusammen, was du über Rußland allgemein und vielleicht auch schon über seine Geschichte weißt!

Bild links: Diese älteste Zarenkrone ist um 1400 entstanden. Sie wird heute im Kreml aufbewahrt.

Bild unten links: Iwan der Schreckliche (1533 bis 1584) in einer zeitgenössischen Darstellung. – Den Beinamen „der Schreckliche" erhielt er, weil er sein Land mit großer Härte regierte. Kurz vor seinem Tode erschlug er in einem Wutanfall seinen ältesten Sohn.

Bild unten rechts: Iwan der Schreckliche ließ in Moskau neben dem Kreml die Basilius-Kathedrale erbauen, um seine Siege über die Mongolen zu feiern. Sie hat einen achteckigen Grundriß.

Die Anfänge

Im Mittelalter und zu Beginn der Neuzeit lag das Land der Russen gleichsam „vor den Toren Europas". Seine Kultur – Schrift, Religion und Kunst – hatte dieses slawische Volk vornehmlich von Byzanz übernommen. Dann waren bald nach 1200 die Mongolen, ein Völkerstamm aus den Hochgebirgen Asiens, in das Land eingefallen. Über 200 Jahre blieb es im Besitz der „Goldenen Horde", bis nach 1462 die Großfürsten von Moskau begannen, die mongolische Herrschaft abzuschütteln. Sie nannten sich „Zaren" (von lateinisch Cäsar) und besaßen zunächst nur ein kleines Gebiet rund um ihre Hauptstadt (vgl. die Karte auf S. 113).

Im 16. und 17. Jahrhundert erschöpften sich die westlichen Völker Europas in Glaubenskriegen. Oder sie suchten den Weg über die Meere, eroberten Kolonien und machten sich zu Herren der Eingeborenen. In dieser Zeit dehnte sich das neue Reich der Zaren in alle Richtungen – bis mächtige Nachbarn Einhalt geboten: im Norden die Schweden, im Westen die Polen.

So blieben der Süden und der Osten. Unter Zar Iwan IV., „dem Schrecklichen", wurde im Süden das Wolgagebiet den Mongolen abgewonnen, von Kasan bis Astrachan. Im Osten drangen Kosaken, angeworbene Reitersoldaten, über den Ural hinaus vor. Hier lag ein unbekanntes Gebiet voller Wälder und Sümpfe, aber auch voller Pelztiere und Bodenschätze: Sibirien. Zunehmend wurde der Riesenraum dem Zarenreich angeschlossen.

Davon merkten die Menschen Westeuropas kaum etwas. Aber auch die Russen wußten nichts von den Völkern des Westens.

Peter der Große

Das änderte sich in der Zeit des Absolutismus. Mit aller Macht versuchte Zar *Peter der Große* (1689–1725) das Gesicht seines Landes nach Westen zu kehren. Er hatte unmittelbar nach seiner Thronbesteigung Westeuropa bereist, sich aufmerksam überall umgesehen und vielerlei gelernt: die Arbeitsweise der Manufakturen in England, die Schiffsbaukunst in Holland, die Kriegskunst in Österreich.

Er holte ausländische Wissenschaftler und Handwerker ins Land. Er schickte junge russische Adelige hinaus, damit sie gleich ihm in Westeuropa studierten. Er ließ ein stehendes Heer aufstellen und staatliche Manufakturen gründen. Einmal schnitt er sogar eigenhändig seinen Adelsherren die langen, herkömmlichen Bärte ab, weil er in ihnen das Sinnbild der Rückständigkeit Rußlands sah.

Eines der Hauptziele Peters des Großen war der Zugang zu den Meeren, die den Anschluß an den Welthandel freigaben: die Ostsee und das Schwarze Meer. Die Zugänge zur Ostsee wurden ihm durch die Schweden, die zum Schwarzen Meer durch die Türken versperrt. Der Zar steckte gewissermaßen in einem Rock mit zugenähten Ärmeln. Nun versuchte er, diese Nähte gewaltsam zu durchstoßen.

Im Norden hatte er Erfolg. Der Sieg über die Ostseemacht Schweden öffnete die Naht des einen Ärmels. Gleichsam als „Fenster zum Westen" gründete er in dem gewonnenen Küstengebiet eine ausgedehnte Hafenstadt, die er auch zur neuen Hauptstadt seines Reiches machte: Petersburg, das heutige Leningrad. Als Peter der Große starb, war sein Land eine europäische Großmacht geworden.

Von seinen Nachfolgern setzte vor allem *Katharina II.* (1762 bis 1796) die Politik Peters des Großen fort. Ihre Soldaten gewannen den Zugang auch zum Schwarzen Meer. Sie verleibte die Halbinsel Krim ihrem Reiche ein und begann mit der Unterwerfung des Kaukasusgebietes. Sie war es auch, die im Verein mit Österreich und Preußen 1772, 1793 und 1795 den Staat Polen aufteilte.

Peter der Große (1689–1725). Auch nach außen hin gab sich der Zar ganz europäisch.
Das rechte Bild aus der Zeit Peters zeigt nicht den Zaren selbst, sondern einen seiner Beauftragten beim Bartabschneiden. Die russische Inschrift gibt das Gespräch der beiden wieder. Der alte Russe sagt: „Hör zu, Barbier, ich will meinen Bart nicht abschneiden lassen!" Der antwortet ihm: „Paß auf, ich rufe gleich die Wache!"

Arbeitsvorschläge

1. Auch eine deutsche Herrscherbezeichnung ist von dem Namen Cäsar abgeleitet worden. Welche?

2. Stelle aus der Karte S. 113 eine *Kartenfolge* her, so daß das Wachstum Rußlands als ein Nacheinander erscheint! Pause und schneide also zuerst das „Kernland" heraus, das Großfürstentum Moskau 1462, dann Kernland und Erwerbungen bis 1533, dann bis 1725, schließlich als vierte Karte die Sowjetunion der Gegenwart! Klebe die Ausschnitte untereinander und beschrifte sie!

3. Auf dem Bild oben findest du russische Schriftzeichen. Versuche bitte festzustellen, ob die russische Schrift heute noch so aussieht!

4. Peter der Große regierte gleichzeitig mit Ludwig XIV. Welche seiner Maßnahmen kennzeichnen auch ihn als einen absolutistischen Herrscher?

5. Zeige auf der Karte S. 113 die Stellen, die Rußland den Zugang zum Meer ermöglichen. Sage noch einmal mit deinen Worten, warum dieser Zugang so wichtig war!

6. Orientiere dich auf den Seiten 104/105 noch einmal über den Anteil Rußlands an den polnischen Teilungen!

7. Vergleiche die Basilius-Kathedrale mit einer großen alten Kirche, die du kennst! Stelle die Unterschiede in einer Tabelle zusammen! Beachte besonders den Grundriß, die Zahl und Art der Türme, die Schmuckformen, Türen und Fenster!

Die weltpolitische Bedeutung Sibiriens

Im Jahre 1648 hatte der Kosak Deschnew mit wenigen Begleitern das äußerste nordöstliche Ende Sibiriens erreicht, das ihm zu Ehren noch heute „Kap Deschnew" heißt.

Mit dieser Durchquerung Sibiriens begann eine folgenreiche Veränderung in der Welt. Rußland wurde damit ein Reich von einer Ausdehnung und räumlichen Geschlossenheit, das alle europäischen Maßstäbe in den Schatten stellte. Noch war der Riesenraum unerschlossen, kaum besiedelt und unkultiviert. Er hatte ein rauhes, unwirtliches Klima. Er schien zu großen Teilen völlig unzugänglich. Noch wußte niemand, welche Schätze er barg. Mit seiner zunehmenden Erschließung aber wuchs Rußland in aller Stille zur Weltmacht heran.

Arbeitsvorschlag — Trage in die Tabelle, die du nach den Hinweisen auf S. 106 angelegt hast, Ereignisse der russischen Geschichte ein!

Wir merken uns — Jahrhundertelang hatte Rußland gleichsam vor den Toren Europas gelegen. Erst unter Zar Peter dem Großen (1689–1725) kehrte es „sein Gesicht nach Westen". Es wurde eine europäische Großmacht.
Während die westeuropäischen Staaten den Weg zur Weltgeltung in Übersee suchten, dehnte sich Rußland im stillen über ganz Nordasien (Sibirien) aus. Damit schuf es die Voraussetzungen für die heutige Weltmachtstellung.

Das englische Weltreich

Der politische Aufbruch

Gegen die absolute Fürstenherrschaft

Der Absolutismus der Fürsten beherrschte das politische Bild Europas im 17. und 18. Jahrhundert. Nur in wenigen Ländern gab es andere, freiere Regierungsformen: in der *Schweiz*, wo die „Eidgenossen" im Schutze ihrer Alpenberge seit dem Mittelalter zusammenlebten, ohne einem Fürsten untertan zu sein, in den *Niederlanden* und in *England*.

Die Niederländer hatten sich bereits um die Mitte des 16. Jahrhunderts in den Wirren der Glaubenskriege von ihrem spanisch-habsburgischen Oberherrn losgesagt und sich schließlich 1581 für selbständig und unabhängig erklärt (vgl. S. 65):

> „Ein Volk ist nicht wegen des Fürsten, sondern ein Fürst um des Volkes willen geschaffen; denn ohne das Volk wäre er ja kein Fürst. Er ist dazu da, daß er seine Untertanen nach Recht und Billigkeit regiere und sie liebe wie ein Vater seine Kinder, daß er treu walte, wie ein Herr über seine Herde.
>
> Behandelt er sie aber nicht so, sondern bloß wie Sklaven, dann hört er auf, ein Fürst zu sein und ist ein Tyrann. Die Untertanen aber haben das Recht..., wenn kein anderes Mittel mehr übrig ist..., den Tyrannen zu verlassen.
>
> Unter dem Vorwand der Religion hat der König von Spanien eine Tyrannei einzurichten versucht... Und so erklären wir denn jetzt den König von Spanien verlustig jedes Anspruchs auf die Herrschaft in den Niederlanden."
>
> *(Nach: Quellen zur Geschichte der Neueren Zeit, Zürich 1965, S. 133 f.)*

Diese Unabhängigkeitserklärung ist eine der wichtigsten Urkunden der neuzeitlichen Geschichte. Hier verfochten erstmals Bürger gegenüber dem Fürsten das Recht auf eine freie Selbstbestimmung und eine eigene Regierung. An die Spitze des neuen niederländischen Staates trat ein auf Lebenszeit gewählter Statthalter.

Arbeitsvorschläge

1. In einem Theaterstück des deutschen Dichters Friedrich von Schiller (1759–1805) wird vom Selbständigkeitsstreben der Schweizer berichtet. Vielleicht kannst du Auszüge aus „Wilhelm Tell" mit deinen Klassenkameraden lesen!

2. Mache dir bitte den Inhalt der niederländischen Unabhängigkeitserklärung ganz klar:
   a) Lies den Text langsam und gründlich durch!
   b) Wer ist am wichtigsten in einem Staat: der Fürst (König) oder die Untertanen (das Volk)?
   c) Welche Bilder werden hier für das richtige Verhältnis von beiden gebraucht?
   d) Wann hat das Volk das Recht zum Widerstand gegen den Fürsten?
   e) Versuche nun, den Inhalt der Erklärung mit deinen Worten wiederzugeben!

3. Verfolge in deinem Geschichtsatlas die Entstehung der Schweiz und der Niederlande! Informiere dich auch über das Kolonialreich, das die Niederländer im 17. Jahrhundert errichteten!

Der Sieg des Parlaments in England

Schon 1215 hatten die Adeligen in England dem König einen „Freibrief" (*Magna Charta*) abtrotzen können. Kein freier Mann durfte nur nach Belieben des Königs verhaftet, eingesperrt, seines Besitzes beraubt oder verbannt werden. Seither wachte darüber ein „*Parlament*", eine Versammlung von Vertretern des Adels und der Städte. Es bewilligte dem König auch die Steuern.

Als im 17. Jahrhundert die englischen Könige dennoch versuchten, die absolutistische Herrschaftsform durchzusetzen, stießen sie auf den harten Widerstand ihres Volkes. Der steigerte sich bis zum blutigen Bürgerkrieg und führte schließlich zur Hinrichtung des Königs. Das war etwas Ungeheuerliches, das es bisher in der europäischen Geschichte noch nicht gegeben hatte: das Volk richtete den König und legte ihm den Kopf vor die Füße, als er übermächtig werden wollte.

Zwar wurde wenige Jahre später das Königtum wieder eingeführt, die englischen Könige aber waren seit 1688/89 *(Bill of Rights)* weitgehend vom Parlament abhängig:

    Das Parlament gab die Gesetze.
    Das Parlament bewilligte die Steuern.
    Das Parlament mußte zustimmen, wenn der König ein Heer aufstellen wollte.
    Das Parlament wachte darüber, daß jeder Verhaftete spätestens nach drei Tagen vor einen Richter kam.
    Das Parlament durfte frei diskutieren; niemand konnte wegen seiner Reden im Parlament vom König zur Rechenschaft gezogen werden.

Auch auf die Wahlen zum Parlament hatte der König keinen Einfluß. – Freilich, wählen durften längst nicht alle Engländer. Im Parlament – bestehend aus einem „Oberhaus" und einem „Unterhaus" – hatten nur Vertreter der Geistlichkeit und des Adels sowie reiche Kaufleute und Unternehmer Sitz und Stimme. Handwerker, Kleinbauern und Manufakturarbeiter waren noch nicht vertreten.

Sie durften nicht mitwählen, aber auch sie waren durch das Parlament vor willkürlichen Verhaftungen geschützt: ein Fuhrmann und ein Fleischträger in London im 17. Jahrhundert.

115

Arbeitsvorschläge

1. Überlege bitte:
   Warum sollte der König nicht nach Belieben ein Heer aufstellen dürfen? Warum ist die „Redefreiheit" im Parlament wichtig?

2. Stelle zusammen, wie sich die eingeschränkte Königsherrschaft in England von der absoluten unterschied!

3. Wo gibt es in Europa heute noch Königsherrschaften (Monarchien)? Regieren die Könige absolut, oder sind sie von Parlamenten abhängig?

4. Erläutere die Bedeutung des Wortes Parlament (von lateinisch parlamentum: Besprechung)!

5. Auch in der Bundesrepublik gibt es Parlamente. Wie heißen die Parlamente in den Dorfgemeinden, Städten, Kreisen, Bundesländern, im Bund? Wie wird man Mitglied dieser Parlamente? Wie bezeichnen wir die Mitglieder? Welche Aufgaben haben sie?

Eine Sitzung des englischen Unterhauses im 18. Jahrhundert. So wie die Zuschauer auf der Galerie dieses Bildes sah auch Karl Philipp Moritz die „Parlamentsglieder" vor sich!

Die Arbeit des Parlaments

Wie ging es nun in diesem englischen Parlament zu? Der Deutsche Karl Philipp Moritz, der im 18. Jahrhundert mehrere Sitzungen im Unterhaus von der Zuschauergalerie aus miterlebte, berichtet uns darüber:

> „Und nun sah ich also zum ersten Male in einem ziemlich unansehnlichen Gebäude, das einer Kapelle sehr ähnlich sieht, die ganze englische Nation in ihren Vertretern versammelt. Der Sprecher [der „Vorsitzende"], ein ältlicher Mann mit einer ungeheuren Perücke, in einem schwarzen Mantel, den Hut auf dem Kopfe, [sitzt] mir gerade gegenüber auf einem erhabenen Stuhle, der mit einer kleinen Kanzel viel Ähnlichkeit hat...; vor diesem Stuhle ein Tisch, der wie ein Altar aussieht, vor welchem wiederum zwei Männer [die Schreiber]... sitzen.
>
> An den Seiten des Hauses rund umher sind die Bänke für die Parlamentsglieder, mit grünem Tuch ausgeschlagen, immer eine höher als die andere, wie unsere Chöre in den Kirchen, damit derjenige, welcher redet, immer über die vor ihm Sitzenden wegsehen kann... Die Parlamentsglieder behalten ihre Hüte auf, aber die Zuschauer auf der Galerie sind unbedeckt.
>
> Die Parlamentsglieder des Unterhauses haben nichts Unterscheidendes in ihrer Kleidung; sie kommen im Überrock und mit Stiefeln herein. Es ist nichts Ungewöhnliches, ein Parlamentsglied auf einer von den Bänken ausgestreckt liegen zu sehen, indes die anderen debattieren. Einige knacken Nüsse, andere essen Apfelsinen oder was sonst die Jahreszeit mit sich bringt. Das Ein- und Ausgehen dauert fast beständig...
>
> Das Reden geschieht ohne alle Feierlichkeit: einer steht bloß von seinem Sitze auf, nimmt seinen Hut ab, wendet sich gegen den Sprecher..., behält Hut und Stock in einer Hand, mit der anderen macht er seine Gesten.
>
> Redet einer schlecht, oder hat das, was er sagt, für die meisten nicht Interesse genug, so ist oft ein solches Lärmen und Gelächter, daß der Redende kaum sein eigenes Wort hören kann... und dann hat es sehr viel Komisches, wenn der Sprecher auf seinem Stuhle wie ein Präceptor [Lehrer] zu wiederholten Malen Ordnung bietet, indem er ausruft, to Order, to Order!, ohne daß man viel darauf geachtet wird. Sobald hingegen einer gut und zweckmäßig redet, so herrscht die äußerste Stille, und einer nach dem anderen gibt seinen Beifall dadurch zu erkennen, daß er hear him! hört ihn! ruft... Ich habe oft bemerkt, daß einer, der mit einiger Furchtsamkeit oder Kälte zu reden anfängt, dadurch in ein solches Feuer gesetzt wird, daß er mit einem Strome von Beredsamkeit spricht...
>
> Sehr auffallend waren mir die offenbaren Beleidigungen und Grobheiten, welche sich oft die Parlamentsglieder einander sagten, indem der eine z. B. aufhörte zu reden und der andere unmittelbar darauf anfing: It is quite absurd usw., es ist höchst ungereimt, was der right honourable Gentleman (mit diesen Titel beehren sich die Parlamentsglieder) eben jetzt vorgetragen hat...
>
> Ich bin nachher fast alle Tage im Parlament gewesen und ziehe die Unterhaltung, die ich dort finde, den meisten anderen Vergnügungen vor..."

(Nach: Geschichte in Quellen III, München 1966, S. 703 ff.)

Königin Elisabeth I. (1558–1603). – In der Westminster-Abtei, einer der bedeutendsten Kirchen der Insel, wurden die englischen Könige gekrönt – bis heute!

Der Weg zur Kolonialmacht

Die „Wagenden Kaufleute"

Zur Zeit der Königin Elisabeth (1558–1603) wollten sich auch englische Kapitäne und Kaufleute an dem großen Wettrennen nach den gewinnbringenden überseeischen Ländern beteiligen. Doch die Spanier und Portugiesen duldeten keine anderen Schiffe auf den Meeren und in den Häfen ihrer Besitzungen. So suchten die Engländer nach einem anderen Weg. Sie schlossen sich als „Wagende Kaufleute" (Merchant Adventurers) zusammen und wurden zu Seeräubern: sie überfielen die spanischen Silberschiffe und plünderten ihre kostbare Ladung. Die Königin nahm die Freibeuter unter ihren Schutz und teilte die Gewinne der Raubzüge mit ihnen.

Stützpunkte und Kolonien

Erst nach dem Tode Elisabeths unternahmen die Engländer die ersten Schritte zu einem eigenen Kolonialreich. Immer stärker drängten sie hinfort die alten Kolonialmächte, Spanien und Portugal, beiseite. Auch die Niederlande, die Kolonien in Amerika, Afrika und vor allem auf den Inseln Indonesiens gegründet hatten, wurden von ihnen überrundet. Überall errichteten die englischen Kaufleute ihre Stützpunkte und Niederlassungen: auf den mittelamerikanischen Inseln, in Indien, an den afrikanischen Küsten. Vor allem aber entstanden an der Ostküste Nordamerikas ausgedehnte Siedlungskolonien, entstand gleichsam ein „neues England".

Die erste Siedlungskolonie: Virginia

Am 24. Mai 1607 erschienen an der Ostküste Nordamerikas, etwa auf dem 37. Breitengrad, drei kleine englische Schiffe. Sie fuhren den breiten Fluß aufwärts, der sich vor ihnen öffnete, und schifften sich an einer flachen Halbinsel aus, 105 Mann. Sie sicherten ihren Landeplatz durch Palisaden, bauten Hütten und eine Kapelle. Sie nannten ihre kleine Stadt nach dem englischen König: Jamestown.

Es waren einfache und schlichte Leute, aber voller Wagemut. In dem fremden Lande wollten sie nun ansässig werden, wollten vor allem zu Wohlstand kommen. Der König hatte ihnen einen Freibrief mitgegeben. Darin sicherte er ihnen alle Rechte der Bürger in England zu, „in jeder Hinsicht, gleich als ob sie in unserem Reich in England lebten oder geboren wären". Auch ein Parlament sollte die neue Kolonie haben – wie das Mutterland.

Alles war fremd und neuartig für die 105 Männer: der Wald, die Tiere, die Pflanzen, die Indianer, die Hitze im Sommer. Was sollten sie beginnen, wie sollten sie reich werden in ihrer kleinen Siedlung? Sie fanden kein Gold, wie sie wohl geträumt und gehofft hatten. Sie fanden keine sonstigen Schätze, die sie nur aufzuheben brauchten. Sie fanden Arbeit, harte, nie enden wollende Arbeit.

Das Fieber überfiel sie und der Hunger, als die mitgebrachten Vorräte verzehrt waren. Oft schienen die Indianer freundlich zu ihnen zu sein. Dann wieder überschüttete sie der Hagel ihrer Pfeile. Die Zahl der Siedler schmolz in Not und Kampf zusammen.

Schließlich waren es nur noch wenige Mann. Da gaben sie die Siedlung auf und flohen auf ihren Booten wieder flußabwärts. Aber an der Mündung stießen sie auf Hilfsschiffe mit Nachschub an Bord. Sie kehrten wieder um und begannen den Kampf von neuem. Weitere Schiffe von England kamen, sie brachten junge Mädchen, Frauen mit. Nun war das einsame Leben nicht mehr so hart. Es gab Familien in der Wildnis, Kinder wurden geboren, die Kolonie wuchs. Nach zwölf Jahren zählte sie 1000 Einwohner.

Die Grundlage des Lebens bildete der Tabakanbau. Das duftende Kraut wurde in Europa teuer bezahlt; man schnupfte es aus der Dose oder rauchte es aus langstieligen, holländischen Pfeifen. Ein Schiff brachte aus Afrika Negersklaven in die Kolonie. Sie wurden von den Siedlern zur Arbeit auf den Tabakfeldern eingesetzt. Langsam, dann immer schneller hob sich der Wohlstand in Virginia, wie man das neue Land getauft hatte.

Im Juli 1619 trat in der kleinen Holzkirche von Jamestown das erste Parlament der Kolonie zusammen. Die Abgeordneten der inzwischen vorhandenen 11 Siedlungen berieten über die Gesetze, die sie sich geben wollten. Es waren einfache, schlichte Sätze. Da das Vieh knapp war, sollte es niemand ohne Erlaubnis schlachten. Wer dem Nachbarn das Boot oder den Indianern ein Kanu stahl, sollte hart bestraft werden usw.

Wer tüchtig war, zäh und fleißig und wagemutig, und wer Glück hatte, der kam voran hier in Virginia. Aber neben dem Ackerpflug und dem Buschmesser lagen immer noch Flinte und Pulverhorn als Wehr gegen die Tomahawks und Pfeile der Indianer.

Zu den ersten Siedlern gehörten auch Glaubensverfolgte aus England: Puritaner. Sie landeten 1620 im Gebiet der späteren Kolonie Massachusetts (Karte S. 122). Sie regelten ihr Zusammenleben nach den strengen Gesetzen ihres Glaubens. — Beachte bitte die Kleidung, die Bewaffnung, die Anordnung des Zuges der „Pilgerväter" — wie man diese Einwanderer auch nannte — auf dem Gang zur Kirche!

Arbeitsvorschläge

1. Du findest in dem Bericht über die Gründung Virginias auch einen Hinweis auf die Negersklaverei in Nordamerika.
   a) Orientiere dich auf S. 33/34 noch einmal über ihre Anfänge!
   b) Wozu wurden die Negersklaven in Virginia eingesetzt?
   c) Verfolge im Fernsehen und in den Zeitungen die Berichte über Rassenkonflikte in den Vereinigten Staaten! Die farbigen Amerikaner heute sind die Nachkommen dieser Sklaven.

2. Wie unterscheidet sich die „Siedlungskolonie" von anderen Formen der europäischen Ausbreitung über die Erde?

3. Im Jahre 1971 nahm ein Gericht zu der damaligen Verdrängung der Eingeborenen durch die Europäer wie folgt Stellung: „Die ganze Welt stand dem Fleiß und Unternehmensgeist des Menschen offen, der das Recht und die Pflicht hatte, die Schätze dieser Erde auszubeuten. Die Fortgeschritteneren hatten daher das Recht, wenn nötig, die weniger Fortgeschrittenen zu enteignen" (Der Spiegel 31/1971, S. 87). Diskutiere doch einmal mit deinen Klassenkameraden über diese Sätze!

Überall dort, wo die Europäer landeten, fanden sie Menschen vor, die hier geboren waren. Zumeist brachten sie Tod und Verhängnis über diese Eingeborenen — in Mexiko und an den Sklavenküsten Westafrikas ebenso wie in Nordamerika.

Von den Indianern Nordamerikas wissen wir aus Abenteuergeschichten über den „Wilden Westen". Wir wissen von ihrem erbitterten Kampf um ihre Jagdgründe. Wie sie lebten, ehe sich die Europäer so verhängnisvoll einmischten, zeigt dieses Bild.

Um einen Hauptweg sind die Hütten der Eingeborenen verstreut. Rechts vom Weg liegen drei Felder, auf denen Mais angebaut wird: auf dem vorderen Feld — in sorgfältigen Abständen — die Jungpflanzen („Corne newly sprong"), dahinter ausgewachsene, grüne Pflanzen („Their greene corne"), ganz zum Schluß das reife Getreide.

Im Vordergrund sieht man den Tanzplatz. Mit Kürbisrasseln in der Hand tanzt eine Gruppe von Indianern zu Ehren ihrer Götter. Der Platz gegenüber, auf dem das Feuer brennt, ist ein Ort des Gebetes. In der Mitte des Weges wird ein Festmahl vorbereitet.

Einer der ersten Kolonisten hat diese Eindrücke mit Pinsel und Farbe festgehalten und schriftliche Erläuterungen dazu gegeben.

Die 13 Kolonien

Von 1620 an begann eine förmliche Völkerwanderung von Europa nach dem neuen Land. Die Menschen wurden angezogen wie Eisenspäne von einem Magneten. Es kamen nicht die Schlechtesten, sondern die Wagemutigsten und die Zähesten.

Es kamen religiöse Schwärmer und Gottesstreiter, wie William Penn, der mit seinen Anhängern ein ganzes Waldland, „Pennsylvania", besiedelte. Sie nannten ihre Hauptstadt Philadelphia, das heißt Bruderliebe, und wollten hier ein Reich der religiösen Duldsamkeit gründen. Es kamen Verfolgte und politische Flüchtlinge, es kamen Arbeitsuchende, Landhungrige, Abenteuerlustige. Es kamen Menschen aus allen europäischen Nationen.

Schweden siedelten in Delaware und bauten hier nach dem Vorbild ihrer Heimat die ersten amerikanischen Blockhäuser. Die Holländer gründeten Neu-Holland mit der Hauptstadt Neu-Amsterdam, das später New York genannt wurde. Franzosen siedelten in Süd-Karolina, Spanier und Griechen ließen sich in Florida nieder, Iren, Schotten und Deutsche in Pennsylvania. Für alle bot das neue Land Raum.

Nach 150 Jahren – 1756 – wohnten über eine Million europäischer Siedler in den 13 Kolonien „Neuenglands" an der Ostküste Nordamerikas.

Die 13 Kolonien und die Jahreszahl ihrer ersten Besiedlung:

Virginia um 1607
New York um 1614
Massachusetts um 1620
Delaware um 1630
Pennsylvania um 1630
New Jersey um 1630
Maryland um 1634
Connecticut um 1635
Rhode Island um 1635
New Hampshire um 1635
North Carolina um 1653
South Carolina um 1660
Georgia um 1732

Um die Herrschaft der Welt

Der Gegensatz zu Frankreich

Hinter der Ostküste Nordamerikas aber erstreckte sich das weit ausgedehnte französische Kolonialgebiet: Kanada und Louisiana. Das waren keine Siedlungskolonien wie der Küstenstreifen der Engländer, sondern Handels- und Arbeitsgebiete von französischen Kaufleuten und Pelzjägern. Militärische Anlagen (Forts) sicherten sie gegen die Siedler der englischen Kolonien, die weiter nach Westen drängten.

Auch in anderen Überseegebieten kreuzten sich die englischen und französischen Interessen, vor allem in Indien. Hier hielten die Franzosen um 1750 ein großes Gebiet besetzt, die Engländer dagegen nur einige Stützpunkte. Immer wieder ergaben sich Reibereien bei der Ausbeutung des Landes. *England und Frankreich waren die beiden großen Überseerivalen des 18. Jahrhunderts.*

Der Entscheidungskampf (1756–1763)

Der Entscheidungskampf zwischen beiden Gegnern fand gleichzeitig mit dem Siebenjährigen Krieg (1756–1763) statt. Das Ringen Friedrichs des Großen um Schlesien war nur Teil eines ersten *Weltkrieges:* überall, in Nordamerika, in Indien, auf den Meeren, rangen englische und französische Siedler und Händler, Heere und Flotten miteinander. Friedrich band mit seinen Armeen die französischen Kräfte auf dem europäischen Kontinent. Er war der „Festlandsdegen" der Engländer, die ihn mit Geld und Truppen unterstützten.

Die Festlandsmacht Frankreich mußte so vor allem in Europa kämpfen, das Inselreich England aber konnte seine Hauptstreitkräfte nach Übersee werfen. Dort drängte es den Gegner immer mehr zurück und gewann die wichtigsten Gebiete seiner kommenden Weltherrschaft:

Im Frieden von Paris (1763) mußte Frankreich *Kanada* und das linke Mississippiufer an England abtreten. Spanien wurde gezwungen, Florida herauszugeben; als Ausgleich erhielt es den Rest des französischen Kolonialbesitzes in Nordamerika: Louisiana rechts des Mississippi. Außerdem mußte Frankreich *Indien* bis auf wenige Stützpunkte räumen.

England war damit eindeutig die *erste Weltmacht.* Es baute sein Kolonialreich immer weiter aus. Es unterwarf auch die restlichen Gebiete Indiens und gründete um 1800 die ersten Niederlassungen im bisher unerschlossenen Erdteil *Australien.*

Frankreich wurde Kolonialmacht zweiten Ranges. Erst im 19. Jahrhundert konnte es dann in Afrika wieder ein neues, umfangreiches Kolonialreich aufbauen.

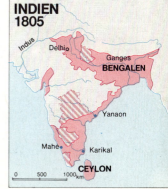

○ Englische Besitzungen und Stützpunkte ○ Französische Besitzungen und Stützpunkte   Spanische Besitzungen   Einflußgebiete

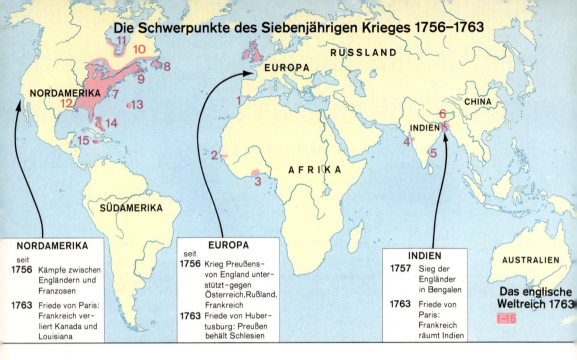

Arbeitsvorschläge

1. Die nachfolgende Tabelle nennt dir die wichtigsten Gebiete des englischen Kolonialreichs nach 1763.

Europa	Afrika	Asien	Amerika	
1 Gibraltar	2 Gambia 3 Goldküste	Indien hier: 4 Bombay 5 Madras 6 Bengalen	7 Die 13 Kolonien 8 Neufundland 9 Neu-Schottland 10 Kanada 11 Gebiete der Hudson-Bay-Company	12 Florida und Ost-Louisiana 13 Bermuda-Inseln 14 Bahama-Inseln 15 Jamaika und Honduras

a) Übertrage sie in eine Umrißkarte der Erde und füge statt der Nummer ihre Namen hinzu!
b) Versuche festzustellen, zu welchen Staaten sie heute gehören!

2. Erkläre den Ausspruch eines englischen Ministers: „Kanada wurde auf den Schlachtfeldern Europas gewonnen!"

3. Trage die Ereignisse der englischen Geschichte in deiner Tabelle (vgl. S. 106) nach!

Wir merken uns

Während das politische Bild Europas vom Absolutismus beherrscht wurde, gelang es dem englischen Parlament 1688/89, die Macht des Königs weitgehend einzuschränken.

Nach der Zeit der Königin Elisabeth (1558–1603) begann England mit dem Aufbau eines Kolonialreichs. Vor allem entstanden ausgedehnte Siedlungskolonien an der Ostküste Nordamerikas. Um 1750 lebten etwa eine Million Siedler in diesen 13 Kolonien „Neuenglands".

Frankreich war der Hauptrivale Englands in Übersee. Im Siebenjährigen Krieg (1756–1763) wurde es von England geschlagen. Es verlor seine Kolonialgebiete in Nordamerika und Indien. England stieg zur alleinigen Weltmacht auf.

Die Vereinigten Staaten von Amerika

Der Unabhängigkeitskampf der Kolonien

Der Teesturm von Boston

Das Jahr 1763 hatte England mit der Erwerbung von Kanada und Indien zwar zum Weltreich gemacht, der vorausgegangene Krieg aber auch viel Geld gekostet. Nun galt es zudem, diesen mächtigen und so verschiedenartigen Besitz zu verwalten und vor allem zu sichern. Dazu mußten Heer und Flotte verstärkt, Häfen ausgebaut, Festungen angelegt werden. Das erforderte ebenfalls große Summen.

So beschloß das Parlament in London, Steuern von den Kolonisten in Neuengland einzutreiben. Zorn und Empörung entbrannte darüber unter den Bürgern der 13 Kolonien. Vor dem Kriege hatten sie ihre Angelegenheiten weitgehend selbst bestimmt, jetzt wollte man über sie befehlen, als wären sie Indianer oder Neger! Sie waren nur bereit, solche Steuern zu zahlen, über die ihre Vertreter mitentschieden hatten. Im Londoner Parlament aber hatte kein Kolonist Sitz und Stimme.

Zu den Beschlüssen des Parlaments gehörte auch eine „Teesteuer", eine indirekte Steuer, mit der indischer Tee bei der Einfuhr belegt wurde. Die Kolonisten weigerten sich, besteuerten Tee abzunehmen.

Als im Hafen von Boston wieder einmal Teeschiffe angelegt hatten, glitten plötzlich in einer Dezembernacht des Jahres 1773 Boote über das Wasser, legten sich an die Teeschiffe. Hurtig kletterten „Indianer" die Fallreeps empor, sperrten die Wachen ein, erbrachen die Laderäume, holten die Teekisten heraus und warfen sie ins Meer – 343 Stück. Dann verschwanden die „Indianer" – in Wirklichkeit verkleidete Kolonisten – wieder im Dunkeln.

Ganz Boston lachte über den kühnen Streich. Aber der König verhängte Strafmaßnahmen. Der Hafen wurde durch Kriegsschiffe besetzt, die Selbstverwaltung der gesamten Kolonie aufgehoben. Die Bürger sollten Schadenersatz leisten und die Schuldigen ausliefern. Es gab Zusammenstöße mit den englischen Truppen, Tote und Verwundete.

Arbeitsvorschläge

1. Erkläre die Forderung der Kolonisten: „No taxation without representation" (Keine Steuern ohne Vertretung im Parlament!)

2. Der „Teesturm von Boston" war nicht die erste Auseinandersetzung. Auf einen Zusammenstoß zwischen englischen Truppen und Bürgern der Stadt Boston bereits im Jahre 1770 weisen die Abbildung und die beiden Augenzeugenberichte auf der nächsten Seite hin.

   Welcher Bericht ist wohl aus der Sicht der Bürger geschrieben, welcher aus der Sicht der Soldaten? Wer hat offensichtlich den Bericht rechts abgefaßt? Prüfe genau, in welchen Angaben die Berichte übereinstimmen, in welchen sie sich unterscheiden! Versuche, unterschiedliche Angaben durch die jeweilige Sicht zu erklären!

   Prüfe Quellentexte immer darauf hin, wessen Standpunkt sie vertreten! Ein Vorgang kann sehr unterschiedlich dargestellt werden. Auch zeitgenössische Bilder lassen oft die Sicht der Dinge von einem bestimmten Standpunkt aus erkennen.

Englische Truppen feuern auf Bürger der Stadt Boston. In welcher Kolonie lag diese Stadt? Beschreibe bitte das Geschehen, das Stadtbild, die Art der Darstellung! Wie erklärst du die Beschimpfung der Soldaten (vgl. den Text unten) als „Krebse" und „blutrote Rücken"? Auf wessen Seite mag der Zeichner des Bildes gestanden haben?

„Die Soldaten gingen daraufhin ... zur King-Street, wo sie einzelne unbewaffnete Personen anrempelten, bis sie viel Unruhe verursacht hatten, und zogen dann die Cornhill-Street hinunter und belästigten alle, die ihnen entgegenkamen.
Als dreißig bis vierzig Personen, die meisten von ihnen junge Männer, in der King-Street versammelt waren, marschierten Hauptmann Preston und ein Trupp Soldaten mit aufgepflanzten Bajonetten von der Hauptwache zum Haus des Zollkommissars. Die Soldaten senkten ihre Bajonette und schrien: „Platz da, Platz da!" Sie bezogen am Zollhaus Stellung und versuchten, die Menschenmenge zu vertreiben. Einige stießen mit dem Bajonett. Die Menge wurde unruhiger und, so heißt es, warf Schneebälle. Daraufhin gab der Hauptmann den Befehl zu feuern.
Als noch mehr Schneebälle flogen, rief er wieder: „Zum Teufel, Feuer! Egal, was passiert!" Ein Soldat schoß. Ein Zivilist mit einem Knüppel schlug ihn mit solcher Wucht auf die Hände, daß er das Gewehr verlor. Darauf rannte er nach vorne und schlug nach dem Kopf des Hauptmanns, traf aber nur dessen Hut und dann den Arm. Doch die Soldaten schossen weiter, bis sieben, acht oder, wie einige sagen, elf Gewehre entladen waren. Auf diese Weise wurden drei Männer auf der Stelle getötet und zwei tödlich verletzt."

(Nach: Die Amerikanische Revolution in Augenzeugenberichten, München 1976, S. 64 und S. 67 f.)

„[Es] gingen ungefähr hundert Leute an der Wache vorbei auf das Zollhaus zu, wo das Geld des Königs liegt. Sie umstellten dort sofort den Wachposten ... Ich beorderte sofort einen Unteroffizier, mit zwölf Leuten den Wachposten und das Geld des Königs zu schützen ... Sie drangen schnell vor und hielten die Menschenmenge dadurch zurück, daß sie mit den Bajonetten einen Halbkreis formten ... Ich habe keinen Befehl zum Laden der Gewehre erteilt ...
Der Mob wurde größer und unruhiger; Leute schlugen ihre Knüppel aneinander und riefen: „Kommt schon, ihr blutroten Rücken!" „Ihr Krebse!" „Schießt doch, ihr feigen Hunde!" ... Zu diesem Zeitpunkt befand ich mich zwischen den Soldaten und dem Mob, redete auf diesen ein und tat alles, was in meiner Macht stand, sie zu einem friedlichen Rückzug zu bewegen ... Aber es war sinnlos. Sie kamen bis an die Spitzen der Bajonette heran, schlugen darauf und sogar auf die Mündungen der Gewehre ... Einige Personen, die sich vernünftig verhielten, fragten mich, ... ob ich den Befehl geben würde zu schießen. Ich antwortete: „Nein, auf keinen Fall" ...
Als ich dies sagte, erhielt ein Soldat einen schweren Schlag mit einem Stock, ging einige Schritte auf die Seite und feuerte. Als ich hinlief und fragte, weshalb er ohne Befehl schieße, erhielt ich einen Stockschlag auf den Arm ... Hätte der Schlag mich auf den Kopf getroffen, so hätte er mich wahrscheinlich getötet. Daraufhin wurden die Soldaten mit vielen Knüppeln angegriffen und mit Schneebällen beworfen. Wir schwebten in höchster Lebensgefahr ... In dem Augenblick schossen drei oder vier Soldaten, einer nach dem anderen, und dann noch einmal drei. Der Mob rannte davon, außer drei Unglücklichen, die sofort starben."

New York im 17. Jahrhundert. 1612 von den Holländern gegründet, hieß es ursprünglich Neu-Amsterdam. Dann besetzten es 1664 die Engländer. – Heute ist New York, die Stadt der Wolkenkratzer, die größte Stadt der USA mit dem drittgrößten Hafen der Welt (Bild unten).

Die Unabhängigkeitserklärung (4. Juli 1776)

Der Bostoner Teesturm und die Londoner Gegenmaßnahmen bildeten das Signal zur offenen Empörung der amerikanischen Kolonisten. Aus dem Kampf gegen die Steuern wurde ein Kampf für die Unabhängigkeit vom englischen Mutterland. Auf mehreren Versammlungen, *Kongresse* genannt, kamen die Vertreter der 13 Kolonien zusammen. Sie beauftragten einen Ausschuß von fünf Mitgliedern unter dem Vorsitz des Rechtsanwalts *Thomas Jefferson*, eine Unabhängigkeitserklärung auszuarbeiten. Diese wurde am 4. Juli 1776 angenommen und dem englischen König übersandt.

Eine Erklärung der im Allgemeinen Kongreß versammelten Bevollmächtigten der Vereinigten Staaten von Amerika	**A Declaration by the Representatives of the United States of America, in General Congress assembled**
„Wenn es im Laufe der geschichtlichen Ereignisse für ein Volk notwendig wird, die politischen Bande zu lösen, die es mit einem anderen verknüpft haben, und unter den Mächten der Erde die gesonderte und gleichwertige Stellung einzunehmen, zu der die Gesetze der Natur und des Schöpfers es berechtigen, so erfordert eine geziemende Achtung vor der Meinung der Welt, daß es die Gründe angibt, die es zu der Trennung zwingen.	When in the course of human events it becomes necessary for one people to dissolve the political bands which have connected them with another, and to assume among the powers of the earth the separate and equal station to which the laws of nature & of nature's god entitle them, a decent respect to the opinions of mankind requires that they should declare the causes which impel them to the separation.
Wir halten diese Wahrheiten für in sich einleuchtend:	We hold these truths to be self-evident;
daß alle Menschen gleich geschaffen sind;	that all men are created equal,
daß sie von ihrem Schöpfer mit gewissen unveräußerlichen Rechten ausgestattet sind, darunter Leben, Freiheit und Streben nach Glück;	that they are endowed by their creator with certain inalienable rights; that among these are life, liberty, & the pursuit of happiness;
daß zur Sicherung dieser Rechte Regierungen unter den Menschen eingesetzt sind, die ihre gerechten Vollmachten von der Einwilligung der Regierten herleiten;	that to secure these rights, governments are instituted among men, deriving their just powers from the consent of the governed;
daß, wenn immer eine Regierungsform diesen Zwecken schadet, es das Recht des Volkes ist, sie zu ändern oder abzuschaffen und eine neue Regierung einzusetzen, die sich auf solchen Grundsätzen aufbaut ..."	that whenever any form of government becomes destructive of these ends, it is the right of the people to alter or to abolish it, & to institute new government, laying it's foundation on such principles ...

In der Unabhängigkeitserklärung heißt es dann zum Schluß:

„Wir, die Vertreter der Vereinigten Staaten von Amerika, versammelt im Allgemeinen Kongreß, rufen deshalb den höchsten Richter der Welt zum Zeugen an für die Rechtlichkeit unserer Absicht. Im Namen und in Vollmacht des guten Volkes dieser Kolonien geben wir feierlich bekannt und erklären,

daß diese Vereinigten Kolonien sind und von rechts wegen sein sollen freie und unabhängige Staaten,

daß sie von jeder Untertanenpflicht gegen die britische Krone befreit sind und

daß jeder politische Zusammenhang zwischen ihnen und dem Staate Großbritannien völlig gelöst sein soll und

daß sie als freie und unabhängige Staaten die volle Macht besitzen: Krieg zu führen, Frieden zu schließen, Bündnisse einzugehen, Handelsbeziehungen anzuknüpfen und

alle anderen Handlungen und Dinge vorzunehmen, die unabhängige Staaten von rechts wegen tun dürfen."

> A Declaration by the Representatives of the UNITED STATES OF AMERICA, in General Congress assembled.
>
> When in the course of human events it becomes necessary for one people to dissolve the political bands which have connected them with another, and to assume among the powers of the earth the separate and equal station to which the laws of nature & of nature's god entitle them, a decent respect to the opinions of mankind requires that they should declare the causes which impel them to the separation.
>
> We hold these truths to be self-evident; that all men are created equal, that they are endowed by their creator with inherent & inalienable rights; that among these are life, liberty, & the pursuit of happiness; that to secure these rights, governments are instituted among men, deriving their just powers from the consent of the governed; that whenever any form of government becomes destructive of these ends, it is the right of the people to alter or to abolish it, & to institute new government, laying it's foundation on such principles...

Arbeitsvorschläge

1. Das Bild auf S. 107 zeigt Jefferson und die Mitglieder seines Ausschusses im Kongreß. Sie übergeben dem Vorsitzenden den von ihnen ausgearbeiteten Text der Unabhängigkeitserklärung. Jefferson hält das Schriftstück in der Hand.
Betrachte und beschreibe zunächst dieses Bild genau!

2. Oben ist der Anfang des Schriftstücks abgebildet, das Jefferson selbst niedergeschrieben hat. Auf S. 128 findest du den entsprechenden Text gedruckt. Den englischen Text kannst du als Ganzes noch nicht lesen und verstehen. Suche aber die dir bekannten englischen Wörter aus der gedruckten wie aus der handschriftlichen Fassung heraus!

3. Untersuche bitte die äußere Form der abgebildeten Urkunde: Schreibmaterial, Schriftart; Streichungen (Gründe?) usw.!

4. Lies nunmehr den Text der deutschen Übersetzung sorgfältig durch! Ist diese Erklärung also nur für den englischen König bestimmt?

5. Versuche als nächstes, den Inhalt des ersten Absatzes in kurzen Sätzen wiederzugeben! Welche Überschrift würdest du für diesen Absatz wählen, welche für den zweiten?

6. Im zweiten Absatz werden „in sich einleuchtende Wahrheiten" aufgeführt:
   1. die Gleichheit aller Menschen
   2. die Unverletzlichkeit des Lebens
   3. das Recht auf Freiheit
   4. das Recht auf Streben nach Glück.

   Diese „Wahrheiten" bezeichnen wir als *allgemeine Menschenrechte* oder als *Grundrechte* des Menschen in der Gesellschaft.
   Versuche, Beispiele dafür zu finden, daß diese Rechte nichts Selbstverständliches waren – und noch heute sind!

7. Wie steht es in unserem Staat mit diesen allgemeinen Menschenrechten? Kannst du feststellen, ob sie in der Bundesrepublik irgendwo niedergeschrieben sind?

8. Welche Möglichkeiten soll nach dem Text ein Volk haben, dessen Regierung diese Menschenrechte nicht sichert?

9. Lies nun den Schluß der Erklärung! Hier (wie auch in der Überschrift) bezeichnen sich die Kongreßmitglieder als Vertreter der „Vereinigten Staaten von Amerika".
   Zähle die Einzelstaaten auf, die sich hier 1776 vereinigten!

10. Schreibe nun aus dem Schluß der Unabhängigkeitserklärung in klaren Sätzen heraus, welche Rechte das „gute Volk der Kolonien" für sich in Anspruch nehmen will! Diese Rechte umschreiben die *Souveränität* eines Staates.

11. Wir nennen die „Vereinigten Staaten von Amerika" abgekürzt auch USA. Wie ist diese Abkürzung entstanden?
    (Du kannst es feststellen, wenn du die Anfangsbuchstaben der Wörter zusammenstellst, die Jefferson in der Überschrift in Großbuchstaben niedergeschrieben hat!)

12. Die Unabhängigkeitserklärung ist einmal als die „Geburtsanzeige der Vereinigten Staaten von Amerika" bezeichnet worden. Gibt es im Text eine Stelle, die diese Bezeichnung rechtfertigt?

13. Die „Vereinigten Staaten von Amerika" sind ein *Bundesstaat*. Unterscheide: Bundesstaat – Einzelstaat!

14. Auf der Randleiste ist das „Sternenbanner", die Flagge der USA, abgebildet.
    a) Ursprünglich waren auf der Fahne 13 Sterne. Wofür standen sie als Sinnbild?
    b) Mit dem weiteren Vordringen in den Westen des Kontinents kamen noch weitere Sterne hinzu. Erkläre bitte!
    c) Wie viele Sterne sind es heute?
    d) Was erinnert auf der heutigen Fahne noch an die 13 Staaten von 1776?

15. Vergleiche miteinander:
    die Unabhängigkeitserklärung der Niederlande,
    die Aufstellung der Rechte des Parlaments in England,
    die Unabhängigkeitserklärung der USA!
    Was haben sie gemeinsam, was ist unterschiedlich? Verbinde ihre Daten auf der Zeitleiste durch einen „roten Faden" und erläutere diesen!

16. Die Amerikaner begehen den 4. Juli als ihren Nationalfeiertag. Begründe bitte!

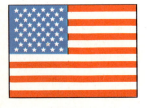

Die Flagge der USA, das „Sternenbanner"

Eine Karikatur aus der Zeit des Unabhängigkeitskrieges: Das amerikanische Pferd will seinen Reiter, den englischen König Georg III., nicht länger mehr tragen. – Im Hintergrund ein Fahnenträger mit dem ursprünglichen Sternenbanner.

Der Unabhängigkeitskrieg (1776–1783)

England war nicht bereit, die Unabhängigkeitserklärung so einfach hinzunehmen. Wieder kam es zu einem „siebenjährigen" Krieg. *George Washington,* ein Tabakpflanzer aus Virginia, stellte ein Kolonistenheer auf, das gegen die englischen Truppen im Lande kämpfen sollte. Offiziere aus verschiedenen Ländern Europas bildeten die Soldaten aus, denn die Kolonisten – Farmer, Handwerker und Kaufleute zumeist – waren im Kriegshandwerk unerfahren.

Es fehlte an allem: an Geld, an Waffen und Munition, Uniformen, Schuhen und Pferden. Aber diese Bürgersoldaten kämpften tapfer und zäh für ihr großes Ziel. Die englische Armee dagegen war gut ausgerüstet und gedrillt. In ihr dienten fast 30 000 Deutsche, die der englische König „gepachtet" hatte. Die anderen Soldaten waren Söldner und kämpften für Geld. Nur Frankreichs Hilfe ermöglichte es den Kolonisten, den Kampf durchzuhalten.

Immer wieder ein neues Kriegsjahr! Endlich, im Herbst 1781, fiel die Entscheidung. Im Zusammenwirken mit der französischen Flotte zwang Washington das englische Heer bei Yorktown zur „Kapitulation", zur Übergabe. Tausende von englischen Soldaten begaben sich in Gefangenschaft. Die Kolonisten jubelten: „Amerika ist frei!"

Ein Jahr später erst gaben der englische König und seine Minister auf. Am 5. Dezember 1782 verlas Georg III. in seiner Thronrede den entscheidenden Satz: „... und so bin ich erbötig, die Kolonien als freie und unabhängige Staaten anzuerkennen..." In den Friedensverhandlungen von 1783 mußte England das Gebiet bis zum Mississippi an die USA abtreten, behielt aber Kanada, dessen Kolonisten im Kriege abseits gestanden hatten.

Arbeitsvorschläge

1. Wer hatte dem englischen König die deutschen Soldaten „verpachtet"? Lies noch einmal auf S. 92 nach!

2. Stelle die Gründe gegenüber, aus denen die Bürgersoldaten auf der einen, die Söldner und „Pachtsoldaten" auf der anderen Seite kämpften!

Die Teilung der Gewalten

Der neue Staat

Mit der Unabhängigkeitserklärung von 1776 hatten die Kolonisten ihren eigenen Staat geschaffen, mit dem Frieden von 1783 war er allgemein anerkannt worden. Wie aber sollte das junge, nun selbständig gewordene Staatswesen regiert werden? Wer sollte die Gesetze beschließen, die Regierung führen, für Recht und Ordnung sorgen?

Wieder traten die Abgeordneten der ehemaligen 13 Kolonien zu einem Kongreß zusammen, entschlossen, dafür zu sorgen, daß nie wieder ein Herrscher über die Bürger nach seiner Willkür gebieten dürfe.

Worin bestand denn die absolute Gewalt der Könige in Europa? Die großen Staatsdenker hatten es längst herausgefunden – aber mit dieser Erkenntnis allein auch nichts ändern können: *Wenn ein und dieselbe Person die Gesetze erläßt, sie als Herrscher ausführt und gleichzeitig der höchste Richter ist, so hat diese Person die unumschränkte Gewalt.*

Wollte man die unumschränkte Gewalt verhindern, so mußte man die Aufgaben trennen. Man mußte *drei Gewalten* schaffen:

| Gesetzgebende Gewalt | Ausführende Gewalt | Richterliche Gewalt |

Einer mußte die Gesetze geben. Einer mußte nach diesen Gesetzen regieren, sie durchführen und vollziehen. Ein Dritter mußte aufpassen, daß jeder – Regierender wie Bürger – sich an die Gesetze hielt.

Von diesen Überlegungen ging der Kongreß bei seinen Beratungen aus und verteilte die Aufgaben auf verschiedene Menschen oder Stellen. Er führte die *Dreiteilung der Gewalten* für das neue Staatswesen durch.

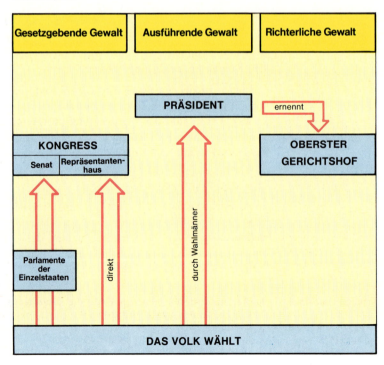

Die Teilung der Gewalten als Grundlage der amerikanischen Verfassung

Gesetzgebende Gewalt

Die gesetzgebende Gewalt lag beim Parlament, beim *Kongreß*. Diese Vertretung des Volkes bestand aus zwei „Häusern", dem *Repräsentantenhaus,* in das die Bürger der USA ihre Abgeordneten direkt wählten, und dem *Senat,* in dem die Vertreter der Einzelstaaten saßen.

Ausführende Gewalt

Die ausführende Gewalt lag beim *Präsidenten,* der jeweils auf vier Jahre gewählt wurde. Er war Staatsoberhaupt und Leiter der Regierung zugleich. Seine wichtigsten Helfer, die *Minister,* suchte er sich selbst.

Richterliche Gewalt

Über die Beachtung der Gesetze wachte der *Oberste Gerichtshof.* Es bestand aus Richtern, die unabhängig waren und nicht abgesetzt werden konnten. Sie wurden vom Präsidenten ernannt.

Die Verfassung

Dieser Aufbau des neuen Staatswesens wurde in der *Verfassung* niedergeschrieben, dem für alle verbindlichen Grundgesetz des Staates. Es ist die erste Verfassung der Welt, und es war nicht einfach, sie zu entwerfen. 1789 konnte sie in Kraft treten, sie gilt – mit einer Reihe von Ergänzungen und Änderungen – noch heute.

Die Verfassung der USA wurde zum Vorbild aller späteren demokratischen Verfassungen auf der Erde. Auch im Grundgesetz für die Bundesrepublik Deutschland finden wir viele ihrer leitenden Gedanken wieder.

Arbeitsvorschläge

1. Mache dir das Schaubild auf S. 132 ganz klar! Zeichne ein entsprechendes für den absolut regierten Staat!
2. Von einem späteren amerikanischen Präsidenten, Abraham Lincoln (1809–1865), stammen die Worte:
   „Wir sind stets zu dieser großen Aufgabe verpflichtet..., daß die Herrschaft ... durch das Volk, für das Volk nicht vergehe von der Erde"
   a) Vergleiche diesen Satz mit dem Leitspruch für den aufgeklärten Absolutismus: „Alles für das Volk, nichts durch das Volk!"
   b) Demokratie heißt „Herrschaft des Volkes". Wir nennen die Verfassung der USA demokratisch. Warum?
3. Versuche festzustellen, welchen politischen Einrichtungen der USA die folgenden Regierungsstellen unserer Bundesrepublik entsprechen:
   a) Bundestag und Bundesrat,
   b) Bundespräsident,
   c) Bundeskanzler,
   d) Bundesgerichtshof!

George Washington (1732–1799), von 1789–1797 erster Präsident der Vereinigten Staaten. – Als seine Amtszeit abgelaufen war, ehrte ihn der Kongreß mit den Worten:
„Ein Bürger, der Erste im Krieg, der Erste im Frieden, der Erste in den Herzen seiner Landsleute."

Ein Wagenzug der Landsucher im Gebiet der Rocky Mountains (um 1848)

Das Wachstum der USA

Gleich nach dem Unabhängigkeitskrieg hatte der spanische Gesandte in den USA an seinen König in Madrid geschrieben:

> „Dieser Bundesstaat ist als Zwerg zur Welt gekommen. Eines Tages wird er ein Riese sein, ja, ein Koloß, der den europäischen Ländern gefährlich wird. Bauern und Handwerker aller Nationen werden dorthin strömen, wo es Gewissensfreiheit gibt, wo sich eine neue Bevölkerung leicht über ein unermeßliches Land ausbreiten kann und wo man die Vorteile einer freien Regierung genießt. In wenigen Jahren werden wir mit Sorgen auf das Dasein dieses Kolosses blicken." *(Sprachlich vereinfacht)*

Die Erschließung des „Wilden Westens"

Was der spanische Gesandte hier vorausgesagt hatte, trat ein. Der „Zwerg" reckte und dehnte sich – er wuchs im Laufe weniger Jahrzehnte zu einem Riesen heran. Thomas Jefferson, nunmehr dritter Präsident der Vereinigten Staaten, kaufte 1803 das westliche Mississippiegebiet – jetzt war der Staat mit einem Male schon mehr als doppelt so groß. Bald folgten weitere Erwerbungen. Innerhalb von 70 Jahren dehnte sich das Gebiet der USA über die ganze Breite des amerikanischen Kontinents aus.

Aber noch war der Riesenraum unerschlossen. Unermeßlich dehnten sich die Wälder und Prärien – der Jagd- und Lebensraum der Indianer – über Tausende von Meilen hinweg nach Westen, bis zu den Höhen der Rocky Mountains und den Ufern des Stillen Ozeans!

So wie die deutschen Bauern im Mittelalter aufgebrochen waren, neues Land im Osten ihrer Heimat zu erschließen, so begann jetzt der große Treck der Amerikaner in den „Wilden Westen" hinein. Tausende und aber Tausende von „Pionieren" brachen auf und zogen westwärts. Sie drängten die Indianer in steten Kämpfen zurück oder rotteten sie aus. Sie drangen in die unbekannte Wildnis vor, brannten die Prärie ab, rodeten den Busch, pflügten und ackerten. Und bald schon zogen neue Wagenzüge an ihnen vorbei nach Westen.

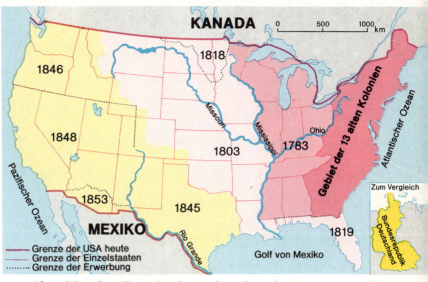

Die Ausbreitung der USA über den nordamerikanischen Kontinent. – Nicht berücksichtigt ist Alaska, das die Vereinigten Staaten 1867 von Rußland kauften.

Arbeitsvorschläge

1. Miß und berechne die Breite des nordamerikanischen Kontinents und vergleiche sie mit einer dir bekannten, weiten Reisestrecke!

2. Stelle aus der Karte oben eine *Kartenfolge* her, so daß das Wachstum der USA als ein Nacheinander erscheint! Pause und schneide also den jeweiligen Besitzstand für 1776, 1783, 1820 und 1853 heraus, klebe die Ausschnitte untereinander und beschrifte sie!

3. Suche in deinem Geschichtsatlas (oder auch in deinem Erdkundeatlas) eine Karte mit der Eintragung der Einzelstaaten der USA! Schreibe die Staaten, die westlich des Gebiets der 13 alten Kolonien errichtet worden sind, heraus! Gehe dabei von Osten nach Westen und suche sie auch auf der Karte oben!

4. Die Erschließung des „Wilden Westens" ist ein beliebtes Thema amerikanischer Filme („Western"). Wie werden die Pioniere, wie die Indianer gezeichnet? Beurteile bitte diese Sichtweise!

Eine neue Völkerwanderung

Zwischen Europa und den USA vollzog sich in den 100 Jahren von 1820 bis 1920 eine neue große Völkerwanderung. Unaufhörlich landeten in den Häfen der Ostküste neue Scharen von Einwanderern: Deutsche, Italiener, Franzosen, Iren, Engländer, Österreicher und Ungarn, Russen, Polen und Skandinavier. Sie kamen, überdrüssig der politischen und wirtschaftlichen Enge daheim, angelockt von der Weite und Freiheit des unermeßlichen amerikanischen Raumes, des „Landes der unbegrenzten Möglichkeiten" und wurden *Amerikaner*. Millionen umfaßte diese Völkerwanderung über das Meer, so daß die Einwohnerzahl der Vereinigten Staaten ständig stieg:

    1790: rund   3 Millionen Menschen,
    1820: rund   8 Millionen Menschen,
    1870: rund 40 Millionen Menschen,
    1920: rund 106 Millionen Menschen.

Unablässig wuchsen so die USA – neben Rußland und England – zu einer künftigen weltbeherrschenden Großmacht heran.

Ein Auswandererschiff hat um 1850 einen amerikanischen Hafen erreicht; die Menschen betreten den Boden der neuen Heimat. Solche Bilder boten sich zwischen 1820 und 1920 immer wieder in den Häfen der amerikanischen Ostküste.

Arbeitsvorschläge

1. Die Kartenfolge auf S. 137 zeigt dir die Auswanderung aus den europäischen Ländern in die USA.
   Mache dich zunächst mit dem – jeweils gleichen – Kartenausschnitt vertraut! Welche Länder und Räume sind in ihren Grenzen dargestellt?

2. Werte *die einzelnen Karten* nacheinander aus!
   a) Du kannst für die Figuren die entsprechenden Zahlen ausrechnen und für jede Karte eine Tabelle aufstellen.
   b) Du kannst die Auswanderung in einem bestimmten Zeitabschnitt auch als ein Schaubild darstellen, zum Beispiel in Form eines 1 cm hohen Balkens! Wenn du für jedes Herkunftsgebiet eine andere Farbe nimmst und für je 100 000 Auswanderer 3 mm Balkenbreite rechnest, sieht der Balken für 1840–1860 so aus:

England	Irland	Deutschland	Frankreich

   c) Du kannst schließlich für jede Karte eine kleine Niederschrift anfertigen, in der du die Ergebnisse deiner Auswertung zusammenfaßt, etwa so:
   „Zwischen 1840 und 1860 kamen die meisten Auswanderer aus Irland: 1,7 Millionen Menschen. Deutschland lag mit 1,4 Millionen Auswanderern an zweiter Stelle, gefolgt von England mit 700 000. Frankreich stellte in diesem Zeitraum 200 000 Auswanderer."

3. Verfolge nunmehr *durch die gesamte Kartenfolge* die Auswanderung aus bestimmten Gebieten!
   a) Du kannst zunächst wiederum eine Tabelle aufstellen.
   b) Für die Herkunftsgebiete kannst du ebenfalls ein Schaubild zeichnen, das dir das Auf und Ab der Auswanderungsbewegung deutlich macht. (Das Schaubild für Deutschland findest du auf S. 138.)

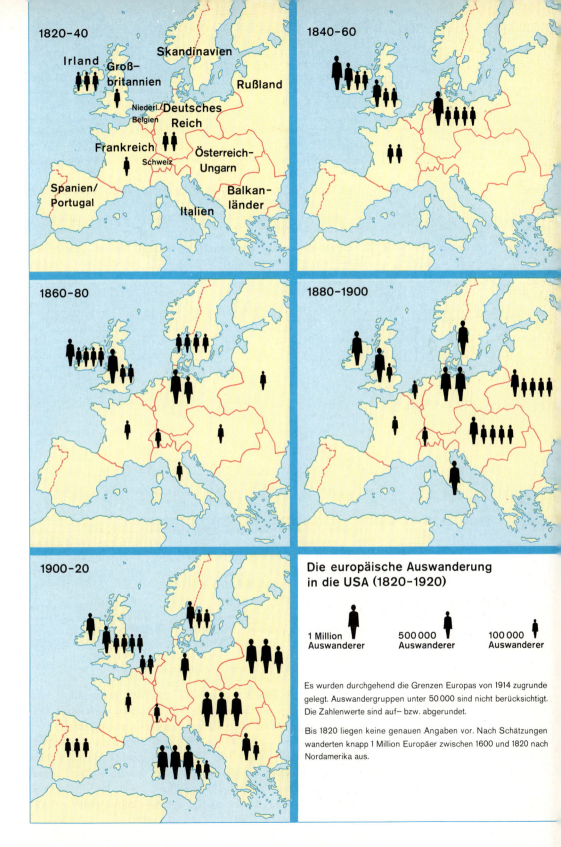

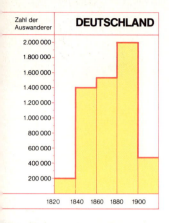

c) Fertige auch hier entsprechende Niederschriften an, etwa so:
„Aus Deutschland wanderten zwischen 1820 und 1840 200 000 Menschen aus. Zwischen 1840 und 1860 sprang die Zahl der Auswanderer auf 1,4 Millionen empor, zwischen 1860 und 1880 sogar auf 1,5 Millionen und erreichte zwischen 1880 und 1900 mit 2 Millionen ihren Höhepunkt. Zwischen 1900 und 1920 ging sie wieder auf 500 000 zurück."

4. Welche Herkunftsgebiete haben besonders große Auswanderungsgruppen gestellt, welche offensichtlich besonders kleine?

5. Irland hatte 1820 6,8 Millionen Einwohner. Wie viele Menschen haben die Insel in den folgenden 100 Jahren verlassen?
Die Einwohnerzahl betrug 1920 4,4 Millionen. Welche statistischen Aussagen kannst du treffen?

6. Kannst du aus den Kartenbildern, aber auch aus deinen Tabellen und Schaubildern, insgesamt feststellen, wie sich die Schwerpunkte der Auswanderung innerhalb Europas verlagerten?

7. Aus der Kartenfolge läßt sich eine Gesamttabelle zusammenstellen:

Herkunftsgebiet	1820–40	1840–60	1860–80	1880–1900	1900–20	SUMME
England	...	...	...	...	...	...
Irland	...	...	...	...	...	...
Deutschland	...	...	...	...	...	...
Skandinavien	–	...	...	...	...	...
Frankreich	...	...	...	...	...	...
Niederlande, Belgien	–	–	–	...	...	...
Schweiz	–	–	...	...	...	...
Österreich-Ungarn	–	–	...	...	...	...
Italien	–	–	...	...	...	...
Portugal, Spanien	–	–	–	–	...	...
Balkanländer	–	–	–	...	...	...
Rußland (Polen)	–	–	...	...	...	...
SUMME	...	...	...	...	...	...

8. Wie viele Auswanderer haben Europa zwischen 1820 und 1920 insgesamt verlassen? Vergleiche diese Zahl mit der Bevölkerungszahl deines Heimatortes, der Bundesrepublik!

9. Seit 1920 ist die Auswanderung aus Europa stark zurückgegangen, die Einwohnerzahl der USA jedoch auf über 200 Millionen gestiegen. Suche Erklärungen dafür!

10. Die Auswanderer haben Europa nur selten zum Vergnügen verlassen. Die Iren zum Beispiel wurden durch Armut und Not von ihrer Insel vertrieben. Unter den Auswanderern aus Osteuropa waren etwa 1,8 Millionen Juden, die in ihrer Heimat blutig verfolgt wurden.
Weitere Gründe hast du bereits kennengelernt. Welche?

Wir merken uns

Die Kolonisten in Nordamerika empörten sich gegen die Bevormundung durch England. Am 4. Juli 1776 erklärten sie feierlich ihre Unabhängigkeit auf Grund der allgemeinen Menschenrechte.

Im Unabhängigkeitskrieg (1776–1783) erkämpften die Vereinigten Staaten von Amerika (USA) ihre staatliche Selbständigkeit. In ihrer Verfassung verwirklichten sie die Teilung der Gewalten. Erster Präsident der USA wurde George Washington.

Millionen von Einwanderern aus Europa besiedelten zwischen 1820 und 1920 das Land westlich der 13 alten Kolonien.

Frankreich und Europa 1789–1815

5

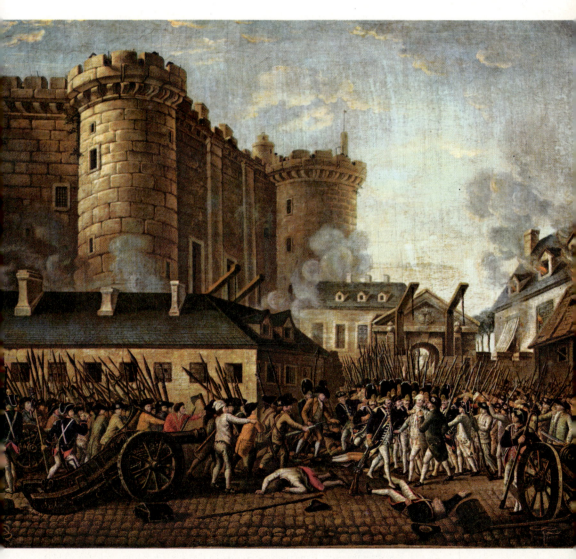

Das Volk von Paris stürmt die Bastille (14. Juli 1789).

1790	1795	1800	1805	1810	

Der Ruf nach Reformen

Was in der Unabhängigkeitserklärung der Niederländer zuerst angeklungen war, was im Kampf des englischen Parlaments mit seinem König unüberhörbar deutlich wurde, was schließlich zur Selbständigkeit der USA führte – das war die Forderung des Volkes, das politische Leben mitzubestimmen und mitzugestalten. Die Untertanen begannen aufzubegehren gegen die Bevormundung durch die Fürsten.

Die Staatsdenker Europas hatten angefangen, über das Zusammenleben der Menschen nachzugrübeln. Was ist eigentlich der Staat? Und worauf beruht die Macht der Herrschenden? So hatten sie gefragt und als Antwort gefunden: Die Menschen sind alle frei und gleich geschaffen. Für alle gelten gleiche, „natürliche" Rechte – die Menschenrechte. Der Staat aber ist nichts als ein Mittel, das Zusammenleben der Freien und Gleichen zu regeln. Und damit im Staat nicht ein einzelner die anderen bevormunden und ausnutzen kann, müssen die „Gewalten" geteilt werden.

Diese Überlegungen der Staatsdenker erfaßten zunächst nur kleine Gruppen – zuerst in Frankreich. Es waren vor allem Rechtsanwälte, Schriftsteller und Gelehrte. Voller Neid sahen sie auf die USA. Sie riefen die Franzosen auf, ebenfalls den Kampf um ihre Rechte zu wagen. Schließlich war der Ruf nach Reformen nicht mehr zu überhören.

In Frankreich war seit der Zeit Ludwigs XIV. alles beim alten geblieben. Noch immer verschwendete der König in Versailles unvorstellbare Summen. Zuletzt waren die Schulden so hoch, daß Ludwig XVI. und seine Minister weder aus noch ein wußten und sich zu einer ungewöhnlichen Maßnahme entschlossen.

Drei Stände zählte das französische Volk. Der erste umfaßte die Geistlichkeit, den zweiten bildete der Adel, den dritten das übrige Volk: die reichen Bürger und auch die Bauern, Handwerker, Manufakturarbeiter, Knechte und Mägde.
Die ersten zwei Stände waren bevorrechtigt im Staate. Die Last der Zahlungen und Dienste lag fast ausschließlich auf dem dritten Stand. Er hatte die Pflichten – die anderen die Rechte. – Das hat ein Zeitgenosse mit dieser Karikatur anschaulich dargestellt.

Die Französische Revolution 1789-1799

Die Zeit des Umsturzes

Die Generalstände werden gewählt

Es war zu Anfang des Jahres 1789. Eine ungeheure Aufregung ging durch die Dörfer und Städte, die Schlösser und Abteien Frankreichs. Überall riefen Plakate des Königs zur Wahl für die *Generalstände*. Seit 175 Jahren, seitdem die französischen Könige die absolute Gewalt über das Land hatten, war die Vertretung der drei Stände nicht mehr zusammengekommen. Nun, in der finanziellen Not des Staates, brauchte sie der König auf einmal wieder.

So wählte im Frühjahr 1789 das französische Volk seine Abgeordneten. Es war ein recht verwickeltes Wahlverfahren, denn jeder Stand wählte für sich. Der erste Stand, die Geistlichkeit mit etwa 120 000 Angehörigen, wählte rund 300 Abgeordnete; der zweite Stand, etwa 360 000 Adelige, ebenfalls 300. Der dritte Stand, nahezu 24 Millionen Angehörige umfassend, durfte 600 Abgeordnete stellen. Er wählte vor allem Rechtsanwälte, Schriftsteller und Gelehrte zu seinen Vertretern. Noch war kein Bauer, kein Handwerker, kein Manufakturarbeiter unter ihnen.

Etwa 480 000 Menschen der 1. und der 2. Stand besaßen drei Viertel des französischen Bodens

♟ = 240 000

Etwa 23 520 000 Menschen der 3. Stand besaßen nur ein Viertel des französischen Bodens

Arbeitsvorschläge

1. Stelle bitte noch einmal zusammen, welche Bevölkerungsgruppen die drei Stände im einzelnen umfaßten!

2. Übertrage diese Tabelle in dein Arbeitsheft und fülle sie aus:

	Zahl der Angehörigen	Zahl der Abgeordneten
Erster Stand	...	...
Zweiter Stand	...	...
Dritter Stand	23 520 000	...

   a) Auf wie viele Angehörige eines Standes kam jeweils ein Abgeordneter?
   b) Wie viele Abgeordnete hätte der Adel nur stellen dürfen, wenn für ihn das gleiche Zahlenverhältnis wie für den dritten Stand gegolten hätte?
   c) Kannst du die unterschiedliche Verteilung der Abgeordneten in einem Schaubild darstellen?

3. In Frankreich waren nicht nur die Rechte ungleich verteilt, sondern auch der Landbesitz. Das hat ein Schüler einmal in dem nebenstehenden Schaubild dargestellt.

   a) Verfolge die Umrisse Frankreichs auch in deinem Geschichtsatlas! Wie weit reicht die Landgrenze, wie weit die Küstenlinie?
   b) Schlüssele die genannten Zahlen nach Prozenten auf und stelle gegenüber:
      ... % der Bevölkerung besaßen ... % des Bodens,
      ... % der Bevölkerung besaßen ... % des Bodens.
   c) Übertrage das Schaubild in dein Arbeitsheft!

Die Generalstände treten zusammen

„Am 4. Mai zeigten sich in feierlicher Prozession die Generalsstände zu Versailles dem Volk. Ihr Empfang in dieser Stadt hätte die Anhänger des Alten nachdenklich stimmen müssen. Die Menge säumte die Straßenränder; eisiges Stillschweigen schlug überall feindselig den Vertretern der beiden oberen Stände entgegen; in jubelnder Begeisterung wurde der Dritte Stand begrüßt.

Herzliche Ergebenheit zeigte sich dann wieder in den Zurufen für den König, der im Zug mitschritt. Aber dann war die Welle leidenschaftlicher Ablehnung wieder zu spüren, als die Königin vorbeizog ... Marie-Antoinette schwankte einen Augenblick, sie stützte sich auf eine Dame ihrer Begleitung; dann wallte der Stolz der Habsburgerin in ihr auf. Hochaufgerichtet, mit kühlem unbewegtem Gesicht ging sie das Spießrutenlaufen zu Ende ...

Die tiefe Veränderung, die während der letzten Generationen in den Gesinnungen vor sich gegangen war und die zu den Vorbedingungen jedes Umsturzes gehört, zeigte sich am 5. Mai bei der Eröffnung der Versammlung durch den König. Rechts von ihm saßen in schimmerndem Violett oder leuchtendem Rot die Geistlichen, links in farbenprächtigen Gewändern die Adligen; vor ihnen in schlichtem Schwarz, das der Zeremonienmeister erzwungen hatte, die Vertreter von Bürgern und Bauern.

So, schon in der Kleidung unterschieden, hatten die Stände früher getagt, und jeder hatte dies natürlich gefunden. Diesmal grollten die Abgeordneten des Dritten Standes. Und als nun der König sich setzte und sein Haupt bedeckte, als Adel und Klerus [Geistlichkeit] ihm folgten, begannen auch einige Bürgerliche – unerhörter Vorgang – die Hüte aufzusetzen. Sie verletzten das Vorrecht der oberen Stände wissentlich.

Schon kamen vom Adel die Rufe der Entrüstung: „Die Hüte herunter!" Niemand wußte, was aus der Erregung der Stunde hätte entstehen können; da rettete der König die Lage, indem er selbst seinen Hut wieder abnahm. Drei Stunden saßen alle unbedeckt. Noch einmal hatte der König einen Ausweg durch Nachgeben, durch eine Geste der Versöhnung gefunden."

(Paul Sethe, Die großen Tage, Frankfurt 1953, S. 16)

Der Bischof von Nancy eröffnete die Sitzung: „Majestät, empfangen Sie die Huldigungen der Geistlichkeit, die Achtungserklärung des Adels und die sehr demütigen Bitten des dritten Standes!"

Der König hielt eine kurze Begrüßungsrede, dann sprach der Finanzminister Necker – drei Stunden lang, über die Zahlen des Haushaltsplanes, über den Etat des Staates, sprach und sprach.

Die Gesichter der Vertreter des dritten Standes, die zuerst gespannt zugehört hatten, wurden immer enttäuschter. 40 000 Hefte mit Wünschen und Beschwerden waren im Verlauf der Wahlen zusammengestellt worden – aber nichts von dem, was ihren Wählern auf den Nägeln brannte, wurde in der Rede des Ministers angedeutet. Nichts von der Abschaffung der Vorrechte des Adels und der Geistlichkeit! Nichts von einer gleichmäßigeren Verteilung der Rechte und Pflichten! Nichts von einem Anteil an der Regierung des Landes! Nichts von einer Hilfe für das hungernde Volk! Es sollte alles bleiben wie bisher!

Die Männer des dritten Standes hielten die Köpfe über die Beschwerdehefte gebeugt. Sie blätterten in ihnen und lasen von der wirklichen Not ihrer Zeit:

Ludwig XVI., 1774–1792 König von Frankreich. Er war mit Marie Antoinette, einer Tochter der Kaiserin Maria Theresia, verheiratet. Marie Antoinette war als Ausländerin den Franzosen immer fremd geblieben und stand zudem in dem Ruf, besonders verschwenderisch zu sein.

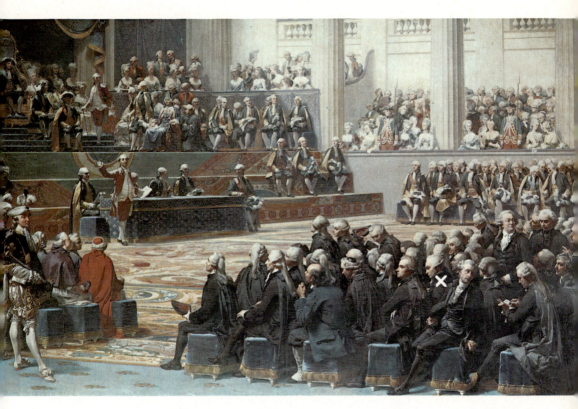

Die Generalstände treten zusammen. – Der König thront bei dieser Eröffnungssitzung oben auf der Bühne des Festsaals. Unten die Vertreter der Stände: links von ihm der Adel, rechts die Geistlichkeit, hinten in der Mitte der dritte Stand. Unter dessen Vertretern sitzt mit leicht gesenktem Kopf Robespierre (×).

Seit dreißig Jahren dürfen wir unsere Gärten und Felder nicht mehr durch Zäune vor Wildschaden schützen, um die Jagd für den Grundherrn nicht zu behindern. Mein Vater ist von einem Wildhüter ohne Warnung niedergeschossen worden, weil er ein Kaninchen erschlug, das auf seinem Felde wühlte.

Oder: Meine Felder liegen im Jagdgebiet des Königs. Ich darf diese Felder vom 1. Mai bis 24. Juni nicht betreten, um die brütenden Rebhühner nicht aufzustöbern.

Oder: Wir haben im vorigen Jahr 112 Tage an den Straßen des Königs und 87 Tage auf den Feldern des Grundherrn gearbeitet. Wir konnten so unsere Äcker nicht bestellen.

Oder: Wir mußten im Sommer jede Nacht den Schloßteich mit Ruten schlagen, damit die Frösche nicht lärmten und die Herrschaften ungestört schlafen konnten.

Oder: Wir mußten über ein Drittel unseres Einkommens an Steuern zahlen, während der Graf und das Kloster steuerfrei blieben. Dabei besitzen sie vier Fünftel unseres Gemeindebodens.

Oder: Wenn ich meine Waren in die Hauptstadt schaffe, verteuert sich ihr Preis durch Abgaben, wie Brücken- und Wegegelder, auf das Siebenfache. –

Arbeitsvorschläge

1. Stelle zusammen, auf welche Weise die Trennung zwischen den Ständen bei dieser Sitzung deutlich wird!
2. Vergleiche diese Ständeversammlung mit der Sitzung des englischen Parlaments nach Text und Bild auf S. 116/117!
3. Vergleiche sie auch mit der Art und Weise, in der heute unser Bundestag zusammentritt! Auf S. 199 findest du ein Bild aus dem Bundestag, das du dem Gemälde auf S. 143 gegenüberstellen kannst.
4. Aus welcher Bevölkerungsgruppe kommen die im Text aufgeführten Beschwerden? Versuche, sie stichwortmäßig zu erfassen! Wären solche Beschwerden der Siedler in den USA zu dieser Zeit denkbar? Begründe bitte!
5. Schreibe in kurzen Sätzen nieder: Was wollte der König durch die Einberufung der Generalstände erreichen? Was wollten dagegen die Abgeordneten des dritten Standes?

„Wir sind die versammelte Nation!"

Dem König ging es um neue Gelder, den Vertretern von Adel und Geistlichkeit um die Erhaltung ihrer Vorrechte, den Vertretern des dritten Standes aber um eine große umfassende Änderung des politischen Lebens in Frankreich. *Gemeinsam*, so forderten sie, sollte über diese Reform beraten werden – nicht nach Ständen getrennt und an verschiedenen Orten. Gemeinsam sollte auch abgestimmt und *nach Köpfen* ausgezählt werden; denn sonst wäre der dritte Stand wohl immer im Verhältnis 2:1 überstimmt worden.

Als der König und der größte Teil der Bevorrechtigten sich dagegen sperrten, schritten die Abgeordneten des dritten Standes zur Tat. Am 17. Juni erklärten sie: „Wir sind die Vertreter von 24 Millionen Franzosen. Wir sind die einzigen und die wahren Vertreter des ganzen französischen Volkes. *Wir sind die versammelte Nation, die Nationalversammlung.*" Sie forderten die Vertreter der anderen Stände auf, sich ihnen anzuschließen. Viele der Landpfarrer, die es mit dem Volke hielten, wechselten zu ihnen über. Auch einige Adelige folgten dem Ruf.

Das war ein erster großer Schritt auf dem Wege der Revolution – ein Schritt gegen den Willen des Königs.

Als Antwort ließ der König drei Tage später dieser „Nationalversammlung" den Sitzungssaal sperren. Da zogen die Abgeordneten in die nahegelegene, kahle Halle des Ballhauses, wo sonst die Adeligen sich beim Ballspiel vergnügten. Hier schworen sie feierlich, sich nicht eher zu trennen, als bis sie Frankreich eine Verfassung gegeben hätten – ein für alle geltendes Grundgesetz. Das war ein zweiter Schritt auf dem Wege der Revolution.

Noch einmal versuchte Ludwig XVI., den Ablauf der Ereignisse wieder in die Hand zu bekommen. Er befahl eine gemeinsame Sitzung aller drei Stände für den 23. Juni. Hier sprach er selbst zu den Abgeordneten.

Alles, was seit dem 17. Juni erklärt und vereinbart worden war, sollte ungültig sein. Er schloß mit den Worten: „Ich befehle Ihnen, sich sofort zu trennen und sich morgen früh in den für jeden Stand bestimmten Saal zu begeben und dort Ihre Sitzungen wieder aufzunehmen." Dann ging er hinaus.

Der Schwur im Ballhaus am 20. Juni 1789. Auf dem Tisch stehend spricht der Astronom Bailly den Eid vor.

Nur ein Teil der Vertreter des ersten und des zweiten Standes folgte dem Befehl, die übrigen blieben zusammen. „Wir werden nur der Macht der Bajonette weichen!" rief der zum dritten Stand übergetretene Graf Mirabeau, und begeistert stimmten die anderen Abgeordneten wie aus einem Munde zu: „Dies ist der Wille der Versammlung!"

Es war der dritte Schritt der Revolution: die offene Auflehnung gegen den Befehl des Königs.

Rings um Versailles standen die Truppen zum Eingreifen bereit. Aber der König sagte nur: „Sie wollen bleiben? Nun gut, lasse man sie dort." Er war zu schwach und zu gleichgültig, um dieser Entschlossenheit Widerstand entgegenzusetzen. Am 27. Juni forderte er sogar selbst die beiden ersten Stände auf, sich mit dem dritten Stand zu vereinigen.

Damit wurde aus der Ständeversammlung eine wirkliche Nationalversammlung, auf die mehr und mehr die Herrschaft im Staate überging. – Dies war ein vierter Schritt der Revolution.

Arbeitsvorschlag Fasse die Beschlüsse und Entscheidungen am 17., 20., 23. und 27. Juni in kurzen Protokollen zusammen!

Der Sturm auf die Bastille (14. Juli 1789)

Die Ereignisse in der Hofstadt wurden auch in der Hauptstadt bekannt – der Funke sprang von Versailles auf das nahe Paris über.

In der Halbmillionenstadt gärte es ohnehin. Mißernten hatten die Versorgung dieser größten Stadt Europas teilweise zusammenbrechen lassen. Die Mehlvorräte reichten nicht aus, es herrschte Hunger und Not. Vor den Toren der Stadt aber waren Teile des stehenden Heeres zusammengezogen. Die Pariser fühlten sich bedroht. Wollte der König doch zu einem Gegenschlag ausholen? An allen Straßenecken, in allen Parks und öffentlichen Gärten sammelten sie sich in erregten Gruppen. Redner sprangen auf die Bänke und wiegelten die Menge auf: „Bürger, es ist kein Augenblick zu verlieren. Noch diesen Abend werden die Regimenter hereinrücken, um uns zu erwürgen. Nur eine Rettung bleibt uns: Zu den Waffen, Volk von Paris! In den Kampf, ihr Bürger, in den Kampf für Freiheit, Gleichheit und Brüderlichkeit!"

Tausende stürmten die Waffenhäuser des Heeres in der Stadt und bewaffneten sich mit Gewehren und sogar mit einigen Kanonen. Ein Ruf ging durch die Reihen: „Zur Bastille!" Das war das verhaßte alte Staatsgefängnis – ein festungsartiger Bau mit Türmen, Wassergräben und 30 Meter hohen Mauern. Nun zogen sie gegen dieses Sinnbild der königlichen Herrschaft und Unterdrückung. Tausendfältig knatterte das Gewehrfeuer gegen die steinernen Mauern, hallte der Kanonendonner. Ein Schuß zersprengte das Tor. Die Menge drängte in den Hof und wälzte sich von Gang zu Gang. Sie tötete ergrimmt die Wachmannschaft und befreite die wenigen Gefangenen. Sie wütete mit Schmiedehämmern und Brechstangen gegen die Mauern. Es war der 14. Juli 1789 – der 5. Schritt, der offene Ausbruch der Revolution.

„Das Erwachen des dritten Standes". – Diese Karikatur aus dem Jahre 1789 zeigt den aus einem langen Schlaf erwachenden Angehörigen des dritten Standes. Ungläubig starrt er auf die gesprengten Ketten, und zögernd greift er nach den Waffen. Die Vertreter des ersten und zweiten Standes sind zutiefst erschrocken, hilflos recken sie die Hände empor. Im Hintergrund ist die Bastille zu sehen. Daneben stehen Revolutionäre, die auf Stangen die abgeschlagenen Köpfe von Königstreuen tragen.

Der Sturm auf die Bastille war das Signal. Ganz Frankreich wurde von der revolutionären Entwicklung ergriffen. Überall strömten die Bauern zusammen. Sie stürmten die Herrensitze, holten die Besitzpapiere und Urkunden für den Grund und Boden aus den Ämtern und verbrannten sie. Die Steuerbeamten wurden davongejagt und die Zahlungen eingestellt. Auch in den Städten wurden die Beamten des Königs vertrieben.

So ist der Sturm auf die Bastille zum Sinnbild der Revolution in Frankreich geworden. Bereits ein Jahr später verkaufte man in vielen Ländern Europas Mauersteine der Bastille als Zeichen der Freiheit. Bis heute ist der 14. Juli der französische Nationalfeiertag.

Arbeitsvorschläge

1. Die revolutionäre Stimmung in Paris entstand durch das Zusammenwirken von mehreren Ereignissen. Nenne sie!
2. Betrachte die Abbildung vom Sturm auf die Bastille (S. 139)! Stelle die Zusammensetzung der Stürmenden und ihre Bewaffnung fest!
3. Überlege bitte, warum wohl gerade der Sturm auf die Bastille zum Signal für ganz Frankreich wurde!

Die Aufhebung der Vorrechte

In Versailles tagte unterdessen die Nationalversammlung weiter mit dem Ziel, für das Land eine Verfassung zu schaffen. Zwei wichtige Beschlüsse brachten sie im August 1789 diesem Ziel näher; sie wurden der sechste und siebente Schritt auf dem Wege der Revolution.

Unter dem Eindruck der Nachrichten aus Paris und ganz Frankreich beantragten die Vertreter des ersten und zweiten Standes am 4. August selbst die Aufhebung ihrer sämtlichen Vorrechte.

> „Man bringe sie her, die Urkunden, die das Menschengeschlecht erniedrigen, indem sie fordern, daß menschliche Wesen an einen Karren gespannt werden wie Ackertiere. Man bringe diese Urkunden her, die die Menschen zwingen, nachts auf die Teiche zu schlagen, damit die Frösche die Gutsherren nicht im Schlafe stören."
> (Aus der Rede eines Adligen, nach: Textes historiques)

Um alle einzelnen Vorrechte des Adels zu erfassen, mußte man eine Liste mit 150 Punkten anlegen: Abschaffung aller Steuerbefreiungen, Abschaffung der gutsherrlichen Gerichtsbarkeit, des Frondienstes, des ausschließlichen Jagdrechts, des Rechts auf Besetzung bestimmter Ämter in Staat und Heer, der Käuflichkeit solcher Ämter und vieles mehr. In einer einzigen Nacht stürzte das ganze Gefüge der ständischen Herrlichkeit Frankreichs in sich zusammen!

Arbeitsvorschlag

Stelle bei den auf S. 143 abgedruckten Beschwerden fest, auf welchen bisherigen Vorrechten des Adels die dargestellten Mißstände beruhten!

Die Erklärung der Menschenrechte

Eine ähnlich wichtige Tagung folgte am 27. August. Nach eingehenden Beratungen verabschiedete man auch hier – dem amerikanischen Vorbild folgend – eine allgemeine *Erklärung der Menschenrechte.* Diese Menschenrechte wurden in Frankreich ebenfalls zur Grundlage der Verfassung.

Aus der Erklärung der Menschenrechte

1. Die Menschen werden frei und an Rechten gleich geboren und bleiben es.

2. Der Zweck jeder staatlichen Vereinigung ist die Erhaltung der natürlichen und unverjährbaren Menschenrechte. Das sind die Rechte auf Freiheit, Eigentum, Sicherheit und Widerstand gegen Unterdrückung.

3. Der Ursprung jeder Herrschaft liegt seinem Wesen nach beim Volk.

4. Die Freiheit besteht darin, alles tun zu können, was einem anderen nicht schadet; die Ausübung der natürlichen Rechte eines jeden Menschen hat also nur die Grenzen, die den anderen Gliedern der Gesellschaft den Genuß der gleichen Rechte sichern.

5. Das Gesetz ist der Ausdruck des allgemeinen Willens. Alle Bürger haben das Recht, bei seinem Zustandekommen entweder persönlich oder durch ihre Vertreter mitzuwirken. Es muß dasselbe sein für alle ... Da alle Bürger vor dem Gesetz gleich sind, so sind auch alle in der gleichen Weise nach Maßgabe ihrer Fähigkeit und ohne einen andern Unterschied als den ihrer Tugenden und Gaben fähig, alle Würden, öffentlichen Stellungen und Ämter zu bekleiden.

6. Niemand darf außer in den durch das Gesetz bestimmten Fällen angeklagt, verhaftet oder gefangengehalten werden ...; aber jeder Bürger, der kraft des Gesetzes vorgeladen oder ergriffen wird, muß auf der Stelle gehorchen; durch Widerstand macht er sich strafbar.

7. Jeder Mensch ist für schuldlos anzusehen, solange kein Schuldspruch erfolgt ist.

8. Niemand darf wegen seiner Überzeugung, auch wegen der religiösen nicht, belangt werden.

9. Die freie Äußerung der Gedanken und Meinungen ist eines der wertvollsten Rechte des Menschen; daher darf jeder Bürger frei sprechen, schreiben, denken.

10. Die allgemeine Steuer muß auf alle Bürger nach ihrem Vermögen gleich verteilt werden.

(Quellen zur Geschichte der Neuesten Zeit, Zürich 1966, S. 12 ff.)

Arbeitsvorschläge

1. Lies noch einmal auf S. 130 über die Menschenrechte in der amerikanischen Unabhängigkeitserklärung nach!

2. Oben sind die Menschenrechte genauer umrissen als in den allgemeinen Aussagen der amerikanischen Unabhängigkeitserklärung. Versuche, einzelne Rechte durch Beispiele zu verdeutlichen! Kannst du feststellen, ob diese Rechte auch in unserem Staat heute gelten?

3. An einer Stelle der Erklärung werden die Grenzen der Freiheit des einzelnen bezeichnet. Wo liegen sie?

4. Die erste französische Verfassung wurde 1791 verkündet. In ihr war – wie in Amerika – die Teilung der Gewalten festgelegt. Orientiere dich dazu noch einmal an dem Schaubild auf S. 132!

Der Fortgang der Revolution

Mit der Erklärung der Menschenrechte aber waren keineswegs auch Hunger und Not aus Frankreich verbannt. Die aufständischen Bauern hatten mit den Steuerzahlungen auch die Getreidelieferungen eingestellt. Vor allem die Bürger von Paris litten darunter. Lauter und lauter erklangen ihre Fragen und Forderungen: „Was wird in Versailles für uns getan? Der König muß nach Paris kommen! Die Nationalversammlung ebenfalls!"

Marsch der Freiwilligen durch Paris (Juli 1792)

Die Flucht des Königs

Unter dem Druck des Volkes siedelte die Königsfamilie nach Paris über, und auch die Nationalversammlung tagte künftig in der Hauptstadt. Versailles war leer, die Stadt der Höflinge und der rauschenden Feste verödet. Die Zeit der Sonnenkönige war für immer vorüber, das Ansehen und der Einfluß Ludwigs XVI. tief gesunken. Heimlich sandte die Königsfamilie Hilfegesuche an die europäischen Höfe, vor allem an den deutschen Kaiser, den Bruder der Königin. Im Juni 1791 wagte der König die Flucht. Im dichtverschlossenen Reisewagen fuhr er nachts mit seiner Familie der Ostgrenze Frankreichs zu. Aber er wurde unterwegs erkannt und zurückgebracht. Künftig lebte er in seinem Stadtschloß in Paris, in den Tuilerien, wie ein Gefangener.

„Das Vaterland ist in Gefahr"

Im Sommer 1792 rückten die Heere Österreichs und Preußens in Frankreich ein, um die „schändliche Volksherrschaft" zu beseitigen und das Königspaar zu retten. Da erfaßte die Franzosen eine ganz neue Begeisterung. Bislang war es darum gegangen, die Verhältnisse im Innern des Landes zu verändern. Jetzt mußte das Neue gegen die verhaßten Fürsten nach außen verteidigt werden. „Tod oder Freiheit!" so hieß ihr Ruf.

Ganz Frankreich wurde ein Heerlager. Durch die Straßen von Paris marschierten die Freiwilligen, jubelnd von der Bevölkerung gefeiert. Voll *nationaler Begeisterung* („Patriotismus") kämpften sie für ihr Vaterland und für die Revolution. Als die Söldnerarmeen der Fürsten im September 1792 bei Valmy auf diese heftige Gegenwehr trafen, zogen sie sich wieder auf ihre Grenzen zurück. – Das Sichbehaupten gegen die Feinde der Revolution war ein achter Schritt.

Frankreich wird Republik

Die Nationalversammlung hatte eine ähnliche Staatsform wie in England herbeiführen wollen: Ein König sollte wohl an der Spitze des Staates stehen, er sollte aber von den Vertretern des Volkes abhängig sein. Immer mehr Franzosen meinten jedoch, der Staat könnte auch ganz ohne einen König auskommen. Nach der Flucht Ludwigs XVI. wurde die Stimmung noch erbitterter, radikaler. Volksmassen stürmten das Schloß und bedrohten den König. In der Nationalversammlung gab es erregte Debatten. Vor allem die Führer der Radikalen, *Danton, Marat* und *Robespierre,* waren von einem fanatischen Haß gegen das Königtum und die bisherige Adelsherrschaft erfüllt. „Der Feind steht nicht nur an den Grenzen, der Feind sitzt in den Tuilerien!" rief Robespierre mit scharfer Stimme. „Der König ist im Einvernehmen mit den Feinden Frankreichs! Krieg allen Tyrannen! Kampf allen Feinden der Freiheit! Tod allen Königen und Fürsten!"

Am 10. August 1792 gelang es den Radikalen, die Oberhand in der Nationalversammlung zu gewinnen. Der König wurde abgesetzt und mit Frau und Kindern als „Bürger Louis Capet" (er stammte aus dem Haus der Capetinger) eingekerkert. Frankreich war nunmehr eine *Republik:* ein Staat ohne einen König an der Spitze, ein Staat, in dem die Teilung der Gewalten durchgeführt war. – Die Ausrufung der Republik war der neunte Schritt auf dem Wege der Revolution.

In einem Staatsprozeß wurde Ludwig XVI. nach sechswöchiger Verhandlung zum Tode durch das Fallbeil verurteilt. Am 21. Januar 1793, 10 Uhr früh, fiel der Kopf des Königs.

Marie Antoinette, 1774–1792 Königin von Frankreich. –

Zusammen mit Ludwig XVI. wurde sie eingekerkert und folgte am 16. Oktober 1793 – achtunddreißigjährig – ihrem Mann in den Tod. Am Morgen dieses Tages schrieb sie ihre letzten Worte auf den Einband ihres Gebetbuches (S. 151 links). Als sie auf einem Karren zur Hinrichtung gefahren wurde, sah sie der Maler Jacques Louis David und hielt seinen Eindruck in dieser Skizze fest (S. 151 rechts).

Arbeitsvorschläge

1. Wofür kämpften die Freiwilligen Frankreichs, wofür die Söldner Österreichs und Preußens? Wo hast du bereits von einem ähnlichen „Gegenüber" erfahren?
2. Viele Franzosen wollten 1789 eine *eingeschränkte Königsherrschaft* („konstitutionelle Monarchie") als Staatsform behalten. Ihr Vorbild war England. Mache dir noch einmal klar, wie in England die Herrschaft des Königs eingeschränkt war!
3. Überlege bitte: Waren die USA ebenfalls eine Republik geworden?
4. Auch unser Staat ist eine Republik: die „Bundesrepublik Deutschland". Erkläre!
5. Bei ihrem Marsch durch Paris (Bild S. 149) sangen die Freiwilligen aus Marseille ein Lied, das später die *Nationalhymne* Frankreichs wurde, die „Marseillaise":

> Auf, Söhne des Vaterlandes,
> der Tag des Ruhms ist gekommen!
> Die blutige Fahne der Tyrannei
> ist gegen uns erhoben.
> Hört ihr in den Feldern
> diese wilden Soldaten brüllen?
> Sie kommen bis zu euch,
> erwürgen eure Söhne, eure Frauen.
> Zu den Waffen, Bürger!
> Reiht euch ein in die Bataillone!
> Laßt uns marschieren, marschieren,
> damit das feindliche Blut unsere Furchen tränke!
> (Nach: Wolfgang Schlegel, Handbuch für den Geschichtsunterricht, Band 2, Weinheim 1961, S. 34)

Übertrage den Text in dein Arbeitsheft und schreibe vom „Lied der Deutschen" die erste Strophe hinzu! (Du findest sie auf S. 211.) Welche unterschiedlichen Ziele und Vorstellungen kommen in den Texten zum Ausdruck? Wie lassen sie sich begründen?

> Den 16. Oktober, 4 ½ Uhr morgens.
> Mein Gott! Hab' Erbarmen mit mir!
> Meine Augen haben keine Tränen mehr,
> um für euch zu weinen, meine armen Kinder;
> adieu, adieu!
>
> Marie Antoinette

Die Zeit des Schreckens

Die Herrschaft der Jakobiner

Aber mit der Hinrichtung des Königs und der Königin war die Revolution noch nicht zu Ende. Trotz des Rückzugs der feindlichen Heere war die Republik in Gefahr.

Noch immer herrschten Not und Elend, Hunger und Arbeitslosigkeit. Lebensmittelkarten mußten eingeführt werden. Das Geld war immer weniger wert. Man druckte Papierscheine mit immer höheren Summen, für die man doch nichts bekam: Es gab eine *Inflation*. Dazu war das Volk sich gar nicht einig. Noch waren viele Königstreue im Lande, und unter den Republikanern gab es verschiedene Parteien, die sich heftig befehdeten.

Schließlich aber setzten sich die Radikalen unter der Führung von Robespierre, Danton und Marat vollends durch. Man nannte sie nach ihrem Treffpunkt – dem Kloster St. Jakob – *Jakobiner*. Die Jakobiner wollten das Leben des französischen Volkes völlig umgestalten. Alles, was an die Königszeit erinnerte, sollte ausgemerzt werden.

Die Umgestaltung des Lebens

Sie teilten das ganze Land in neue Bezirke und Kreise ein. Eine neue Zeitrechnung wurde eingeführt. Man zählte nicht mehr „seit Christi Geburt", sondern nach Jahren der Republik. Die bisherigen Monatsnamen wurden durch „natürliche" ersetzt: Schneemonat, Regenmonat, Keimmonat usw. Jeder fünfte Tag galt jetzt als Ruhetag. Eine neue Kleidermode sollte Reifrock und Kniehose verdrängen.

Im Mittelpunkt ihrer Anstrengungen stand die Jugenderziehung.

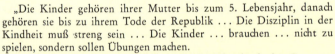

> „Die Kinder gehören ihrer Mutter bis zum 5. Lebensjahr, danach gehören sie bis zu ihrem Tode der Republik ... Die Disziplin in der Kindheit muß streng sein ... Die Kinder ... brauchen ... nicht zu spielen, sondern sollen Übungen machen.
>
> Die Jungen werden vom 5. bis zum 16. Jahr durch den Staat erzogen ... Die Kinder von 5 bis 10 lernen lesen, schreiben und schwimmen. Man darf die Kinder weder schlagen noch liebkosen. Man bringt ihnen das Gute bei, indem sie ein einfaches, naturgemäßes Leben führen. Die Kinder tragen zu allen Jahreszeiten Kleider aus Leinwand. Sie schlafen auf Matten ... Sie essen gemeinschaftlich. Ihre Nahrung besteht aus Wurzeln, Früchten, Gemüsen, Milchspeisen, Brot und Wasser ... Die Erziehung der Kinder zwischen 10 und 16 Jahren liegt auf militärischem und landwirtschaftlichem Gebiet. Sie werden in Kompanien zu je 60 eingeteilt ...
>
> Von 16 bis 20 Jahren lernen sie ein Gewerbe und erwählen einen Beruf. Sie werden bei den Bauern, in den Manufakturen oder im Handel und Verkehr ausgebildet.
>
> Alle Kinder behalten die gleiche Uniform bis zum 16. Jahr; zwischen 16 und 20 tragen sie die Uniform der Arbeitenden, zwischen 21 und 25 die des Soldaten ...
>
> Die Mädchen werden von ihren Müttern erzogen."
>
> (Saint-Just: Institutions Républicaines, Paris 1946; zitiert nach: H. D. Schmid, Fragen an die Geschichte 3, Frankfurt 1976, S. 144)

Ein Revolutionär. – Er trägt die Zeichen der Revolution: die blau-weiß-rote Fahne (die Trikolore) und an der Mütze die Bandschleife (die Kokarde) mit den gleichen Farben. Auch seine Kleidung – z. B. die lange Hose – ist „revolutionär", so selbstverständlich sie uns heute erscheint.

Die Befreiung der Bauern

Das Bleibende aus der großen Umgestaltung war die Befreiung der französischen Landbevölkerung. Die *Bauerngesetze* des Jahres 1793 machten die Bauern zu freien Eigentümern des von ihnen bebauten Bodens, ohne daß sie einen Kaufpreis dafür zu zahlen hatten. Jeder Kleinbauer oder Tagelöhner konnte Land aus dem enteigneten Adels- und Kirchenbesitz dazukaufen. So wurden die Bauern in Frankreich unabhängig und abgabenfrei – im Gegensatz zu den übrigen europäischen Bauern.

Schrecken und Tod

„Wir werden Frankreich eher in einen Leichenacker umwandeln, als den Versuch aufgeben, es in unserem Sinne umzugestalten" – so hatten die Jakobiner verkündet, und so handelten sie auch. Von 1793 bis 1794 errichteten sie eine wahre Schreckensherrschaft. Die Gefängnisse füllten sich mit Adeligen und Geistlichen, aber auch mit reichen und armen Bürgern, die anders dachten als sie. Tag für Tag arbeitete auf dem „Platz der Revolution" in Paris das Fallbeil, die *Guillotine,* wie dieses Hinrichtungsgerät genannt wurde. Weitere Tausende wurden in den Gefängnissen ermordet.

Spitzel der Jakobiner in allen Häuserblocks und Manufakturen, willkürliche Verhaftungen, Verurteilungen ohne Verteidiger und Zeugen – das war das *System des revolutionären Terrors,* wie es vor allem Robespierre aufrichtete. – Es war der zehnte Schritt auf dem Wege der Revolution.

Aber „die Revolution fraß ihre Kinder". Einer traute dem anderen nicht mehr. Einer beschuldigte den anderen, von den Ideen der Revolution abgefallen zu sein. Einer schickte den anderen unter das Fallbeil. Schließlich fiel am 28. Juli 1794 auch der Kopf Robespierres.

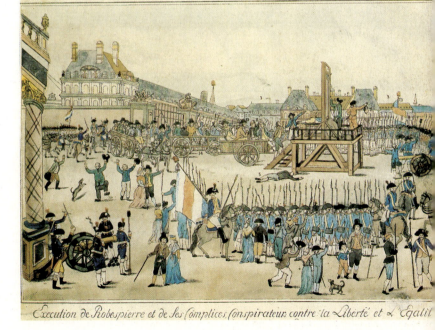

Die Hinrichtung Robespierres und seiner Anhänger auf dem Platz der Revolution in Paris. In der Bildunterschrift werden sie als „Verschwörer gegen die Freiheit und Gleichheit" bezeichnet. Wie verhält sich die Bevölkerung?

Arbeitsvorschläge

1. Betrachte die Bilder zur Französischen Revolution in deinem Arbeitsbuch! Wo findest du die Zeichen der Revolution des auf S. 152 abgebildeten Fahnenträgers wieder? Achte auch auf die Kleidung!

2. Wie beurteilst du die Einstellung der Jakobiner zur Jugenderziehung? Welchem Ziel diente wohl die Erziehung der Jungen, die der Mädchen?

3. Prüfe bitte, ob die Jakobiner die 1789 verkündeten Menschenrechte achteten!

4. Hier sind Angaben über 12 führende Vertreter des dritten Standes:

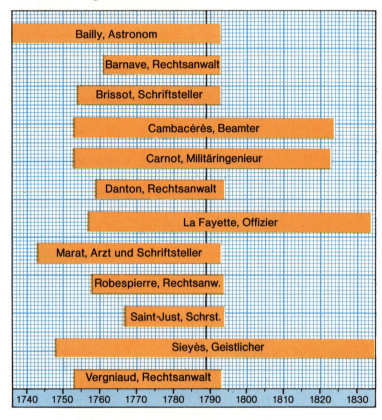

Die Guillotine

a) Stelle fest, welchen Berufsgruppen diese Männer der Revolution angehörten!
b) Wie alt waren sie 1789?
c) Wer von ihnen ist im Text erwähnt oder im Bild dargestellt?
d) Wie viele haben die Schreckensherrschaft überlebt?
e) Äußere dich zu dem Satz: „Die Revolution fraß ihre Kinder!"

5. Lege einen entsprechenden Kasten mit „Lebensbalken" auch für andere Gestalten aus der Geschichte an, die etwa in dieser Zeit lebten (vgl. S. 106)! Aus den früheren Teilen dieses Arbeitsbuches kennst du z. B. Friedrich den Großen und Maria Theresia (* 1717), Katharina II. von Rußland (* 1729), Thomas Jefferson (1743–1826), George Washington, aus diesem Teil Ludwig XVI. (* 1754) und Marie Antoinette (* 1755).
Laß Platz für die „Lebensbalken" der Zeitgenossen, die du auf den folgenden Seiten des Bandes noch kennenlernst!

Ein englischer Zeichner hat die „Machtübernahme" durch Napoleon Bonaparte in dieser Karikatur dargestellt. Der General betritt den Versammlungsraum der Volksvertreter. Mit einer Handbewegung gibt er seinen Soldaten den Befehl, diese kurzerhand aus dem Saal zu jagen. Die Verfassungsurkunde „tritt er mit Füßen".

Das Ende der Revolutionszeit

Mit dem Tode Robespierres fand die Schreckensherrschaft ihr Ende. Langsam kehrten wieder friedlichere Zustände ein. – Diese allmähliche Beruhigung können wir als einen elften Schritt auf dem Wege der Revolution bezeichnen.

Doch es war eine Beruhigung im Schatten neuer Gefahren. In den immer wieder ausbrechenden Kämpfen gegen die äußeren Feinde waren neue Männer mächtig geworden: die Generale der französischen Armee. Am 9. November 1799 vertrieb einer von ihnen die Volksvertretung in Paris und machte sich selbst zum Alleinherrscher Frankreichs. Sein Name war Napoleon Bonaparte.

Das war der zwölfte Schritt und das Ende der Revolution.

Arbeitsvorschlag

Stelle an Hand des Textes eine Tabelle auf:

Schritte auf dem Wege der Revolution			
	Zeit	Ort	Ereignis
1. Schritt	...	...	...
...	...	...	...

Ordne die einzelnen Schritte den drei großen Abschnitten der Revolution zu, die du dem nachfolgenden Text „Wir merken uns" entnehmen kannst!

Wir merken uns

Im 18. Jahrhundert gab es in Frankreich drei streng voneinander getrennte Stände: Geistlichkeit, Adel sowie Bürger und Bauern. Der dritte Stand allein trug die Lasten des Staates.

Aufgerüttelt durch die Ereignisse in den USA, erhoben die Bürger ihren Ruf nach „Freiheit – Gleichheit – Brüderlichkeit". Die großen Abschnitte der Französischen Revolution von 1789 waren:

1789–1792   der Sturz des königlichen Absolutismus und die Errichtung der Republik (Sturm auf die Bastille am 14. Juli 1789);

1792–1799   der Terror einer radikalen Gruppe und die Zeit der allmählichen Beruhigung;

1799   der Staatsstreich eines neuen Alleinherrschers.

Die Zeit Napoleons 1799-1815

Der Aufstieg Napoleons

Die Kaiserkrönung

Die Fürsten Europas hatten zuerst 1792 und danach immer wieder aufs neue gegen das revolutionäre Frankreich gekämpft – gegen den Umsturz der bestehenden Ordnung, der auch sie bedrohte. Es waren erfolglose Kämpfe; vielmehr konnte Frankreich das ganze linke Rheinufer dazugewinnen.

In diesen *Revolutionskriegen* war Napoleon Bonaparte, ein kleiner und unscheinbarer, aber rücksichtslos ehrgeiziger Offizier von der Insel Korsika, ein berühmter Mann geworden. Als Heerführer der Republik hatte er siegreich in Europa und vor den Pyramiden Ägyptens gekämpft. Seine Soldaten folgten ihm mit Begeisterung, und auch die meisten der übrigen Franzosen jubelten dem General zu, als er 1799 die Macht im Staat an sich riß.

Aber nur der Mächtigste im Staat zu sein, genügte seiner Ruhmsucht nicht – der Titel eines Kaisers sollte den äußeren Glanz verleihen. 1804 fand in der Pariser Kathedrale Notre Dame die prunkvolle Krönung statt. Der Papst war aus Rom gekommen, um den neuen Kaiser zu salben und zu segnen. Die Kaiserkrone aber setzte Napoleon sich und seiner Frau selbst aufs Haupt. Aus der Hand eines anderen wollte er sie nicht entgegennehmen – wer es auch sei!

Auf einem Riesengemälde hielt Napoleons Hofmaler David die Krönungsfeier des 2. Dezember 1804 fest. Napoleon krönt seine Frau Josephine, der Papst – rechts hinter Napoleon – hebt segnend die Hand. Rund herum sind die Verwandten und die neuen Würdenträger des Kaisers aufgereiht.

Dieses pomphafte Schauspiel war wochenlang geprobt worden und kostete Unsummen. Aber Napoleon wollte seinen Anspruch in das rechte Licht setzen: ein neues „Römisches Weltreich" mit Frankreich als Mittelpunkt.

Arbeitsvorschläge

1. Der Rhein als „natürliche Grenze" war seit langem das Ziel der französischen Politik. Erkläre!

2. Vor einer Schlacht bei den Pyramiden feuerte Napoleon seine Truppen mit den Worten an: „Soldaten! Vierzig Jahrhunderte blicken auf euch herab!" – Was meinte er damit? Hatte er richtig gerechnet?

3. Wie denkst du über Napoleons Verhalten bei der Kaiserkrönung? Was wollte er damit deutlich machen?

Die innere Ordnung Frankreichs

Mit der Kaiserkrönung Napoleons war die junge französische Republik wieder eine Monarchie geworden.

Vieles von dem, was die Revolution eingebracht hatte, ließ der Kaiser bestehen: Die Vorrechte des Adels und der Geistlichkeit blieben beseitigt, die Steuern gleichmäßig auf alle Franzosen verteilt. Die Bauern behielten den Boden der ehemaligen Grundherren als Eigentum. – Die Gleichheit aller Bürger vor dem Gericht wurde jetzt zudem durch ein großes Gesetzeswerk abgesichert, von dem Napoleon später selbst einmal sagte: „Mein wahrer Ruhm liegt nicht darin, daß ich vierzig Schlachten gewonnen habe..., sondern in dem, was nicht vergessen werden kann, was ewig leben wird, nämlich in meinem Code Civil." Dieser „Code Napoleon" ist wirklich zur Grundlage für viele Gesetzeswerke im 19. Jahrhundert geworden, auch für das „Bürgerliche Gesetzbuch", nach dem die Rechtsprechung in der Bundesrepublik erfolgt.

Napoleon als Königsbäcker. Karikatur des englischen Zeichners Gillray. Der Text auf S. 159 nennt dir zwei der „frischgebackenen" Könige.

Durch diese Entscheidungen gewann Napoleon das Vertrauen der meisten Franzosen. Aber: „Das Vertrauen kam von unten, die Macht kam von oben." Mit der politischen Freiheit der Bürger war es vorbei. Napoleon leitete und lenkte alles in diesem Staat; es gab keinen Willen außer dem seinen. Die Zeitungen schrieben, wie er es' befahl. Zeitschriften, Bücher, Theateraufführungen – alles unterlag seiner Aufsicht, seiner *Zensur*. Eine Vielzahl von Beamten sorgte dafür, daß die Befehle des Pariser Alleinherrschers auch im letzten Dorf Frankreichs ausgeführt wurden.

Um die Vorherrschaft in Europa

Frankreich war der bedeutendste Staat in Europa geworden, und Napoleons Macht reichte längst über Frankreichs Grenzen hinaus. Aber sein Ziel war mehr: die Vorherrschaft in Europa.

Er sah Europa als ein Schachbrett vor sich. Die europäischen Fürsten waren die Figuren darauf, die er hin- und herschieben konnte, wie sein kühl rechnender Verstand es ihm eingab. In Deutschland hatte das Spiel bereits 1797 begonnen, als Napoleon den deutschen Kaiser zwang, das linke Rheinufer von seinen Truppen zu räumen. Nachdem auch die letzte deutsche Festung – die Stadt Mainz – im Dezember 1797 an Frankreich übergegangen war, spottete ein deutscher Schriftsteller:

„Am Tage des Überganges von Mainz, nachmittags um drei Uhr, starb in dem blühenden Alter von 955 Jahren, 5 Monaten und 28 Tagen sanft und selig an einer gänzlichen Entkräftung und hinzugekommenem Schlagfluß, bei völligem Bewußtsein und mit allen heiligen Sakramenten versehen, das Heilige Römische Reich schwerfälligen Angedenkens. Der Verstorbene setzt die französische Republik als rechtmäßige Erbin des linken Rheinufers ein. Zum Testamentsvollstrecker wird seine Exzellenz, der Herr General Bonaparte, ernannt" *(J. Görres, Gesammelte Schriften).*

Arbeitsvorschläge

1. Welches „Geburtsjahr" des Deutschen Reiches wird in der oben abgedruckten Spottanzeige zugrunde gelegt? Schlag bitte in Band 1 deines Arbeitsbuches auf S. 140 nach, ob das berechtigt ist!

2. Ein anderer Schriftsteller nannte das Heilige Römische Reich damals einen „Leichnam, der nur noch nicht begraben ist". – Was veranlaßte diese beiden Bürger zu solchem Spott?

Das Ende des Heiligen Römischen Reiches Deutscher Nation

Das wirkliche Ende des Heiligen Römischen Reiches Deutscher Nation folgte erst einige Jahre später. Auf seinem Schachbrett spielte Napoleon jetzt mit den deutschen Fürsten rechts des Rheins. Diejenigen, die zu ihm hielten, durften sich auf Kosten der kleinen und der geistlichen Herrschaftsgebiete bereichern. Ein übles Länderschachern setzte ein. 1803 und nochmals 1806 verschwanden über 160 Zwergstaaten von der buntscheckigen Landkarte Deutschlands, darunter 45 der 51 unabhängigen Reichsstädte. Rund 4 Millionen deutsche Menschen erhielten neue „Vaterländer".

Die Fürsten „von Napoleons Gnaden" aber schlossen sich 1806 mit Frankreich zu einem *Rheinbund* zusammen und erklärten feierlich ihren Austritt aus dem Reich. Großzügig gewährte ihnen Napoleon neue Titel. So durften sich die Herrscher von Württemberg und Bayern künftig Könige nennen.

Kaiser Franz II. zog die Folgerung aus diesen Ereignissen. Er nahm den Titel eines Kaisers von Österreich an und ließ am 1. August 1806 verkünden:

> „Wir erklären demnach durch Gegenwärtiges, daß wir das Band, das uns bis jetzt mit dem deutschen Staatskörper vereinigt, als aufgelöst und das Amt und die Würde eines Kaisers als erloschen betrachten; daß wir uns dadurch als aller Verbindlichkeiten gegen das Deutsche Reich entledigt ansehen, daß wir hierdurch die Kaiserkrone, die wir bisher getragen haben, niederlegen und auf die Regierung, mit der wir im Namen des Reiches beauftragt waren, verzichten."

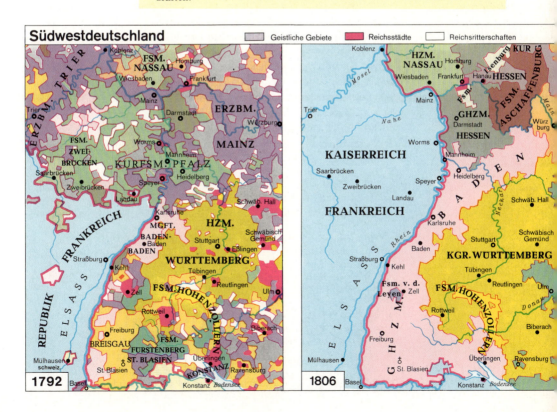

Napoleon zieht mit seinen Truppen durch das Brandenburger Tor in die preußische Hauptstadt ein.

Das bedeutete die Auflösung des bisherigen Heiligen Römischen Reiches Deutscher Nation. Deutschland war in drei Teile zerfallen:
    das Kaiserreich Österreich,
    das Königreich Preußen,
    das „dritte Deutschland".

Ohnmächtig war es dem Nachbarn im Westen ausgeliefert. Das „dritte Deutschland", wie die kleineren Staaten bezeichnet wurden, gehörte größtenteils ohnehin zum Rheinbund. Österreich war bereits 1805 in der Schlacht bei *Austerlitz* geschlagen worden und schied vorerst als Gegner aus. Und auch Preußen, das unter Friedrich II. zur neuen Großmacht geworden war, sollte nur noch wenige Monate standhalten. In einem schnellen Feldzuge besiegte Napoleon 1806 bei *Jena und Auerstedt* die preußische Armee und zog in Berlin ein.

Arbeitsvorschläge

1. Die Karten auf S. 159 zeigen den südwestdeutschen Raum zwischen Koblenz und Konstanz.
    a) Orientiere dich zunächst auf einer Deutschlandkarte über diesen Kartenausschnitt!
    b) Beschreibe im einzelnen, welche Veränderungen nach 1792 auf der rechten Rheinseite eingetreten sind! Fasse die Ergebnisse schriftlich zusammen!
    c) Suche Karten im Geschichtsatlas, die dir das ganze Deutschland um 1792 und 1806 zeigen!

2. Schreibe die letzte Erklärung des deutschen Kaisers in mehrere kurze Sätze um!

3. Das Brandenburger Tor stand lange Zeit symbolisch für die Hauptstadt Berlin. Wie ist es in unserer Gegenwart? Suche ein heutiges Bild vom Brandenburger Tor und vergleiche es mit der Zeichnung oben!

Die preußischen Reformen

Vom Untertan zum Staatsbürger

Nach der Schlacht bei Jena und Auerstedt waren der König und die Königin von Preußen, *Friedrich Wilhelm III.* und *Luise*, in den östlichsten Zipfel ihres Landes geflohen. „Unser Dämel ist in Memel", so sangen damals die Berliner Jungen.

In Memel führte von 1807 an auch der leitende Minister des Königs seine Amtsgeschäfte, der *Freiherr vom Stein* (1757–1831). Er war kein Preuße, aber schon seit 1780 im preußischen Staatsdienst. Sein eigenes kleines Herrschaftsgebiet hatte er 1803 bei der Bereinigung der deutschen Landkarte durch Napoleon verloren.

Lange hatte Stein über die Ursachen des preußischen Zusammenbruchs nachgedacht. Nun suchte er die Lehren daraus zu ziehen.

Wann ist ein Mensch bereit, für die Allgemeinheit, für den Staat Opfer zu bringen? Wenn er nicht ein *Untertan* ist, dem befohlen wird, sondern ein *freier Bürger*, der selbst mitzubestimmen hat und für das Wohlergehen des Staates mitverantwortlich ist. So hatten die Bürger Amerikas ihre Freiheit und Selbständigkeit gegenüber dem englischen König durchgesetzt. So hatten die Bürger des republikanischen Frankreichs siegreich gegen die Heere der europäischen Fürsten gekämpft. Die Ideen der Freiheit, der Gleichberechtigung aller im Staate, der eigenen Verantwortung hatten der Französischen Revolution ihren Schwung verliehen.

So, überlegte Stein, mußte es auch in Preußen sein: *Man mußte Preußens Untertanen zu Bürgern ihres Staates machen!* Man mußte ihnen die Gewißheit geben, daß sie nicht auf Befehl und zum Nutzen des Königs schaffen und kämpfen sollten, sondern für ihr eigenes Wohl, für ihren Staat. Das Volk mußte eine Erhebung gegen den französischen Eroberer als seine eigene Sache sehen!

Aber Stein ging es nicht nur um Preußen:

„Ich habe nur ein Vaterland, das heißt Deutschland. Nur ihm und nicht einem Teil desselben bin ich von ganzer Seele ergeben. Mir sind die Fürstenhäuser in diesem Augenblick der großen Entwicklung vollkommen gleichgültig. Mein Wunsch ist, daß Deutschland groß und stark werde, um seine Selbständigkeit und Unabhängigkeit wiederzuerlangen."

Königin Luise von Preußen (1776–1810). – An der Seite des menschenscheuen und unbedeutenden Königs Friedrich Wilhelm III. wurde die mecklenburgische Herzogstochter zum Mittelpunkt des preußischen Hofes. Sie selbst suchte 1807 Napoleon auf, um ihn zu einer milden Politik gegenüber dem geschlagenen Preußen zu bewegen. Doch ihr Bittgesuch hatte keinen Erfolg. Preußen mußte im Frieden von Tilsit 1807 alle Besitzungen westlich der Elbe abtreten, ebenfalls alle ehemals polnischen Gebietsteile. Aus ihnen gründete Napoleon ein Herzogtum Warschau, das ganz unter seinem Einfluß stand.

Nach ihrem Besuch sagte Luise über Napoleon: „Er ist ohne alle Mäßigung, und wer nicht maßhalten kann, verliert das Gleichgewicht und fällt ..."

Das Werk des Freiherrn vom Stein

Freiherr vom Stein (1757–1831)

So entwarf der Minister vom Stein seinen Plan zur Reform des preußischen Staates, zur Befreiung Deutschlands von der napoleonischen Herrschaft. Um vier große Aufgaben ging es dabei vor allem:

1. Auf dem Lande mußte die „Gutsuntertänigkeit" der Bauern aufgehoben werden. – Noch immer konnten die Bauern ohne Erlaubnis des Gutsherrn nicht wegziehen oder den Beruf wechseln. Noch immer mußten Bauernkinder für zwei oder drei Jahre auf dem Gutshof dienen, und noch immer war der Gutsherr der Richter seiner Bauern.
2. In den Städten mußten die Bürger die Verwaltung ihrer Angelegenheiten selbst in die Hand nehmen. – Hier wurde bisher alles durch königliche Beamte entschieden.
3. In Schulen und Universitäten mußte das Volk *gebildet*, zu den Aufgaben der Selbstverwaltung und Selbstverantwortung fähig gemacht werden.
4. Im gesamten Staat mußten die Vorrechte der einzelnen Stände abgebaut werden. – Bisher durften zum Beispiel nur Adelige Güter besitzen und nur Bürger einen Handwerksbetrieb eröffnen.

Zwei wichtige Gesetze, „Edikt" genannt, leiteten die preußischen Reformen ein.

Edikt vom 9. Oktober 1807:

Aufhebung der ständischen Vorrechte:

§ 2 „Jeder Edelmann ist ohne allen Nachteil seines Standes befugt, bürgerliche Gewerbe zu treiben, und jeder Bürger oder Bauer ist berechtigt, aus dem Bauern- in den Bürger- und aus dem Bürger- in den Bauernstand zu treten."

Aufhebung der Gutsuntertänigkeit der Bauern:

§ 12 „Mit dem Martinitage eintausendachthundertzehn hört alle Gutsuntertänigkeit in unseren sämtlichen Staaten auf. Nach dem Martinitage gibt es nur freie Leute ..."

Edikt vom 19. November 1808:

Selbstverwaltung der Bürger in den Städten:

§ 48 „Die Bürgerschaft ... wird in allen Angelegenheiten des Gemeinwesens durch Stadtverordnete vertreten. Sie ist befugt, dieselben aus ihrer Mitte zu wählen."

§ 73 „... Es nehmen an der Wahl alle stimmfähigen Bürger Anteil, und es wirkt jeder lediglich als Mitglied der Stadtgemeinde ohne alle Beziehung auf Zünfte (und) Stand ..."

§ 108 „Die Stadtverordneten erhalten durch die Wahl die unbeschränkte Vollmacht, in allen Angelegenheiten des Gemeinwesens der Stadt die Bürgergemeinde zu vertreten (und) sämtliche gemeine Angelegenheiten für sie zu besorgen ..."

§ 153 „Zu dem Posten des Oberbürgermeisters sollen hingegen drei Kandidaten von der Stadtverordnetenversammlung präsentiert werden, wovon einer durch landesherrliche Bestätigung zum Oberbürgermeister ernannt wird."

Die Heeresreform

Widerstände

△ *Scharnhorst*

▽ *Fürst Hardenberg*

Auch die preußische Armee mußte gründlich reformiert werden. Nicht mehr Söldner, die zum Dienst mit der Waffe gekauft oder gepreßt wurden, sollten ihre Reihen füllen, sondern alle Männer des Volkes sollten hier ihre Pflicht für das Vaterland tun. „Alle Bewohner des Staates sind geborene Verteidiger desselben", so begann das neue preußische Heeresgesetz, das die *allgemeine Wehrpflicht* vorsah.

Der geistlose Drill, die demütigenden Prügelstrafen bei der Ausbildung der Soldaten mußten abgeschafft werden. Jeder, der tüchtig und tapfer war, sollte bis zu den höchsten Kommandostellen in der Armee aufrücken können; das Recht, Offizier zu sein, sollte nicht mehr allein dem Adel vorbehalten bleiben.

Die Reform der Armee – vom Söldnerheer zum Volksheer – besorgten die beiden preußischen Offiziere *Scharnhorst* und *Gneisenau*.

Gegen alle diese Reformen erhob sich in Preußen erbitterter Widerstand, besonders von vielen Adeligen. Stein wurde als „Jakobiner" beschimpft, und ein böses Wort ging um: „Lieber drei Schlachten von Jena und Auerstedt als ein Oktoberedikt!"

Steins Gegner frohlockten, als er vor Napoleon an den Hof des Zaren von Rußland fliehen mußte: der Kaiser hatte einen unvorsichtigen Brief des Reformers abgefangen und ihn zum „Staatsfeind" erklärt. Ein preußischer Offizier jubelte hinter ihm her: „Ein unsinniger Kopf ist schon zertreten, das andere Natterngeschmeiß wird sich in seinem Gift selbst auflösen."

Andere Männer führten später dennoch diese Reformen in Preußen weiter. Zu ihnen gehörte vor allem *Karl August Fürst von Hardenberg* (1750–1822), der Nachfolger Steins. Unter ihm wurden die Zünfte aufgehoben, die bisher das wirtschaftliche Leben so eingeengt hatten. Statt dessen führte er die Gewerbefreiheit ein: Jeder, der Lust hatte, konnte von nun an ein Geschäft eröffnen. Vor allem erhielten die Juden jetzt die Gleichberechtigung als Staatsbürger.

Arbeitsvorschläge

1. Stein und die Heeresreformer haben Ideen der Französischen Revolution übernommen. Begründe bitte!

2. Schreibe die Paragraphen (§§) der beiden Edikte in kurze, leichter verständliche Sätze um!

3. Warum wurde Stein als „Jakobiner" beschimpft?

4. Wie erklärst du dir den Zorn vieler Adeliger auf die Reformer?

5. Auch du bist Bürger einer Gemeinde.
   a) Informiere dich über ihre Selbstverwaltung! (Welche Ämter und Einrichtungen gibt es? Wie kann der einzelne Bürger an der Selbstverwaltung mitwirken?)
   b) Verfolge in der Zeitung, ob es innerhalb der Selbstverwaltung deiner Gemeinde auch Auseinandersetzungen gibt! Worüber zum Beispiel?

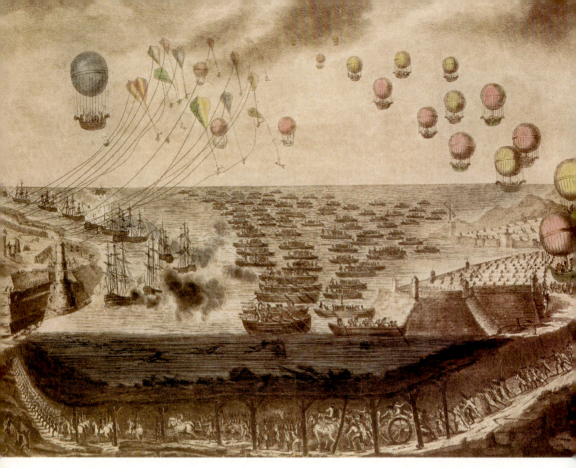

*Ein Kupferstich aus dem Jahre 1804. – So stellte sich ein phantasievoller Zeichner die militärische Unterwerfung der englischen Insel vor. Rechts liegt Frankreich, links England.
Der Angriff wird auf drei Ebenen vorgetragen. Was geschieht auf der mittleren, was auf der oberen Ebene, was ist unter Wasser erfolgt? Wie wird die Insel verteidigt – zu Wasser, in der Luft? Informiere dich über Ballons und die Geschichte des Fliegens!*

Rußlandzug und Sturz Napoleons

Die Kontinentalsperre

Von allen bisherigen Gegnern blieb für Napoleon – außer Rußland fern im Osten Europas – nur noch England übrig. Wiederholt schon hatte er an einen gewaltsamen Übergang über den Kanal zur Eroberung der Insel gedacht, es schließlich aber doch nicht gewagt.

Nun versuchte Napoleon 1806 einen *Wirtschaftskrieg* gegen England. Das gesamte Festland Europas, der ganze Kontinent, wurde gegen den englischen Handel abgesperrt. England sollte dadurch die *Absatzmärkte* für die Waren verlieren, die es aus seinem Weltreich zusammenholte oder im eigenen Lande erzeugte. Wenn England auf seinen Waren sitzenblieb, so hoffte Napoleon, würde seine Wirtschaft darin „ersticken" und zusammenbrechen. Auf dem Wege über diese *Kontinentalsperre* wollte er die Engländer endgültig auf die Knie zwingen.

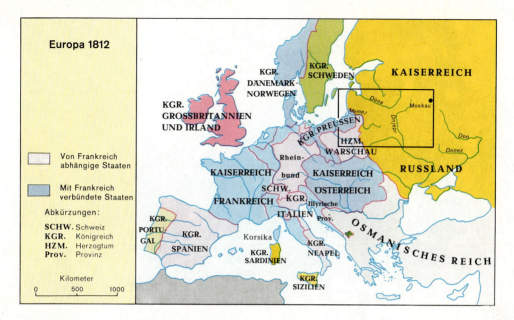

Der Einfall in Rußland

Der Zar wollte die Kontinentalsperre nicht anerkennen. Er ließ englische Schiffe unter russischer Flagge segeln. Er führte Getreide und Holz nach England und kaufte britische Stahlwaren ein. Ohne Rußland aber, so hatte Napoleon eingesehen, war die Kontinentalsperre sinnlos. Darum entschloß er sich zum Einfall in Rußland.

Regiment auf Regiment überschritt im Juni 1812 die Grenze: Franzosen, Schweizer, Spanier, Italiener, Deutsche, Österreicher, Polen. Die Sonne brannte, der Staub stand wie eine Wolke über den Marschwegen. Wenig war vom Feind zu sehen, der immer weiter zurückwich, Meile um Meile. Man plünderte die Dörfer und schlachtete das Vieh, das man vorfand. Man zündete die Holzhütten an, nachdem die Pferde das harte Stroh der Dächer, die wenigen Halme der Felder gefressen hatten. Bald verwandelte der Herbstregen die Straßen in Schlamm. Langsamer ging der Zug, kam die Verpflegung nach.

Der Rückzug der „Großen Armee". Vergleiche dieses Bild mit dem Einzug Napoleons in Berlin!

Der Rückzug der „Großen Armee"

Im September marschierte die Armee in Moskau ein. Doch die russische Hauptstadt war fast menschenleer. Nahrungsvorräte wurden kaum aufgespürt. Einige Tage später brannte die Stadt; Soldaten des Zaren hatten die Brände gelegt. Nun fehlte auch das Quartier. Was sollte angesichts des bevorstehenden Winters geschehen?

Napoleon schickte ein Friedensangebot an den Zaren in Petersburg. Aber der Zar antwortete nicht. Nach einem Monat vergeblichen Wartens befahl Napoleon den Rückzug seiner inzwischen auf 100 000 Mann geschrumpften Armee: südwärts durch unzerstörte Gebiete. Aber jetzt verlegten russische Verbände den Weg. Sie erzwangen den Rückzug auf der alten Straße Borodino–Smolensk–Wilna, an der schon der Vormarsch alles vernichtet hatte: Obdach, Lebensmittel, Futtervorräte.

Im November setzte der russische Winter ein mit Schneestürmen, Frost und Glatteis. Hunderte brachen vor Hunger und Erschöpfung zusammen. Hunderte blieben jeden Morgen erfroren an den erloschenen Lagerfeuern liegen. Die Armee löste sich auf. Und nun drängten die Russen nach, die Kosaken auf ihren wendigen Pferden. Nur noch etwa 50 000 Mann kamen in Smolensk an.

An der Beresina vollendete sich die Katastrophe der „Großen Armee". Über den mit Eisschollen bedeckten Fluß waren zwei Brücken geschlagen. Auf die schob, drängte, stürzte sich die Masse der Verzweifelten. Die Brücken brachen, wurden mühsam wieder repariert. Nur 25 000 Mann retteten sich mit Napoleon über den Strom.

Der Übergang über die Beresina im November 1812

Aus dem Kriegstagebuch des Kanoniers Wesemann

Unter den Deutschen in Napoleons Armee war auch der Schafmeister Johann Heinrich Christian Wesemann aus Söhlde bei Braunschweig. Er hat die Ereignisse als einfacher Soldat miterlebt. In seinem Tagebuch schildert er den Übergang über die Beresina.

> „Und diese Tausende, welche bereits auf einem nicht sehr großen Raume zusammengedrängt waren, sahen einzig in der schmalen Brücke, die nur wenige zugleich passieren konnten, den Weg zu ihrer Rettung offen. Alles drängte gegen die Brücke. Hunderte, die schon die Brücke erreicht zu haben glaubten, wurden in die Flut gedrängt und fanden hier das Ende ihrer Not. Kein Ansehen galt mehr. Jede Spur von Ordnung, ja, man möchte behaupten, jedes menschliche Gefühl hatte aufgehört. Nur den einen Gedanken klar denkend: Du mußt dich retten, es koste, was es wolle! Was kümmern dich andere! – drang der Stärkere mit Gewalt durch, stieß herzlos den Schwächeren zu Boden, trat im nächsten Augenblick auf ihn oder auf andere Leichen und Sterbende und drang so fort, bis er die Brücke erreichte und dann vielleicht im nächsten Augenblicke, wenn er sich schon gerettet glaubte, hinabgedrängt in den Fluten der Beresina versank.
> Die Führer einiger Kanonen, welche man bis so weit gerettet hatte, brachen schonungslos sich mit denselben Bahn durch den gedrängten Haufen, ohne sich nur danach zur Seite zu sehen, daß ihr Weg über Menschen ging und zerrissene menschliche Eingeweide um die Räder ihrer Kanonen sich wanden. Gewiß, wer die Schreckensszene an der Beresina mit ansah, für den konnte es leicht keinen schrecklichen Anblick weiter geben! Menschliche Not und menschliches Elend hatten hier ihren höchsten Grad erreicht, und es ist nicht denkbar, daß Menschen gefühlloser gegen ihre leidenden Brüder sein können " *(Kanonier des Kaisers. Köln 1971, S. 61 ff.).*

Am 14. Dezember 1812 verließen die letzten Überlebenden den Boden Rußlands. Von der Hauptarmee waren noch 18 000 Mann zusammen. Nun sahen die Bauern, die im Sommer den siegessicheren Aufbruch des Heerwurms miterlebt hatten, seine kläglichen Reste: ausgemergelte, verstümmelte Männer, die erfrorenen Gliedmaßen mit Lumpen oder Stroh umwickelt.

Arbeitsvorschläge

1. Stelle bitte nach der Karte S. 165 zusammen, welche Staaten 1812 von Napoleon abhängig bzw. mit ihm verbündet waren!
2. Welche Folgen sollte Napoleons Kontinentalsperre für England haben? Überlege dir diese Folgen auch für die einzelnen Bevökerungsgruppen (z. B. Schiffsbesitzer, Matrosen, Händler, Handwerker, Manufakturarbeiter)!
3. Versuche, die Kontinentalsperre in einer Zeichnung oder in einem Schaubild darzustellen!
4. Welche Beispiele kennst du aus der jüngsten Geschichte dafür, daß wirtschaftliche Maßnahmen als Waffe benutzt werden?
5. Zur „Großen Armee" gehörten bei ihrer Aufstellung:
   240 000 Franzosen, 70 000 Polen, 35 000 Österreicher, 30 000 Italiener, 30 000 Bayern, 30 000 Westfalen, 30 000 Württemberger, Badener und Hessen, 25 000 Sachsen, 20 000 Preußen, 15 000 Soldaten aus den kleineren Rheinbundstaaten, 10 000 Spanier und Portugiesen, 10 000 Dänen, 7000 Schweizer, 4000 Sonstige.
   a) Wie stark war die Armee insgesamt?
   b) Wie viele Deutsche gehörten ihr an?
   c) Trage die Anteile der einzelnen Staaten in eine Umrißkarte von Europa ein! Fasse dabei die Soldaten aus dem „dritten Deutschland" (S. 160) in einer Zahl zusammen!
6. Als die „Große Armee" in Rußland einmarschierte, soll Zar Alexander gesagt haben: „Wenn Napoleon Glück hat, müssen wir eben den Frieden an der Beringstraße unterzeichnen."
   Was meinte er damit? Du kannst dich auf der Karte S. 113 informieren.
7. Die Entfernung zwischen Kowno und Moskau beträgt etwa 1100 km. Du kannst nach den Angaben der Karte auf S. 165 unten die durchschnittliche Marschleistung der Soldaten für Vormarsch und Rückzug berechnen.
8. Überlege, warum die Russen den Gegner zwangen, auf seiner eigenen Vormarschstraße zurückzumarschieren!
9. Denke über das Verhalten der Menschen beim Übergang über die Beresina nach!
10. Betrachte die Karte auf S. 165 unten genau!
    a) Orientiere dich auf einer Rußlandkarte über den abgebildeten Kartenausschnitt!
    b) Erkläre die unterschiedliche Stärke des Pfeils!
    c) Übertrage die Karte in dein Heft und arbeite die jeweilige Stärke der Hauptarmee ein, soweit sie im Text angegeben ist!
11. Stelle die Gründe zusammen, die zu Napoleons Niederlage in Rußland führten! Wie wirkten sich zum Beispiel der russische Raum und das jahreszeitliche Klima auf seine Armee aus?
12. Was mußte die Niederlage in Rußland für Napoleons Ansehen in Europa bedeuten?

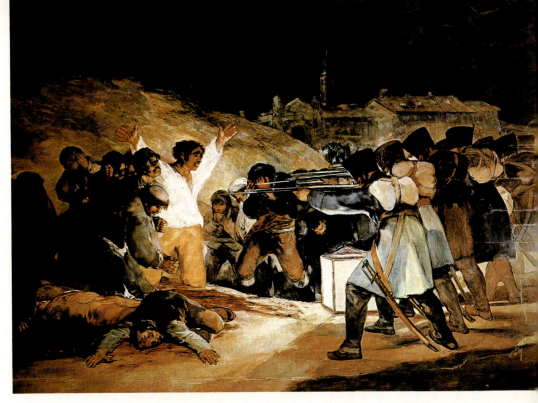

Spanische Freiheitskämpfer werden vor den Toren Madrids von französischen Truppen erschossen.

Die Erhebung in Preußen

Seit 1808 kämpften bereits die Spanier und Portugiesen in einem Volkskrieg gegen die französischen Eindringlinge. Vor allem in den Bergen Spaniens rotteten sich die Bauern zusammen und überfielen französische Abteilungen aus dem Hinterhalt, wo immer sie konnten. Es war dem sieggewohnten Napoleon nicht gelungen, diesen *Partisanen-Krieg* zu ersticken.

Nun, nach der schweren Niederlage Napoleons in Rußland, griff der Freiheitskampf auch auf das deutsche Volk über.

„Das Volk steht auf, der Sturm bricht los!
Wer legt noch die Hände feig in den Schoß?",
so schrieb damals der Dichter *Theodor Körner*. Studenten, Bürger, Bauern, Handwerker, Bergleute meldeten sich freiwillig als Soldaten. Sammelstellen in den Städten nahmen Spenden für ihre Ausrüstung entgegen. Die Menschen opferten Wertsachen, Schmuck, Gold und letzte Habseligkeiten – vor allem in Preußen.

Jetzt zeigte sich, wie die Reformen Steins gewirkt hatten. Wie sich 1792 das revolutionäre Volk in Frankreich erhoben hatte, so erhoben sich jetzt die Bürger und Bauern Preußens. Eine nationale Begeisterung hatte sie ergriffen, denn „das ganze Deutschland" sollte es sein, wofür sie opfern und kämpfen wollten.

Am 17. März 1813 rief auch der preußische König sein Volk zum Kampf gegen Napoleon auf.

Schlesische privilegirte Zeitung.

No. 34. Sonnabends den 20. März 1813.

Se. Majestät der König haben mit Sr. Majestät dem Kaiser aller Reußen ein Off= und Defensiv=Bündniß abgeschlossen.

An Mein Volk.

So wenig für Mein treues Volk als für Deutsche, bedarf es einer Rechenschaft, über die Ursachen des Kriegs welcher jetzt beginnt. Klar liegen sie dem unverblendeten Europa vor Augen.

Wir erlagen unter der Uebermacht Frankreichs. Der Frieden, der die Hälfte Meiner Unterthanen Mir entriß, gab uns seine Segnungen nicht; denn er schlug uns tiefere Wunden, als selbst der Krieg. Das Mark des Landes ward ausgesogen, die Hauptfestungen blieben vom Feinde besetzt, der Ackerbau ward gelähmt so wie der sonst so hoch gebrachte Kunstfleiß unserer Städte. Die Freiheit des Handels ward gehemmt, und dadurch die Quelle des Erwerbs und des Wohlstands verstopft. Das Land ward ein Raub der Verarmung.

Durch die strengste Erfüllung eingegangener Verbindlichkeiten hoffte Ich Meinem Volke Erleichterung zu bereiten und den französischen Kaiser endlich zu überzeugen, daß es sein eigener Vortheil sey, Preußen seine Unabhängigkeit zu lassen. Aber Meine reinsten Absichten wurden durch Uebermuth und Treulosigkeit vereitelt, und nur zu deutlich sahen wir, daß des Kaisers Verträge mehr noch wie seine Kriege uns langsam verderben mußten. Jetzt ist der Augenblick gekommen, wo alle Täuschung über unsern Zustand aufhört.

Brandenburger, Preußen, Schlesier, Pommern, Litthauer! Ihr wißt was Ihr seit fast sieben Jahren erduldet habt, Ihr wißt was euer trauriges Loos ist, wenn wir den beginnenden Kampf nicht ehrenvoll enden. Erinnert Euch an die Vorzeit, an den großen Kurfürsten, den großen Friedrich. Bleibt eingedenk der Güter die unter ihnen unsere Vorfahren blutig erkämpften: Gewissensfreiheit, Ehre, Unabhängigkeit, Handel, Kunstfleiß und Wissenschaft. Gedenkt des großen Beispiels unserer mächtigen Verbündeten der Russen, gedenkt der Spanier, der Portugiesen. Selbst kleinere Völker sind für gleiche Güter gegen mächtigere Feinde in den Kampf gezogen und haben den Sieg errungen. Erinnert Euch an die heldenmüthigen Schweizer und Niederländer.

Große Opfer werden von allen Ständen gefordert werden: denn, unser Beginnen ist groß, und nicht geringe die Zahl und die Mittel unserer Feinde. Ihr werdet jene lieber bringen, für das Vaterland, für Euren angebornen König, als für einen fremden Herrscher, der wie so viele Beispiele lehren, Eure Söhne und Eure letzten Kräfte Zwecken widmen würde, die Euch ganz fremd sind. Vertrauen auf Gott, Ausdauer, Muth, und der mächtige Beistand unserer Bundesgenossen, werden unseren redlichen Anstrengungen siegreichen Lohn gewähren.

Aber, welche Opfer auch von Einzelnen gefordert werden mögen, sie wiegen die heiligen Güter nicht auf, für die wir sie hingeben, für die wir streiten und siegen müssen, wenn wir nicht aufhören wollen, Preußen und Deutsche zu seyn.

Es ist der letzte entscheidende Kampf den wir bestehen für unsere Existenz, unsere Unabhängigkeit unsern Wohlstand; keinen andern Ausweg giebt es, als einen ehrenvollen Frieden oder einen ruhmvollen Untergang. Auch diesem würdet Ihr getrost entgegen gehen um der Ehre willen, weil ehrlos der Preuße und der Deutsche nicht zu leben vermag. Allein wir dürfen mit Zuversicht vertrauen: Gott und unser fester Willen werden unserer gerechten Sache den Sieg verleihen, mit ihm einen sicheren glorreichen Frieden und die Wiederkehr einer glücklichen Zeit.

Breslau den 17. März 1813.   Friedrich Wilhelm.

Arbeitsvorschläge

1. Auf Seite 170 ist der Aufruf des preußischen Königs so abgedruckt, wie er 1813 in einer Zeitung veröffentlicht wurde.
   a) Lege zunächst die Titelseite einer heutigen Zeitung daneben! Was ist ähnlich geblieben, was ist anders geworden?
   b) In welcher preußischen Provinz ist diese Zeitung erschienen?
   c) Kannst du ermitteln, ob sie wohl täglich erschien?

2. Die Zeitung beginnt mit der Meldung über den Abschluß eines Bündnisses zwischen Preußen und Rußland (Reußen = Russen, Off = Offensiv-, Se. = Seine, Sr. = Seiner).
   a) Kläre zunächst die dir unbekannten Wörter!
   b) Schreibe die Meldung so, wie wir sie heute wiedergeben würden!
   c) Worin zeigt sich, daß von Zar und König besonders ehrerbietig gesprochen wird?

3. Lies nunmehr den Aufruf des Königs bitte ganz durch!
   a) Kläre wieder die dir unbekannten Begriffe!
   b) Schreibe die Wörter heraus, die heute anders geschrieben werden, und füge die heutige Schreibweise hinzu!
   c) Wie erklärst du dir die Großschreibung bestimmter Wörter?

4. Du wirst den Inhalt des Aufrufs sicher verstehen. Sonst kannst du bei der Klärung der nachfolgenden Fragen auf den jeweils angegebenen Seiten nachlesen.
   a) Welche Ereignisse und welcher Frieden werden im zweiten Absatz des Aufrufs angesprochen? (S. 160, 161)
   b) Worauf bezieht sich der Satz „Die Freiheit des Handels ward gehemmt."? (S. 164)

5. Zu Beginn des vierten Absatzes spricht der König seine „Landeskinder" im einzelnen an.
   a) Suche ihre Heimatgebiete im Geschichtsatlas!
   b) Welche Bezeichnung gebraucht der König sonst für seine „Landeskinder"? (Abs. 2)

6. Im vierten Absatz erinnert er an geschichtliche Gestalten und Ereignisse, die du sicher ermitteln kannst.
   a) (Der Große Kurfürst herrschte 1640–1688 in Preußen.) Wer ist mit dem „großen Friedrich" gemeint? (S. 98)
   b) Was ist das „große Beispiel" der Russen, Spanier, Portugiesen? (S. 165–168, 169)
   c) Was ist mit dem Kampf der „heldenmüthigen Schweitzer und Niederländer gemeint? (S. 114)

7. Versuche jetzt, den Aufruf zu gliedern und Überschriften für die einzelnen Teile zu finden! Wie würdest du den ersten bis dritten Absatz überschreiben, wie den vierten, wie den fünften bis siebenten?

8. In welcher Stadt ist dieser Aufruf unterzeichnet worden? Suche sie im Geschichtsatlas!
   (Der König war in diese Stadt geflohen, weil er hier sicherer vor den napoleonischen Besatzungstruppen im Lande war.)

9. Auch heute gibt es noch Aufrufe des Bundespräsidenten, des Bundeskanzlers oder anderer Persönlichkeiten an die Deutschen. Bei welchen Gelegenheiten und auf welchen Wegen wenden sie sich an das deutsche Volk?

Das Eiserne Kreuz, das erstmals unter König Friedrich Wilhelm III. für den Freiheitskampf gegen Napoleon verliehen wurde. – Es wurde auch in den Kriegen von 1870–71, 1914–18 und 1939–45 immer wieder als Auszeichnung vergeben.

Der Sturz Napoleons

Dem Kampf der verbündeten Russen und Preußen gegen Napoleon schlossen sich sofort England und Schweden, dann auch Österreich an. Nur in den Rheinbundstaaten fand der Aufruf zum europäischen Befreiungskampf zunächst noch kein Echo.

Auch Napoleon war unterdessen nicht müßig gewesen. In aller Eile hatte er in Frankreich und den Rheinbundstaaten neue Rekruten ausgehoben und in den Kampf geschickt. Die Entscheidung zwischen den Verbündeten und dem Kaiser von Frankreich fiel Mitte Oktober 1813 in der dreitägigen *„Völkerschlacht" bei Leipzig*. Ein halbes Jahr später zogen die siegreichen preußischen und russischen Truppen in Paris ein.

Am 6. April 1814 mußte Napoleon auf seinen Thron verzichten. Die Insel Elba im Mittelmeer wurde ihm von den Siegermächten als Aufenthaltsort zugewiesen. Noch einmal wagte er ein Jahr später den Griff nach der Macht – und noch einmal jubelten die Bürger Frankreichs ihm zu, liefen seine alten Soldaten zu ihm über.

26. Februar	„Der Korse ist von der Insel Elba abgereist."
2. März	„Bonaparte ist bei Cannes gelandet."
4. März	„Der General Bonaparte hat sich der Stadt Grenoble bemächtigt."
11. März	„Napoleon ist in Lyon eingezogen."
18. März	„Der Kaiser wurde in Auxerre von den Behörden feierlich empfangen."
20. März	„Seine Kaiserliche Majestät wird heute von den Spitzen des Staates und seinem Hof in den Tuilerien erwartet."

(Meldungen über Napoleons Rückkehr in Pariser Zeitungen, 1815)

Napoleons Abschied von Europa. – Der Kaiser, an Bord eines englischen Schiffes, ist auf dem Wege nach St. Helena.

Noch einmal kam es zu einer blutigen Entscheidungsschlacht. Engländer und Preußen besiegten im Juni 1815 bei *Waterloo*, im heutigen Belgien, endgültig Napoleons letztes, schnell zusammengestelltes Heer. Der Kaiser begab sich in englische Gefangenschaft und wurde nunmehr auf die fern im Atlantischen Ozean liegende kleine Insel St. Helena verbannt. Dort ist er 1821 gestorben.

Arbeitsvorschläge

1. Stelle aus den Zeitungsberichten die unterschiedlichen Bezeichnungen für Napoleon zusammen! Findest du eine Erklärung dafür?

2. Schreibe nach der Karikatur auf S. 172 einen ausführlichen Lebenslauf des „Großherrschers"!
   (Ergänze dabei die letzten Stufen!)

3. Stelle Gründe für Napoleons Aufstieg und für seinen Untergang zusammen!

4. Trage den „Lebensbalken" Napoleons in deinem entsprechenden Kasten (s. S. 154, Arbeitsvorschlag 5) nach! Von welchen weiteren Personen, die auf den Seiten 156–173 erwähnt wurden, kannst du ebenfalls solche Balken anlegen?

◁
Nach Napoleons Vertreibung aus Deutschland entstand diese Karikatur über seinen Lebenslauf. Du kannst die einzelnen Stufen erkennen. Militärschüler war der 1769 geborene „korsische Knabe" bereits mit 10 Jahren geworden. In der frühen Revolutionszeit versuchte er mit allen Mitteln, Macht und Einfluß in Paris zu gewinnen, war er „Glücksritter". Die weiteren Stufen kannst du in diesem Arbeitsbuch nachlesen. Nach dem Wunsch des Zeichners sollte der Galgen den Lebenslauf Napoleons beschließen. Auch die ihm zugedachte „Fortdauer nach dem Tode" ist keineswegs angenehm!

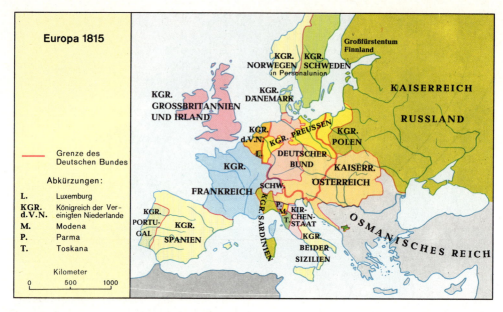

| | Der Wiener Kongreß | Napoleon war verbannt. Nun gingen die verbündeten Fürsten und ihre Minister daran, Europa „wiederherzustellen". In Wien trafen sie sich zu einer prunkvollen Zusammenkunft, dem *Wiener Kongreß*. *Alles sollte wieder so werden, als ob es keine Französische Revolution und keine napoleonische Herrschaft gegeben hätte.* Frankreichs Grenzen wurden wieder dort gezogen, wo sie 1789 gewesen waren, und ein Bruder Ludwigs XVI. wurde neuer König. Im übrigen Europa freilich konnte die alte Ordnung nicht so einfach wiederhergestellt werden. Allzu vieles hatte Napoleon bei seiner Neuordnung der europäischen Landkarte durcheinandergeworfen.

Wieder setzte ein übles Schachern um Länder und Menschen ein. Jeder wollte etwas anderes, jeder wollte am meisten für sich. – Am 9. Juni 1815 wurden schließlich alle getroffenen Abreden in der *Kongreßakte* zusammengestellt und feierlich unterzeichnet.

Gleichzeitig schlossen der Zar von Rußland, der Kaiser von Österreich und der König von Preußen ein Bündnis zum Schutze der wiederhergestellten Ordnung: die „*Heilige Allianz*".

Der Deutsche Bund Was war beim Wiener Kongreß aus Deutschland geworden? Den Leichnam des Heiligen Römischen Reiches Deutscher Nation hätte man bei bestem Willen nicht zu neuem Leben erwecken können!

An seine Stelle trat 1815 ein „*Deutscher Bund*". Ihm gehörten das Kaiserreich Österreich, die Königreiche Preußen, Bayern, Württemberg, Sachsen und Hannover sowie die übrigen 29 Kleinstaaten Deutschlands an, ferner die 4 letzten selbständigen Städte (Frankfurt am Main, Hamburg, Lübeck und Bremen). Der Deutsche Bund war ein lockerer *Fürstenbund*. Die einzelnen Staaten blieben selbständig. Zur Beratung gemeinsamer Fragen wurde in Frankfurt ein „Bundestag" geschaffen, auf dem sich die Vertreter der deutschen Fürsten unter Vorsitz Österreichs versammelten.

Und das deutsche Volk, das für Freiheit und Einheit in den Kampf gezogen war? Niemand hatte es gefragt, was es nun zu all diesen Beschlüssen meinte, mit denen sich die Fürsten wieder wie zuvor einrichteten. Wo waren die Verfassungen, die dem Volk die Mitbestimmung im Staat ermöglichen sollten? Wo war es, „das ganze Deutschland"? Jetzt trennte, zerstückelte man erneut, was zusammenstrebte, schob man achtlos beiseite, was der Wille des Volkes war.

„Zur Nation euch zu bilden,
ihr hofft es, Deutsche, vergebens",

so hatte der Dichter *Friedrich Schiller* es schon vor langem gesehen, und grimmig spottete bald darauf ein anderer, *Heinrich Heine*:

„Oh, Bund,
du Hund,
du bist nicht gesund!"

Arbeitsvorschläge

1. Vergleiche die Karten Europas von 1812 und 1815 in deinem Arbeitsbuch! Welche Staaten haben erkennbar Gebiete dazugewonnen?
2. Frankreich wurde in den Beschlüssen des Wiener Kongresses eigentlich recht schonend behandelt. Welche Gründe vermutest du?
3. Zwei von Napoleon geschaffene Königreiche blieben im Deutschen Bund als solche erhalten. Welche?
4. Wie viele „souveräne Staaten" bildeten insgesamt den Deutschen Bund?
5. Stelle im Geschichtsatlas fest, zu welchem Staat dein Heimatort damals gehörte!

Wir merken uns

Aus den Wirren der Revolution stieg der General Napoleon Bonaparte zum Kaiser der Franzosen auf (1804). Er führte Frankreich zur Vorherrschaft in Europa. Preußen und Österreich erlitten schwere Niederlagen (1805, 1806). Das Heilige Römische Reich Deutscher Nation wurde 1806 aufgelöst.

Grundlegende Reformen des Freiherrn vom Stein sollten den zusammengebrochenen Staat Preußen wieder aufrichten (1807–1808). Aus den Untertanen sollten mitverantwortliche Staatsbürger werden.

Seinen Hauptgegner England wollte Napoleon durch die Kontinentalsperre auf die Knie zwingen. Um auch das widerstrebende Rußland gegen England abzusperren, zog er 1812 nach Moskau. Der Untergang seiner Armee führte zur Erhebung der Völker Europas. Napoleon wurde 1813–1815 geschlagen.

Auf dem Wiener Kongreß 1815 suchten die Fürsten die alte Ordnung Europas wiederherzustellen und zu sichern („Heilige Allianz"). Der „Deutsche Bund" wurde Nachfolger des Heiligen Römischen Reiches Deutscher Nation.

Die Ideen der Freiheit und Einheit waren nicht verwirklicht worden. Sie blieben aber im deutschen Volk wie in Europa lebendig und bestimmten die Auseinandersetzungen der nachfolgenden Jahrzehnte.

Deutsche Kultur 1789 – 1815

Aus einem französischen Geschichtsbuch

ANNÉES	MUSIQUE	LITTÉRATURE ÉTRANGÈRE
1790	. . . .	**Goethe,** 1er Faust.
1791	Mort de Mozart.	
1792		
1793	. . . .	
1794		
1797	. . . .	**Goethe,** Hermann et Dorothée
1798	Haydn, La Création	**Schiller,** Wallenstein. **Wordsworth.**
1799	. . . .	**Coleridge,** Ballades lyriques.
1800	Beethoven, 1re Symphonie.	
1801		
1802	. . . .	
1804	Beethoven, 3e Symphonie (Héroïque)	**Schiller,** Guillaume Tell. Mort de Kant.
1805	. . . .	Mort de Schiller.
1806		
1807	. . . .	
1808	Beethoven, 6e Symphonie (Pastorale)	**Goethe,** 2e Faust. **Fichte,** Discours.
1809	Mort de Haydn.	
1810	Beethoven, Egmont	
1812		**Byron,** Childe Harold.
1813	Mort de Grétry.	
1814	. . . .	Mort de Fichte.
1815	Schubert, Le Roi des Aulnes.	

Betrachte doch bitte einmal die nebenstehende Tabelle! Sie stammt aus einem Lehrbuch, nach dem französische Jungen und Mädchen heute Geschichte lernen, und sie gibt diesen Schülern einen Überblick über europäische Dichtung („littérature") und Musik zwischen 1789 und 1815. In „fetter" Schrift erscheinen in der rechten Spalte die Namen der bedeutendsten Gelehrten und Dichter, in der linken die Namen der bedeutendsten Musiker. Die „normale" Schrift nennt wichtige Werke, die sie in den jeweiligen Jahren schrieben. „Mort de ..." heißt: „Tod von ...".

Wenn du die Spalte der Gelehrten und Dichter durchgehst, wirst du drei Namen finden, die du sicher nicht kennst: Wordsworth, Coleridge und Byron. Es sind Engländer, die in dieser Zeit mit ihren Gedichten Weltruhm erlangten. Von den übrigen vier Namen aber hast du zwei ganz gewiß schon gehört!

In der Spalte der Musiker ist dir Grétry unbekannt, ein französischer *Komponist*. Und wie steht es mit den übrigen Namen? Zwei kennst du auch hier sicherlich!

Zwölf Namen nennt das französische Geschichtsbuch aus dem Europa zwischen 1789 und 1815; acht davon sind die Namen *deutscher* Gelehrter, Dichter und Musiker.

Zur Zeit der Französischen Revolution und Napoleons war Deutschland politisch wie wirtschaftlich zersplittert und ohne große Bedeutung. Hier machte der dritte Stand auch keine Revolution – die deutschen Bürger waren zumeist unterwürfig und obrigkeitshörig. Aber dieser Bürgerstand brachte im 18. Jahrhundert eine Reihe hervorragender Gelehrter, Dichter und Musiker hervor, die zwischen 1789 und 1815 die Höhepunkte ihres schöpferischen Wirkens erreichten.

In der Zeit des Leonardo da Vinci – in der Renaissance – war Italien mit seinem Kunst- und Geistesleben allen europäischen Völkern vorangeschritten. In der Zeit Ludwigs XIV. – im Barock – hatte die kulturelle Führung Europas bei Frankreich gelegen. Jetzt ging das Schwergewicht der geistigen und kulturellen Leistungen auf Deutschland über.

Die Gelehrten

Seit dem 14. Jahrhundert gab es bereits Universitäten im Heiligen Römischen Reich Deutscher Nation, an denen die *Gelehrten* das Wissen ihrer Zeit sammelten, bereicherten und an ihre Studenten weitergaben. Zumeist waren sie klein und eng – wie auch die Universität in Königsberg, Ostpreußen.

Immanuel Kant (1724–1804)

Hier lehrte am Ausgang des 18. Jahrhunderts *Immanuel Kant*, einer der bedeutendsten Gelehrten der Welt überhaupt. Er war der Sohn eines Handwerkers, eines Königsberger Riemermeisters. In seiner Heimatstadt besuchte er das Gymnasium und die Universität, hier wurde er auch Professor. Nie kam er aus seiner Vaterstadt heraus. Aber durch seine Bücher wußte er in der ganzen Welt Bescheid.

Kant war ein *Philosoph*, ein großer schöpferischer Denker. Zeit seines Lebens hat er über den Menschen, über seine Möglichkeiten des Erkennens und Handelns nachgedacht wie kaum ein anderer vor und nach ihm. Alles Handeln, so lehrte er, sollte aus der Vernunft heraus geschehen, und so tragen seine Bücher auch Titel wie „Kritik der reinen Vernunft" oder „Kritik der praktischen Vernunft". Sie sind sehr schwer zu verstehen.

Vernünftig sollten die Menschen auch ihr Zusammenleben ordnen und zu einer *Welt ohne Kriege* hinstreben. In seiner kleinen Schrift „Zum ewigen Frieden" suchte er nach Mitteln und Wegen, Kriege zu verhindern, forderte er einen Bund aller Völker. Die *Friedensforscher* unserer Tage gehen in seinen Fußstapfen.

Johann Gottlieb Fichte (1762–1814)

Fichte war Professor in Berlin und ebenfalls Philosoph. In der Zeit der französischen Besetzung hielt er 1808 seine „Reden an die deutsche Nation", in denen er zum Kampf gegen Napoleon aufrief. Er hat viel dazu beigetragen, die nationale Begeisterung in Deutschland zu wecken.

Die Dichter

Auf dem Gebiet der Dichtung hatte sich in Deutschland schon vor 1789 eine neue Strömung entwickelt, der „Sturm und Drang". Es war eine Bewegung gegen die steifen Formen des bisherigen Dichtens und Reimens ebenso wie gegen die politischen Ungerechtigkeiten jener Zeit.

Friedrich Schiller (1759–1805)

Zu diesen Dichtern des „Sturms und Drangs" gehörte auch *Friedrich Schiller* aus Württemberg, der Sohn eines Sanitäters. In jungen Jahren mußte er die „Pflanzschule" seines Herzogs besuchen, eine Hochschule, die mehr eine Kaserne war. Sein Aufbegehren gegen das Eingeengtsein, gegen die Gängelung durch den Landesherrn machte sich in seinem Schauspiel „Die Räuber" Luft. Hier schildert er den Kampf einer edlen Räuberbande gegen den absoluten Herrscher des Landes.

Auch später griff er wiederholt die üblen Zustände seiner Zeit an. So geißelt er in seinem Trauerspiel „Kabale und Liebe" den Soldatenhandel der deutschen absoluten Fürsten.

Der nachfolgende Auftritt (zweiter Akt, zweite Szene) spielt in einer deutschen Fürstenstadt in der Villa der englischen Geliebten des Landesherrn. Der Herzog beabsichtigt, sie mit einem seiner Untergebenen zu verheiraten.

Aus „Kabale und Liebe"

Ein alter Kammerdiener des Fürsten, der ein Schmuckkästchen trägt, tritt ein.

Kammerdiener:	Seine Durchlaucht der Herzog empfehlen sich Milady zu Gnaden und schicken Ihnen diese Brillanten zur Hochzeit. Sie kommen soeben erst aus Venedig.
Lady	*(hat das Kästchen geöffnet und fährt erschrocken zurück):* Mensch, was bezahlt dein Herzog für diese Steine?
Kammerdiener	*(mit finsterem Gesicht):* Die kosten ihm keinen Heller.
Lady:	Was, bist du rasend? Nichts? – Und *(indem sie einen Schritt von ihm wegtritt)* du wirfst mir ja einen Blick zu, als wenn du mich durchbohren wolltest – nichts kosten ihn diese unermeßlich kostbaren Steine?
Kammerdiener:	Gestern sind 7000 Landskinder nach Amerika fort – sie zahlen alles!
Lady	*(setzt den Schmuck plötzlich nieder und geht rasch durch den Saal, nach einer Pause zum Kammerdiener):* Mann, was ist dir? Ich glaube, du weinst?
Kammerdiener	*(wischt sich die Augen, mit schrecklicher Stimme, alle Glieder zitternd):* Edelsteine, wie diese da! – Ich hab auch ein paar Söhne drunter.
Lady	*(wendet sich bebend weg, seine Hand fassend):* Doch keinen gezwungenen?
Kammerdiener	*(lacht fürchterlich):* O Gott! – Nein – lauter Freiwillige! Es traten wohl so etliche vorlaute Bursch vor die Front heraus und fragten den Obersten, wie teuer der Fürst das Joch Menschen verkaufe? Aber unser gnädigster Landesherr ließ alle Regimenter auf dem Paradeplatz aufmarschieren und die Maulaffen niederschießen. Wir hörten die Büchsen knallen, sahen ihr Gehirn auf das Pflaster spritzen, und die ganze Armee schrie: „Juchhe! Nach Amerika!"
Lady	*(fällt mit Entsetzen in den Sofa):* Gott! Gott! – Und ich hörte nichts? Und ich merkte nichts?

Mit seinen Werken eroberte der junge Schiller die Herzen der Deutschen. Hier wurde leidenschaftlich verfochten, was viele bewegte! Hier nahm ein Dichter mit seinen Waffen den Kampf auf gegen die Ausbeutung und Bevormundung durch die Fürsten! Schiller selbst mußte dadurch manche Schwierigkeit hinnehmen und sogar aus seiner Heimat fliehen. Während der letzten Jahre seines Lebens wohnte er in Weimar, wo ihn eine tiefe Freundschaft mit Goethe verband, dem anderen großen Dichter dieser Zeit. Auch viele seiner späteren Werke sind bis heute unvergessen, „Wallenstein" zum Beispiel und „Wilhelm Tell".

Arbeitsvorschläge

1. Rufe dir die Einzelheiten des Soldatenhandels noch einmal ins Gedächtnis! An wen „verpachteten" deutsche Fürsten ihre Landeskinder? Warum handelten sie so? (Du kannst auf S. 92 nachlesen.)

2. Stelle der Handlungsweise des Herzogs die Rechte des englischen Königs gegenüber (S. 115)!

3. In welche Jahre hat Schiller sein Trauerspiel „Kabale und Liebe" verlegt? (Du kannst auf S. 131 dieses Bandes nachlesen.)

4. Lies die abgedruckte Szene zusammen mit Klassenkameraden in verteilten Rollen!

Goethe in Italien (1787). In den Werken der Griechen und Römer fand er sein Vorbild.

Johann Wolfgang von Goethe (1749–1832)

Goethe stammte aus einem wohlhabenden Elternhaus in der freien Reichsstadt Frankfurt am Main; sein Vater übte keinen Beruf aus. Früh schon begann auch er zu dichten, und seine ersten Werke gehören ebenfalls zum „Sturm und Drang".

Doch auf seinen Reisen nach Italien lernte er die Werke der alten Griechen und Römer kennen. In ihnen sah er das immer und überall Gültige, das „Klassische". Ihnen suchte er jetzt nachzueifern: „Der einzige Weg für uns ... ist die Nachahmung der Alten". So bemühte er sich in seinen Dichtungen um die strenge und zuchtvolle Sprache, in der auch die Alten gedichtet hatten. Mit Goethe beginnt die Epoche der *Klassik*, die den „Sturm und Drang" ablöste.

In „Hermann und Dorothea" berichtet er uns in dieser maßvollen Sprache vom Zug einer Gruppe Vertriebener durch eine Kleinstadt.

> Hab' ich den Markt und die Straßen doch nie so einsam gesehen!
> Ist doch die Stadt wie gekehrt! wie ausgestorben! Nicht funfzig,
> Deucht mir, blieben zurück von allen unsern Bewohnern.
> Was die Neugier nicht tut! So rennt und läuft nun ein jeder,
> Um den traurigen Zug der armen Vertriebnen zu sehen.

Goethe wirkte während der Revolutionszeit in Weimar, der Hauptstadt eines thüringischen Zwergstaates. Weimar wurde durch ihn zu einem Zentrum des kulturellen Deutschlands. In jahrzehntelanger Arbeit schuf er hier auch sein großes Hauptwerk in zwei Teilen, den „Faust".

Die Romantik suchte nicht nur in der Dichtung, sondern auch in der Malerei und in der Musik ihren eigenen Ausdruck. Er wird in der Malerei besonders deutlich, wie auf diesem Bild von Caspar David Friedrich. Hier ist alles beisammen: das Stimmungsvolle der Landschaft, das Geheimnisvolle der Nacht, das Träumerische der beiden Männer beim Anblick des aufgehenden Mondes. Sogar die Vergangenheit ist einbezogen, denn die Männer tragen „altdeutsche Tracht", eine Kleidung, die Modeformen des Mittelalters nachahmte.

Doch man trug nicht nur die Kleidung der Vergangenheit, man begeisterte sich auch für ihre Überreste. Manche verfallene Burg wurde wiederhergestellt, mancher mittelalterliche Dom, der jahrhundertelang unfertig dagestanden hatte, jetzt zu Ende gebaut.

Die Romantiker

Nicht alle Dichter und Künstler dieser Zeit suchten ihr Vorbild bei den Alten. Sie waren „Romantiker": sie suchten das Gefühlvolle und das Träumerische, das Geheimnisvolle und das Wunderbare. Sie suchten es in der *Natur* und in der *Vergangenheit des eigenen Volkes*.

So entstanden stimmungsvolle, liebliche Gedichte und Lieder, die die Natur besangen: „Am Brunnen vor dem Tore"; „Wem Gott will rechte Gunst erweisen"; „O Täler weit, o Höhen".

Und so entstanden auch die Sammlungen der Märchen und Volkslieder. Die *Brüder Grimm*, zwei Professoren aus Göttingen, reisten über die Dörfer und schrieben die Märchen auf, die sich die Bauern an langen Winterabenden erzählten. Zwei romantische Dichter spürten den alten Volksliedern nach und stellten sie in „Des Knaben Wunderhorn" zusammen.

Der berühmteste Dichter der Romantik war *Joseph Freiherr von Eichendorff (1788–1857)*, dessen Heimat Schlesien war.

Arbeitsvorschläge

1. Welche Werke von Schiller und Goethe lernen die französischen Schüler in ihrem Geschichtsbuch kennen?

2. Sieh in deinem Lesebuch nach, ob dort Gedichte oder andere Werke der genannten Dichter abgedruckt sind!

3. Vielleicht findest du auch Bilder anderer romantischer Maler. Neben Caspar David Friedrich waren Ludwig Richter, Philipp Otto Runge, Moritz von Schwind und Karl Spitzweg die bekanntesten.

Zwei Bilder deutscher Musiker. – Am 13. Oktober 1762 spielte Mozart vor Maria Theresia im Schloß Schönbrunn bei Wien (S. 102/103). Mit dem Arm hält die Kaiserin ihre Tochter Marie Antoinette umfangen, die spätere Königin von Frankreich (S. 150/151). Als der kleine Mozart auf dem glatten Parkett ausgeglitten war, hob Marie Antoinette ihn auf. „Sie sind brav, ich will Sie heiraten" – mit diesen Worten bedankte sich das Wunderkind.

Das Bild unten gibt die Zeit um 1825 wieder und zeigt einen Musiker der Romantik im geselligen Kreis seiner Freunde: Franz Schubert (mit Brille, 1797–1828). Schubert vertonte viele Gedichte seiner Zeitgenossen, zum Beispiel das „Heideröslein" und den „Erlkönig" von Goethe.

Zwischen beiden Bildern liegen nicht nur die Revolutionsjahre, sondern ganze Welten. Vergleiche die Ausstattung der Räume, die Mode, das Verhalten der Menschen überhaupt!

Die Musiker

Joseph Haydn
(1732–1809)

Drei große Musiker lebten in dieser Zeit: Haydn, Mozart und Beethoven.

Haydn war Österreicher, wie auch Mozart. Als Kapellmeister auf fürstlichen Schlössern verdiente sich der Sohn eines Wagenbauers sein Brot. In seinem langen Leben schuf er eine Fülle von bedeutenden Werken, darunter auch die Melodie unserer Nationalhymne.

Als Haydn starb, hatte Napoleon Wien besetzt. Französische Soldaten hielten auf seinen Befehl die Ehrenwache am Sarg.

Wolfgang
Amadeus Mozart
(1756–1791)

Mozart war ein Wunderkind. Schon als Sechsjähriger beherrschte er meisterhaft das Klavier. Sein Vater, ein ehrgeiziger Salzburger Kapellmeister, reiste mit dem Jungen von Fürstenhof zu Fürstenhof, um ihn berühmt zu machen. Dennoch verlief Mozarts späteres Leben zumeist in bitterer Armut. Fünfunddreißigjährig starb er in Wien.

Mozart schrieb seine Werke in einer neuartigen, heiter beschwingten Art. „Die Hochzeit des Figaro" und „Die Zauberflöte" sind wohl die bekanntesten Opern. Immer wieder erklingen seine unvergänglichen Weisen im Radio und im Fernsehen.

Ludwig van
Beethoven
(1770–1827)

In der Tabelle auf S. 176 steht sein Name allein viermal. Wie Kant auf dem Gebiet der Philosophie, wie Goethe auf dem Gebiet der Dichtung, so ragt Beethoven auf dem Gebiet der Musik hervor.

Auch er stammte aus einer Musikerfamilie; sein Vater war Sänger am Bonner Hof des Erzbischofs von Köln. Früh schon ging Beethoven in die Musikstadt Wien, um bei Mozart und Haydn zu lernen. Die bittere Armut Mozarts blieb ihm erspart, dafür ließ ihn ein unheilbares Ohrenleiden schon mit dreißig Jahren zunehmend taub werden. So schrieb er seine spätere Musik, ohne sie selbst je hören zu können. Vielleicht ist sie gerade durch sein schweres Schicksal so großartig geworden!

Beethoven schuf neun große Orchesterwerke, neun *Sinfonien*. Den Höhepunkt seines Schaffens bildete die letzte: die „Neunte", die Menschheitssinfonie. Im Schlußchor ist ein Gedicht Schillers vertont: „Freude, schöner Götterfunken!"

Arbeitsvorschläge

1. Den Schlußchor der „Neunten" hat ein findiger Geschäftemacher unserer Tage in einen Schlager umgewandelt, der 1971 ein ganz großer Plattenerfolg wurde: „Song of Joy". Kannst du diese Platte beschaffen?
2. Prüfe bitte, ob alle genannten Gelehrten, Dichter und Musiker aus dem dritten Stand kamen! Stelle die Berufe ihrer Väter zusammen!
3. Trage ihre „Lebensbalken" in deinem entsprechenden Kasten nach!
4. Zeichne ihre Wirkungsorte in eine Umrißkarte von Mitteleuropa ein! Zu welchen Staaten gehören diese Orte heute?

Wir merken uns

Im Europa zur Zeit der Französischen Revolution und Napoleons lag das Schwergewicht der geistigen und kulturellen Leistungen im politisch zersplitterten Deutschland. Bedeutende Gelehrte, Dichter und Musiker schufen unvergängliche Werke: Kant in Königsberg, Schiller und Goethe in Weimar, Haydn, Mozart und Beethoven in Wien – neben vielen anderen.

Um Freiheit und Einheit 1815-1871

6

Bürger kämpfen auf den Barrikaden in Berlin (18. März 1848).

| 1820 | 1830 | 1840 | 1850 | 1860 | 1870 |

„Die gute, alte Zeit"

Nach 26 Jahren Revolution und Krieg hatte der Wiener Fürstenkongreß schließlich die alte staatliche Ordnung wiederhergestellt. Es herrschte Frieden in Europa. Die „Landesväter" saßen auf ihren Thronen, der Adel lebte wie bisher auf den ererbten Schlössern und Gütern, und die Beamten regierten das Volk nach den Weisungen, die sie von „Majestät" oder „Durchlaucht" erhielten.

Die Bürger führten zumeist ein stilles, bescheidenes Leben. Sie waren des jahrzehntelangen Kämpfens und Blutvergießens müde und sehnten sich nach Ruhe. So zogen sie sich ganz in das eigene Heim zurück und machten es sich dort so behaglich wie möglich. Kanapee und Kommode, Streublümchen auf Möbelbezügen und Ofenschirmen, dazu Korkenzieherlöckchen und Schutenhut, Zylinder und Zipfelmütze – das war das Bild des *Biedermeier*, wie diese Zeit zwischen 1815 und 1848 genannt wird.

„Die gute, alte Zeit": Biedere Bürger gehen vom Stammtisch nach Hause. Der Wirt wünscht angenehme Ruh', der Hausdiener leuchtet den Gästen heim, und der Nachtwächter zieht mit Horn und Hund seine Runde. – Dieser Holzschnitt von Ludwig Richter hat das bürgerliche Leben der Biedermeierzeit gut eingefangen.

„Die gute, alte Zeit": Das Innere einer Bürgerwohnung im Biedermeierstil (um 1835)

Aber die stille Geruhsamkeit ist nur eine Seite des Bildes jener Zeit. Auf der anderen steht das harte Ringen der Bauern und Tagelöhner in den Landgebieten, steht das trostlose Elend der Arbeiter in den jetzt entstehenden ersten Fabrikstädten.

„Gute, alte Zeit", „Biedermeier" – diese Bezeichnungen passen auch nicht recht für das Vorwärtsdrängen der *liberalen* und *nationalen* Kräfte in dieser Zeit. „Liberal" war, wer mehr *Freiheit* des einzelnen, wer eine Mitbestimmung der Staatsbürger bei der Regierung wollte. „National" war, wer die *Einheit* eines Volkes in *einem* Staate anstrebte. Die Jahre zwischen 1815 und 1848 waren in Wirklichkeit in ganz Europa eine Zeit der Gärung, eine Zeit des Kampfes fortschrittlicher Gruppen um Freiheit und Einheit – auch in Deutschland.

Arbeitsvorschlag Du findest im Text zwei wichtige Begriffe: „liberal" (von lateinisch liber = frei) und „national". Merke dir ihre Bedeutung genau, denn in der Geschichte der nachfolgenden Jahrzehnte werden sie immer wieder auftauchen!

Der Freiheitskampf der Bürger 1815-1848

Bürger gegen Fürsten

Das Wartburgfest 1817

„Träge und ereignislos ist dieser Friede", so sagten die jungen Studenten und die Professoren an den deutschen Universitäten. „Wir haben Napoleon aus Deutschland verjagt – aber wo ist die Freiheit des Volkes, die wir erstrebt haben, wo ist die Einheit des Reiches, die wir schaffen wollten? Soll das Werk der deutschen Befreiung nur halb getan bleiben?"

Die Studenten schlossen sich zu einer „Deutschen Burschenschaft" zusammen. *Ehre, Freiheit, Vaterland* war der Leitspruch, den sie sich setzten. Viele von ihnen waren Heimkehrer aus dem Freiheitskrieg und trugen noch die Uniform des „Freikorps Lützow": schwarzer Rock mit roten Aufschlägen und goldenen Eichenblättern. So wählten sie die Farben *Schwarz-Rot-Gold* als Zeichen ihrer Verbindung. Schwarz-Rot-Gold – diese Farben wurden zum Symbol all derer, die nach Freiheit und Einheit deutschen Lebens strebten. Schwarz-Rot-Gold – so sollte auch die Fahne eines einigen Deutschlands sein.

Im Sommer 1817 rief die Burschenschaft der Universität Jena zu einer großen studentischen Kundgebung auf. Studenten aus allen deutschen Ländern – oft wochenlang zu Fuß herbeigewandert – zogen am 18. Oktober, dem Jahrestag der Völkerschlacht bei Leipzig, zur Wartburg hinauf. Feurige Reden und fröhliche Turnspiele füllten den Tag, und am Abend wurde ein großes Feuer entzündet. Wie Luther knapp 300 Jahre zuvor die Bannbulle des Papstes verbrannt hatte, so verbrannten die Studenten jetzt Sinnbilder der Fürstenherrschaft.

In Deutschland wurde der revolutionäre Freiheitskampf von bürgerlichen Gruppen geführt, vor allem von Studenten und Schriftstellern, einer im ganzen recht kleinen Zahl. Ihnen entgegen standen die Fürsten und Höflinge, der Deutsche Bund und die Heilige Allianz – jene Mächte also, die bemüht waren, die alte Ordnung unter allen Umständen wiederherzustellen, zu „restaurieren". Wir nennen diese Gegenbewegung, die sich gegen Liberalismus und Nationalismus richtete, daher auch „Restauration".

Wichtigster Vertreter der Restauration wurde Fürst Metternich (1773–1859), von 1815 bis 1848 leitender Minister Österreichs. Österreich war der mächtigste Staat im Deutschen Bund, und so konnte Metternich die Politik in den deutschen Staaten stark beeinflussen. Die Fürsten folgten ihm willig, denn er verteidigte auch ihre Herrschaftsansprüche. Für alle Deutschen aber, die Freiheit und Einheit wollten, war er der „bestgehaßte" Mann.

An den Fürstenhöfen wurde die Nachricht von diesen Ereignissen mit Aufregung und Empörung aufgenommen. Als bald darauf ein radikaler und fanatischer Student den Dichter August von Kotzebue ermordete, weil er ein Gegner der Burschenschaften war, rief Metternich die deutschen Minister zusammen. Mit den *Karlsbader Beschlüssen (1819)* einigten sie sich auf

das Verbot der Burschenschaften,
die Polizeiaufsicht über die Universitäten,
die Einführung einer strengen Zensur für Zeitschriften und Bücher,
die Einrichtung einer Untersuchungskommission, die überall im Deutschen Bund „demagogische Umtriebe" verfolgen sollte. (Als Demagogen = „Volksverführer" bezeichnete man alle, die offen für Freiheit und Einheit eintraten.)

Es folgte eine Zeit ständiger Unterdrückung.

Arbeitsvorschläge

1. Metternich wurde von einigen Zeitgenossen als „Kutscher Europas", von anderen als „Kerkermeister Europas" bezeichnet. Was sollen diese Bezeichnungen aussagen? Wer wird die eine, wer die andere gebraucht haben?

2. Die Studenten hatten ihr Fest 1817 auf die Wartburg verlegt, um damit auch der Reformation vor 300 Jahren zu gedenken. Weißt du noch, was 1517 geschah? In welchem Zusammenhang stand die Wartburg mit der Reformation?

3. Auch heute finden häufig Kundgebungen, „Demonstrationen" von Studenten statt. Wogegen demonstrieren sie zum Beispiel?

4. Vergleiche den Leitspruch der Studenten mit dem der Französischen Revolution: Freiheit – Gleichheit – Brüderlichkeit!

5. Welche heutigen Fahnen zeigen die Farben Schwarz-Rot-Gold?

Das Wartburgfest. – Studenten verbrennen Sinnbilder der Fürstenherrschaft: fürstentreue Bücher, eine preußische Uniformjacke („Schnürleib") und einen Korporalstock.

Schriftzeugnisse der Zeit

Im „Amts- und Regierungsblatt für das Fürstentum Reuß-Lobenstein-Ebersdorf" erschien im Jahre 1845 folgende Meldung:

Der „Allerhöchste Händedruck"

> Serenissimus hat die hohe Gnade zu haben geruht, die Wehrmänner zu Hirschberg, sechs an der Zahl, welche zu dem in Tonna ausgebrochenen Feuer geeilt und mit der aufopferndsten Bereitwilligkeit Dienste geleistet hatten, öffentlich, vor der Front Allerhöchstselbst gnädigst zu beloben und dem Ältesten derselben (nachdem er sich durch den Taufschein als solcher ausgewiesen) zum Zeichen Allerhöchster Zufriedenheit und Anerkennung höchst eigenhändig die Hand zu reichen. („Serenissimus" war der Titel regierender Fürsten.)

Über die Belanglosigkeit solcher und ähnlicher Zeitungsmeldungen spottete der Dichter Heinrich Hoffmann von Fallersleben (1798 bis 1874) im Jahre 1841:

> Wie ist doch die Zeitung interessant
> für unser liebes Vaterland!
> Was haben wir heute nicht alles vernommen!
> Die Fürstin ist gestern niedergekommen,
> und morgen wird der Herzog kommen,
> hier ist der König heimgekommen,
> dort ist der Kaiser durchgekommen –
> bald werden sie alle zusammenkommen –
> wie interessant! Wie interessant!
> Gott segne das liebe Vaterland!
>
> Wie ist doch die Zeitung interessant
> für unser liebes Vaterland!
> Was ist uns nicht alles berichtet worden!
> Ein Portepeefähnrich ist Leutnant geworden,
> ein Oberhofprediger erhielt einen Orden,
> die Lakaien erhielten silberne Borden,
> die höchsten Herrschaften gehen nach Norden,
> und zeitig ist es Frühling geworden –
> wie interessant! Wie interessant!
> Gott segne das liebe Vaterland!

Der „beschränkte Untertanenverstand"

Sieben Göttinger Professoren hatten sich 1837 gegen eine Unrechtsmaßnahme ihres Fürsten aufgelehnt und waren daraufhin entlassen worden. Als einige Bürger der kleinen preußischen Stadt Elbing sich öffentlich gegen diese Entlassungen aussprachen, wurden sie von einem Minister in Berlin verwarnt:

> Dem Untertan ziemt es nicht, an die Handlungen des Staatsoberhauptes den Maßstab seiner beschränkten Einsicht anzulegen und sich in dünkelhaftem Übermute ein öffentliches Urteil über die Rechtmäßigkeit derselben anzumaßen!

„Friede den Hütten! Krieg den Palästen!"

Mit scharfen Worten geißelte der junge Dichter *Georg Büchner* 1834 in einer Flugschrift die Fürstenherrschaft:

Friede den Hütten! Krieg den Palästen!
Im Jahre 1834 sieht es aus, als würde die Bibel Lügen gestraft. Es sieht aus, als hätte Gott die Bauern und Handwerker am fünften Tage und die Fürsten und Vornehmen am sechsten gemacht, und als hätte der Herr zu diesen gesagt: Herrschet über alles Getier, das auf Erden kriecht, und hätte die Bauern und Bürger zum Gewürm gezählt. Das Leben der Vornehmen ist ein langer Sonntag, sie wohnen in schönen Häusern, sie tragen zierliche Kleider, sie haben feiste Gesichter und reden eine eigene Sprache; das Volk aber liegt vor ihnen wie Dünger auf dem Acker ... Das Leben des Bauern ist ein langer Werktag; Fremde verzehren seine Äcker vor seinen Augen, sein Leib ist eine Schwiele, sein Schweiß ist das Salz auf dem Tische des Vornehmen.
Im Großherzogtum Hessen sind 718 373 Einwohner, die geben an den Staat jährlich an 6 363 364 Gulden ... Dieses Geld ist der Blutzehnte, der von dem Leib des Volkes genommen wird. An 700 000 Menschen schwitzen, stöhnen und hungern dafür. Im Namen des Staates wird es erpreßt, die Presser berufen sich auf die Regierung, und die Regierung sagt, das sei nötig, (um) die Ordnung im Staat zu erhalten.
Was ist denn nun das für ein gewaltiges Ding, der Staat? Wohnt eine Anzahl Menschen in einem Lande, und es sind Verordnungen oder Gesetze vorhanden, nach denen jeder sich richten muß, so sagt man, sie bilden einen Staat. Der Staat also sind *alle;* die Ordner im Staate sind die Gesetze, durch welche das Wohl *aller* gesichert wird ... Seht, was es heißt, die Ordnung im Staate erhalten! 700 000 Menschen bezahlen dafür 6 Millionen, d. h. sie werden zu Ackergäulen und Pflugstieren gemacht, damit sie in Ordnung leben. In Ordnung leben heißt hungern und geschunden werden.

Georg Büchner (1813 bis 1837) wollte mit seiner Flugschrift die Bauern in Hessen wachrütteln. Diese aber lieferten die Schrift treu und brav beim nächsten Polizeiposten ab! Büchner wurde daraufhin verfolgt, wie der nebenstehende Steckbrief zeigt. Er floh nach Frankreich und starb wenig später, 23 Jahre alt.

◁

Deutschlands Landesväter, Soldaten und Fürstendiener – eine zeitgenössische Karikatur auf die Fürstenherrschaft in Deutschland

Arbeitsvorschläge

1. Lies den Text der Flugschrift aufmerksam durch!
   a) Gib mit deinen Worten wieder, was Büchner in den einzelnen Abschnitten aussagt!
   b) Versuche, zu jedem Abschnitt eine Überschrift zu finden!
   c) Schreibe Büchners Antwort auf die Frage „Was ist der Staat?" in dein Arbeitsheft! Äußere dich bitte dazu!

2. Schreibe den Text des Steckbriefs heraus!
   a) Welche Wörter werden heute anders geschrieben?
   b) Gib den Inhalt der beiden ersten Sätze in unserer heutigen Ausdrucksweise wieder! „Indicirt" (indiziert) bedeutet etwa: „bewiesen".
   c) Gab es in Deutschland um 1834 wohl schon einheitliche Maße? Du findest die Antwort, wenn du die Personenbeschreibung genau liest!

Das Hambacher Fest 1832

Das Wartburgfest von 1817 war in seinen politischen Forderungen noch ziemlich verworren und unklar gewesen. Man *schwärmte* für Einheit und Freiheit, ohne sich recht Gedanken zu machen, wie diese nun im einzelnen verwirklicht werden sollten.

Auf dem Hambacher Fest 1832 – einer großen Kundgebung in der Pfalz – sah es bereits anders aus. Hier versammelten sich nicht mehr nur Studenten und Professoren, sondern auch Kleinbürger und Handwerker, Weinbauern und sogar viele Frauen – 25 000 Menschen mögen es insgesamt gewesen sein, die von überall herbeiströmten.

Ein Spitzel des Bundestages in Frankfurt hat über den Verlauf dieser Kundgebung berichtet:

Der Zug zur Burgruine bei Hambach am 27. Mai 1832

„Tausende waren schon abends zuvor angekommen, und am Sonntagmorgen sah man die Bevölkerung der umliegenden Städtchen und Ortschaften unter dem Läuten der Glocken, dem Schalle der Trommeln oder anderer Musik mit Fahnen herbeiziehen. Diese Fahnen hatten verschiedene Farben. Die meisten waren schwarz, rot und gold, die angenommenen Farben der deutschen Bundes-Einheit, ebenso waren die Kokarden, welche von den Männern am Hute, von den Frauen und Mädchen auf der Brust getragen wurden.

Um 10 Uhr, als sämtliche Züge die Ruine eingenommen hatten, schickten die Redner sich an, die Deutung des Festes kund zu machen. Dr. Wirth verbreitete sich über die Getrenntheit der deutschen Staaten, über das hieraus entspringende Elend der Einwohner, und wie ganz anders und besser für den Landmann und alle es sein würde, wenn die deutschen Völker vereint, unter einem einzigen Oberhaupte wären. Er erörterte, daß nicht eher Glück und Eintracht stattfinden würde, bis die Könige und Regenten alle weggejagt worden wären.

Er schmähte aufs heftigste über die bestehenden Regierungen, nannte die Regenten Hochverräter an ihren Völkern und rief vom Himmel Fluch und dreimaligen Fluch auf sie herab. Dies müsse aber anders werden. Man solle nur fest zusammenhalten. Deshalb sei der heutige Tag, das Fest bestimmt worden, um das große Werk der Reform Deutschlands zu beginnen. Auf eine Vereinigung aller deutschen Völker sollte das gemeinsame Wirken gerichtet sein und bleiben.

Er schloß dann, nachdem er im Fluß der Rede den Kaiser von Rußland als den größten Bluttyrannen bezeichnet, auf den Bundestag die größten Schmähungen ausgestoßen hatte, mit der Hoffnung einer baldigen, besseren Zeit, mit dem dreimaligen Lebehoch eines vereinten, freien, republikanischen Europas.

Von den Studenten und jungen Leuten wurde viel ein Gesang angestimmt, der zum Refrain hatte: ‚Nun kommt der Völker Schmaus, Fürsten zum Land hinaus.'"

(Nach: Georg Eckert, Das junge Deutschland, Braunschweig 1948. Gekürzt)

Das Hambacher Fest war eine erste große „Heerschau" der Anhänger eines geeinten Deutschlands ohne Fürstenherrschaft, der Anhänger einer *deutschen Republik*.

Friedrich List

Auf *politischem* Gebiet blieb die Zersplitterung Deutschlands in Einzelstaaten vorerst bestehen. Auf *wirtschaftlichem* Gebiet aber setzte eine Entwicklung ein, die auf dem Wege zur Einheit ein gutes Stück weiterführte.

Es war im Jahre 1825, als *Friedrich List*, ein Professor aus Tübingen, nach Amerika auswanderte. Er *mußte* auswandern, denn man hatte ihn wegen „demagogischer Umtriebe" in seiner württembergischen Heimat vor Gericht gestellt und aus Deutschland ausgewiesen. Es war ein Staatsverbrechen, für eine größere Freiheit einzutreten, auch für eine größere Freiheit von Handel und Verkehr.

Nun schrieb der verbannte Professor in Amerika seine Gedanken und Vorschläge nieder und schickte sie an die Freunde in der Heimat. Er forderte den Fortfall der Schlagbäume an den innerdeutschen Grenzen, die überall den Verkehr aufhielten und abschnitten, an denen immer wieder Zölle die Waren verteuerten. Er forderte den Zusammenschluß der deutschen Fürsten zu einem *Zollverein*, der die deutschen Staaten zu *einem* Handels- und Wirtschaftsgebiet verband.

*Friedrich List
(1789–1846)*

Der Deutsche Zollverein

Viele lasen seine Gedanken und stimmten ihnen zu, der preußische Finanzminister Motz aber griff sie tatkräftig auf. Er brachte 1828 einen Vertrag seines Landes mit dem Großherzogtum Hessen zustande, in dem beide Staaten vereinbarten, sich zu einem Wirtschaftsgebiet zusammenzutun, dem *Preußischen Zollverein*. Etwa zur gleichen Zeit bildeten Bayern und Württemberg einen *Süddeutschen Zollverein*. In Nordwestdeutschland entstand der *Mitteldeutsche Handelsverein*.

Wenige Jahre später dann löste *eine* große Wirtschaftsgemeinschaft diese Vereine weitgehend ab, der *Deutsche Zollverein*. Er trat am 1.1.1834 in Kraft.

> „Dann kam jene folgenschwere Neujahrsnacht des Jahres 1834, die auch den Massen das Nahen einer besseren Zeit verkündete. Auf allen Landstraßen Mitteldeutschlands harrten die Frachtwagen hochbeladen in langen Zügen vor den Mauthäusern [Zollhäusern], umringt von fröhlich lärmenden Volkshaufen. Mit dem letzten Glockenschlage des alten Jahres hoben sich die Schlagbäume, die Rosse zogen an, unter Jubelruf und Peitschenknall ging es vorwärts durch das befreite Land.
>
> Ein neues Glied, fest und unscheinbar, war eingefügt in die lange Kette der Zeiten ... Aus dem dunstigen Nebel des Deutschen Bundes traten schon erkennbar die Umrisse jenes Kleindeutschlands hervor, das dereinst den Ruhm und die Macht des Heiligen Römischen Reiches überbieten sollte."
>
> (H. von Treitschke, Deutsche Geschichte im 19. Jahrh., 4. Band, Leipzig 1928, S. 370)

Arbeitsvorschläge

1. Mit der Schaffung des Deutschen Zollvereins entfielen z. B. folgende Zölle: Einfuhrzoll, Ausfuhrzoll, Torsperrzoll, Brückenzoll, Pflasterzoll, Wegezoll. Erkläre bitte!
2. Welche Nachteile – oder auch Vorteile – haben Zölle für Erzeuger, für Verbraucher?
3. Versuche, dich über die Zollpolitik der Europäischen Gemeinschaft (EG) heute zu informieren!

In vielen Staaten Europas flammten zwischen 1815 und 1848/49 Unruhen, Aufstände und Revolutionen auf. Das Flammenzeichen auf dieser Europakarte bezeichnet nur einige der wichtigsten. Du kannst eine Liste der Ereignisse herausarbeiten, die du zeitlich ordnest. Prüfe den Text der Folgeseiten, ob die erwähnten Erhebungen auf der Karte verzeichnet sind!

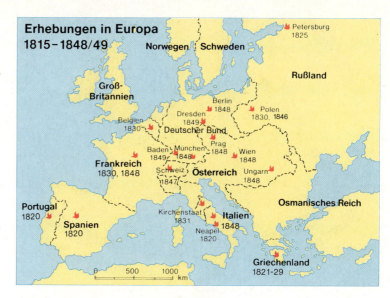

Das Revolutionsjahr 1848/49

Revolution in Paris

Nach 1815 hatten die reichen Bürger Frankreichs eine weitgehende Mitbestimmung in der Politik erreicht. Insgesamt etwa 200 000 Franzosen konnten Abgeordnete für das Parlament wählen. Gegen dieses Vorrecht wandten sich im Februar 1848 die Kleinbürger und Arbeiter von Paris. Sie forderten ein gleiches Wahlrecht für alle. Darüber hinaus strebten viele von ihnen die Enteignung der Reichen an. „Eigentum ist Diebstahl" lautete eine ihrer Parolen. Der Februar-Aufstand 1848 ließ den König fliehen. In Frankreich wurde zum zweiten Male die Republik ausgerufen; 9 Millionen Franzosen erhielten das Wahlrecht.

Revolution in Berlin

Die Revolution in Paris griff im März 1848 auf den Deutschen Bund über; mit Versammlungen und Kundgebungen, auf denen die Bürger ihre Forderungen nach Mitbestimmung und freier Meinungsäußerung vertraten. In den meisten deutschen Kleinstaaten gaben die Fürsten sofort nach. In Österreich hingegen führten erst heftige Kämpfe in den Straßen Wiens zu einem Einlenken des Kaisers. Er entließ Metternich und versprach eine Verfassung.

Als die Wiener Vorgänge in Berlin bekannt wurden, machte auch der preußische König Friedrich Wilhelm IV. große Zugeständnisse. Am 18. März 1848 sicherte er der auf dem Schloßplatz versammelten Menge eine gewählte Volksvertretung zu. Pressefreiheit sollte herrschen. Er selbst wollte sich darüber hinaus für einen deutschen Nationalstaat mit einem frei gewählten gesamtdeutschen Parlament einsetzen.

Was dann geschah, schildert die „Berlinische Zeitung" vom 20. März 1848 ihren Lesern (lies weiter auf S. 196 links; die im Zeitungstext erwähnte *Proklamation des Königs* ist in der rechten Spalte abgedruckt).

Bildfolge aus dem Neuruppiner Bilderbogen, einem Vorläufer unserer Illustrierten ▷

Barrikade an der Taubenstraße in Berlin.

Barrikade an der Neuen Königsstraße in Berlin. — Freiheitsheld vom 18. und 19.

1848. in Berlin. — Barrikade an der Kölnischen Wache in Berlin.

„Auf dem Platz vor dem königlichen Schlosse, wo sich die Bürger noch in Freudentränen umarmten, wo der König zweimal, als er auf dem Balkon erschien, mit lautem Jubel begrüßt wurde, waren plötzlich zwei Schüsse gefallen, und eine Abteilung Kavallerie hatte, ins Volk sprengend, und, wie viele Augenzeugen berichteten, einhauend, den Platz gesäubert...

Der äußerste Schrecken war dadurch in die Volksmassen gedrungen. Man glaubte sich verraten, man schrie: „Wir werden niedergehauen, niedergeschossen!" Das Entsetzen und die Erbitterung pflanzten sich mit reißender Schnelle fort und wuchsen in der Verbreitung, wie alle Gerüchte. Ein so furchtbarer Wechsel der Empfindungen ist vielleicht in der Weltgeschichte noch nicht da gewesen. Die Stadt der Freude, des Jubels war plötzlich eine des Grauens und des Kampfes.

In allen Straßen wurden Barrikaden aufgerichtet. Das Volk stürzte zu den Waffen. Es nahm sie, wo sie derer habhaft werden konnte. Es eilte auf die Dächer der Häuser und waffnete sich mit Ziegeln. In zwei Stunden war die ganze Stadt umgestaltet, in Verteidigungszustand gesetzt...

Nachmittags gegen halb fünf Uhr hörten wir von der Königsstraße aus die ersten Schüsse! Von der Zeit ab dauerten die Gefechte des Volkes gegen die Truppen in der ganzen Stadt fort. Eine der am stärksten verteidigten Barrikaden war in der Breiten Straße, am Köllnischen Rathause errichtet... Vielfache Infanterie- und Artillerieangriffe geschahen gegen dieselbe, bevor es den Truppen gelang, sie zu besetzen...

Von vielen Häusern der Friedrichsstraße wehte die schwarz-rot-goldene Fahne. – Wie wir hören, waren die Studierenden bewaffnet und die ganze Nacht im Gefecht; die Schützengilde hatte sich zu ihnen gesellt...

Es erschien schon in den ersten Frühstunden die Proklamation Sr. Majestät, die in der Nacht vom 18ten zum 19ten aufgesetzt worden...

Nachdem der Bürgerkrieg gestern 12 Stunden hindurch in unseren Mauern gewütet hatte, bot unsere Stadt heute früh einen höchst bedenklichen und furchtbar schrecklichen Anblick. Das Militär behauptete zwar das Schloß... [und weitgehend die Innenstadt], aber in den übrigen Stadtteilen... stand das Volk kampfgerüstet hinter furchtbaren Barrikaden..."

An meine lieben Berliner!

... Noch war der Jubel, mit dem unzählige treue Herzen mich begrüßt hatten, nicht verhallt, so mischte ein Haufe Ruhestörer aufrührerische und freche Forderungen ein und vergrößerte sich in dem Maße, als die Wohlgesinnten sich entfernten.

Da ihr ungestümes Vordringen bis ins Portal des Schlosses mit Recht arge Absichten befürchten ließ und Beleidigungen wider meine tapferen und treuen Soldaten ausgestoßen wurden, mußte der Platz durch Kavallerie im *Schritt* und mit *eingesteckter Waffe* gesäubert werden, und 2 Gewehre der Infanterie entluden sich von selbst. Gottlob, ohne irgend jemand zu treffen!

Eine Rotte von Bösewichtern, meist aus Fremden bestehend,... haben diesen Umstand im Sinne ihrer argen Pläne durch augenscheinliche Lüge verdreht und die erhitzten Gemüter von vielen meiner treuen und lieben Berliner mit Rachegedanken um vermeintlich vergossenes Blut (!) erfüllt und sind so die greulichen Urheber des Blutvergießens geworden. Meine Truppen, Eure Brüder und Landsleute, haben erst dann von der Waffe Gebrauch gemacht, als sie durch viele Schüsse aus der Königsstraße dazu gezwungen wurden. Das siegreiche Vordringen der Truppen war die notwendige Folge davon.

An Euch, Einwohner meiner geliebten Vaterstadt, ist es jetzt, größerem Unheil vorzubeugen. Erkennt, Euer König und treuster Freund beschwört Euch darum,... den unseligen Irrtum! Kehrt zum Frieden zurück, räumt die Barrikaden, die noch stehen, hinweg und entsendet an mich Männer, voll des echten alten Berliner Geistes... Und ich gebe Euch mein königliches Wort, daß die Straßen und Plätze sogleich von den Truppen geräumt werden sollen und die militärische Besetzung nur auf die notwendigen Gebäude... beschränkt werden wird.

Hört die väterliche Stimme Eures Königs, Bewohner meines schönen und treuen Berlins, und vergesset das Geschehene, wie ich es vergessen will und werde...

Eure liebreiche Königin und wahrhaft treue Mutter und Freundin, die sehr leidend darnieder liegt, vereint ihre innigen tränenreichen Bitten mit den Meinigen.

Geschrieben in der Nacht vom 18.—19. März 1848

Friedrich Wilhelm"

Arbeitsvorschläge

1. Arbeite bitte die Quellentexte auf S. 196 satzweise durch! Prüfe genau, in welchen Aussagen über das Geschehen sie übereinstimmen, in welchen sie sich unterscheiden! Versuche, unterschiedliche Angaben durch die jeweilige Sicht oder das Bemühen um Rechtfertigung zu erklären!
Welchen möglichen Ablauf des Geschehens vermutest du als Unparteiischer?

2. Welche Beziehungen kannst du zwischen den Quellentexten und der Bildfolge S. 194/195 herstellen? Beschreibe Einzelheiten, auch die Einrahmung der Einzelbilder!
Lies und erläutere ebenfalls das in der Fahne abgedruckte Gedicht! Auf wessen Seite vermutest du die Schöpfer dieses „Neuruppiner Bilderbogens"?

3. Unterscheide bitte genau: Was wurde zum *Anlaß* für die Revolution in Berlin? Wo lag aber die *Ursache*?

4. Auch das Bild auf S. 183 hat die Berliner Revolution zum Thema. Werte es ebenfalls als Bildquelle aus!

Der König hat nach der Bürgerkriegsnacht des 18./19. März 1848 die Truppen aus der Hauptstadt abziehen lassen, das Volk von Berlin daraufhin die Barrikaden geräumt. Die Zahl der Opfer: etwa 230 Tote auf der Seite des Volkes – überwiegend Arbeiter und Handwerkergesellen – und etwa 35 Soldaten.

Am 22. März wurden die Särge der gefallenen Berliner – schwarz eingeschlagen – auf den Stufen des Deutschen Doms wie zu einem Denkmal zusammengestellt. Diesen Augenblick hat der Maler Adolph Menzel am Ort des Geschehens in Skizzen festgehalten und danach ein Gemälde angefertigt. Es ist jedoch unvollendet geblieben.

Der Einzug der Abgeordneten in die Paulskirche am 18. Mai 1848. – Im April 1848 hatten überall in den Staaten des Deutschen Bundes Wahlen zu einer deutschen Nationalversammlung stattgefunden.
Über 200 Richter und Rechtsanwälte waren unter den Abgeordneten, mehr als 100 Professoren und 100 Beamte, etwa 50 Schriftsteller und Journalisten, etwa 50 Fabrikanten und Großkaufleute, über 50 Gutsbesitzer – aber nur ein einziger Kleinbauer, vier Handwerker, kein Arbeiter.

Die deutsche Nationalversammlung bei ihren Beratungen in der Paulskirche. – Der Präsident dieses ersten gesamtdeutschen Parlaments, Heinrich von Gagern, hatte bei seiner Eröffnungsansprache das Ziel genannt: „Wir sollen schaffen eine Verfassung für Deutschland, für das gesamte Reich."

Die Abbildung unten gibt einen Ausschnitt aus dem Bundestag, dem Parlament der Bundesrepublik, wieder.

Die deutsche Nationalversammlung in der Frankfurter Paulskirche

Seit dem 18. Mai 1848 saßen in der Frankfurter Paulskirche die gewählten Vertreter des ganzen deutschen Volkes zusammen: *die deutsche Nationalversammlung*. Ihre Aufgabe war es, eine gute, passende Form für ein neues deutsches Reich zu finden. In diesem Frankfurter Parlament gab es noch keine Parteien wie heute; jeder Abgeordnete sprach nur für sich. So gingen auch die Ansichten über die Form des künftigen Reiches weit auseinander.

Die Beratungen

Eine Minderheit war für die Einrichtung einer Republik, die Mehrheit für ein Kaiserreich.

Aber wer sollte Kaiser sein?
Einige meinten, man sollte jedesmal den Tüchtigsten aller Deutschen dazu wählen. Die meisten aber wollten die Kaiserwürde einem der regierenden Herrscher übertragen.

Aber welchem?
Die einen schlugen einen regelmäßigen Wechsel zwischen Österreich, Preußen und Bayern vor, den drei größten deutschen Staaten. Die anderen wollten, daß sich die Kaiserwürde – wie früher – vom Vater auf den Sohn vererbte. Schließlich siegten diejenigen, die für ein solches *erbliches Kaisertum* eingetreten waren. – Für ein Erbkaisertum kamen jedoch nur die beiden mächtigsten Fürsten in Frage, die von Österreich und Preußen.

Aber welcher von beiden sollte es sein?
Über diese Frage spaltete sich die Nationalversammlung in zwei Gruppen auf. Die *Großdeutschen* wollten die Zusammenfassung aller Deutschen in einem großen Reich unter Österreichs Führung. Die *Kleindeutschen* wollten ein kleineres Reich unter Preußens Führung, zu dem Österreich überhaupt nicht gehören sollte. Die „kleindeutsche" Lösung setzte sich letztlich im Parlament durch.

Zu den langen, eingehenden Beratungen, wie die Spitze des Reiches besetzt sein sollte, kamen weitere Beschlüsse: Neben dem Kaiser sollte ein Parlament stehen, die Gesetzgebung durch Kaiser und Parlament gemeinsam erfolgen. Die Minister des Kaisers sollten dem Parlament verantwortlich sein.

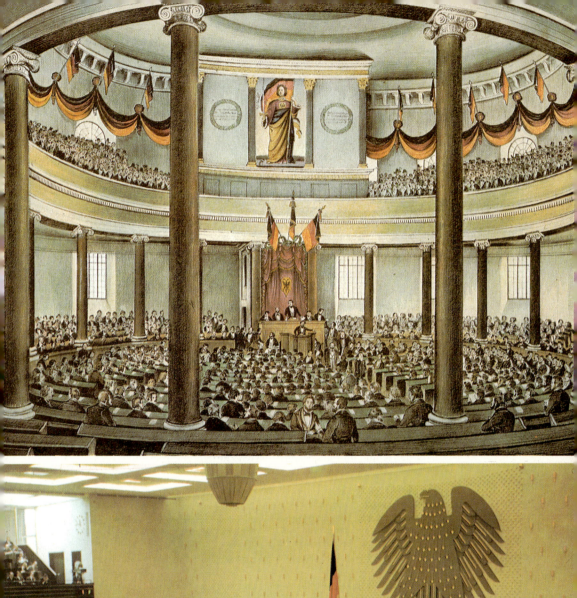

Abgeordnete der Frankfurter Nationalversammlung tragen dem preußischen König Friedrich Wilhelm IV. (1840–1861) die Kaiserkrone an. – Worin wird der Unterschied zwischen Bürgertum und Königtum einprägsam deutlich?

Die Verfassung

Alle diese Ergebnisse – und viele andere mehr – wurden als *künftige deutsche Verfassung* schriftlich niedergelegt. Dazu gehörten auch die „Grundrechte des deutschen Volkes", welche die Rechte des einzelnen Bürgers umrissen – ähnlich wie die Menschenrechte in der amerikanischen Unabhängigkeitserklärung und der französischen Verfassung.

Die Ablehnung der Kaiserkrone

Am 28. März 1849 hatte die Nationalversammlung mit 290 Stimmen den König von Preußen zum „Kaiser der Deutschen" gewählt. 248 Anhänger einer „großdeutschen" oder einer republikanischen Lösung hatten sich der Stimme enthalten. Eine nach Berlin entsandte Abordnung hörte zwar schöne, höfliche Worte, die als Ganzes aber nur sagten: Geht, ich will eure Krone nicht!

Schon Monate zuvor, während der Frankfurter Beratungen, hatte der König an seinen Londoner Gesandten geschrieben:

„Diese Krone ist keine Krone. Sie ist verunehrt, mit ihrem Ludergeruch der Revolution von 1848, der albernsten, dümmsten, schlechtesten – wenn auch, gottlob, nicht bösesten dieses Jahrhunderts. Einen solchen Reif, aus Dreck und Letten [Lehm] gebacken, soll ein legitimer König von Gottes Gnaden und nun gar der König von Preußen sich geben lassen? Soll die tausendjährige Krone Deutscher Nation, die zweiundvierzig Jahre geruht hat, wieder vergeben werden, so bin ich es und meinesgleichen, die sie vergeben werden. Und wehe dem, der sich anmaßt, was ihm nicht zukommt!"

(Nach: Quellen zur Geschichte der Neuesten Zeit, Zürich 1966, S. 144 f. Gekürzt und leicht vereinfacht)

Das Scheitern der Freiheitsbewegung

Was bleibt nun zu tun? fragten sich viele Deutsche nach dieser Ablehnung. Mit ihr war die ganze Arbeit der Nationalversammlung gescheitert. Schon war ein Teil der Frankfurter Abgeordneten, des unnützen Werkes müde, nach Hause gefahren. Der Rest, das sogenannte Rumpfparlament, versuchte verzweifelt, ein neues Verfassungswerk zu schaffen – da wurde es, nunmehr in Stuttgart tagend, durch württembergisches Militär auseinandergetrieben. Bewaffnete Aufstände brachen vielerorts aus, jetzt ganz unter der Führung der entschiedenen Republikaner: in Berlin, in Dresden, in der Pfalz und vor allem in Baden, wo es zu einem regelrechten Kriege kam. Es gab nur neue Blutopfer, Kerkerstrafen (vor allem auf der Festung Rastatt), tausendfache Flucht und Auswanderung. Der bürgerliche Freiheitskampf in Deutschland war endgültig gescheitert.

Arbeitsvorschläge

1. Bei der Wahl zur Frankfurter Nationalversammlung war jeder Volljährige „ohne Rücksicht auf Zensus, Glaubensbekenntnis oder Stand wahlberechtigt". („Zensus" bedeutet hier etwa „Vermögen".) Welche möglichen Einschränkungen des Wahlrechts kannst du dieser Formulierung entnehmen?

2. Stelle bitte die unterschiedlichen Auffassungen über die „Spitze des Reiches" zusammen! Versuche, sie in einem Schaubild wiederzugeben!

3. Vergleiche die Abbildungen aus der Paulskirche und aus dem Bundestag, aber auch aus dem englischen Parlament (S. 116) und aus der französischen Ständeversammlung (S. 143)! Stelle die Unterschiede und Ähnlichkeiten zusammen!

4. Nimm bitte zum Verhalten des preußischen Königs Stellung! Welche Gründe führte er für die Ablehnung der Kaiserkrone an?

5. Viele deutsche Revolutionäre wanderten aus Enttäuschung über das Scheitern des Freiheitskampfes nach Amerika aus. Vergleiche noch einmal die Auswanderungsbewegung aus Deutschland auf den Karten S. 137!

Freiheitskämpfe in Europa und Südamerika

Wartburgfest und Hambacher Fest, die Revolution in Berlin und die Verfassungsarbeit in Frankfurt – das waren die hervortretenden Ereignisse aus dem Ringen um Freiheit und Einheit in Deutschland.

Aber auch in vielen anderen Ländern Europas waren die Jahre zwischen 1815 und 1848 von Kämpfen erfüllt, von Aufständen und Revolutionen. Zu ihnen gehören vor allem der Freiheitskampf der Griechen und der Polen um nationale Unabhängigkeit.

Die *Griechen* kämpften um die Befreiung ihres Landes von der türkischen Fremdherrschaft. In acht Aufstandsjahren (1821–1829) gelang es ihnen, sich vom Osmanischen Reich loszureißen – leidenschaftlich unterstützt von vielen freiheitsliebenden Bürgern Europas. Griechenland wurde ein selbständiges Königreich, ein bayerischer Prinz griechischer König.

Die *Polen* gehörten, bedingt durch die „polnischen Teilungen" (1772, 1793, 1795), überwiegend zum russischen Reich. Sie wollten ebenfalls einen nationalen Staat und eine freiheitliche Verfassung. Doch mit großer Härte schlugen die Russen die Aufstände nieder, die in den Jahren 1830 und 1846 ausbrachen. Polen blieb weiterhin geteilt und unterdrückt.

Auch in Übersee, vor allem in den europäischen Kolonien Südamerikas, wirkten die Gedanken der Freiheit und Unabhängigkeit. Wie 1776 die Bürger in den 13 englischen Kolonien Nordamerikas, so erhoben sich zwischen 1810 und 1828 die spanischen und portugiesischen Kolonisten Südamerikas und sagten sich vom europäischen Mutterland los. Aus den drei spanischen Vizekönigreichen wurden selbständige Republiken, das portugiesische Vizekönigreich Brasilien erklärte sich zum selbständigen Kaiserreich. (In Mittelamerika wurde 1821 aus dem Vizekönigreich Neu-Spanien die Republik Mexiko.)

1823 verkündete der damalige Präsident der USA, James Monroe: „Amerika den Amerikanern!" Das waren klare Worte gegen jede künftige Einmischung europäischer Staaten in Nord- und Südamerika!

Die Zeit der europäischen Kolonialherrschaft war auf diesem Erdteil für immer vorbei!

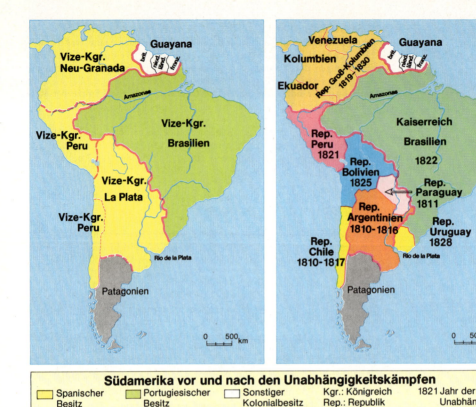

Südamerika vor und nach den Unabhängigkeitskämpfen

Spanischer Besitz — Portugiesischer Besitz — Sonstiger Kolonialbesitz — Kgr.: Königreich — Rep.: Republik — 1821 Jahr der Unabhängigkeit

Arbeitsvorschläge

1. Stelle nach dem Text und den Karten oben eine Niederschrift über die südamerikanische Unabhängigkeitsbewegung zusammen. Schreibe etwa so: „Aus dem Vizekönigreich Neu-Granada entsteht 1819 zunächst die selbständige Republik Groß-Kolumbien. 1830 teilt sich diese in die drei Republiken ..." usw.

2. Ein kleiner Teil Südamerikas ist damals Kolonie geblieben. Welcher? Kannst du im Geschichtsatlas feststellen, ob er es noch heute ist?

3. Verfolge im Fernsehen und im Rundfunk die Nachrichten über Südamerika heute. Wovon berichten sie?

Wir merken uns

Der Zeitraum von 1815 bis 1848 war in Deutschland, Europa und der Welt erfüllt vom Freiheits- und Einheitsstreben der Völker.

In Deutschland stellten das Wartburgfest (1817) und das Hambacher Fest (1832) wichtige Beispiele dieses Strebens dar. Den Höhepunkt bildete das Jahr 1848 mit Revolutionen in Berlin und anderen Städten. Die deutsche Nationalversammlung in der Frankfurter Paulskirche (1848/49) versuchte vergeblich, ein neues deutsches Kaiserreich auf parlamentarischer Grundlage zu schaffen. — Nur auf wirtschaftlichem Gebiet gelang mit dem Deutschen Zollverein (1834) ein Schritt zur Einigung.

Im Europa dieser Zeit ragten die Freiheitskämpfe der Griechen und der Polen heraus. Die Kolonisten Südamerikas erkämpften 1810–1828 ihre Unabhängigkeit von Spanien und Portugal.

Die Reichsgründung der Fürsten 1871

Preußen gewinnt Deutschland

Deutschland nach der Revolution

In den Stürmen der Zeit Napoleons war das alte Reich der Deutschen, das *Heilige Römische Reich Deutscher Nation*, 1806 untergegangen. Der Wiener Kongreß hatte es 1815 nicht wiederhergestellt, sondern statt dessen einen *Deutschen Bund* ins Leben gerufen, einen Bund der deutschen Landesfürsten. In ihm wetteiferten die Herrscher Österreichs und Preußens um die Führung. – Vergeblich hatten die Bürger 1848 um die Freiheit gekämpft, um einen *deutschen Nationalstaat*. Vergeblich hatten die Volksvertreter in der Paulskirche eine Verfassung für das ganze Deutschland geschaffen.

Und dennoch: die 60 Jahre zwischen 1789 und 1848 hatten Deutschland – wie ganz Westeuropa – in vielerlei Weise verändert. In diesen zwei Menschenaltern verblaßte das „Gottesgnadentum" der Fürsten, verwischte die strenge Scheidung der Stände, erstarkte auf wirtschaftlichem Gebiet das Bürgertum.

Die Frankfurter „Reichsverfassung" hatte zwar nicht in Kraft treten können, aber inzwischen waren auch in vielen deutschen Einzelstaaten „Länderverfassungen" entstanden, und sie wurden weitgehend beibehalten. So bestand auch in Preußen eine Verfassung, die den wohlhabenden Bürgern eine gewisse Mitsprache im Staat ermöglichte. Vor allem lag die Steuerbewilligung in den Händen dieses Parlaments, des *preußischen Landtags*.

Otto von Bismarck

In Preußen lebte König Wilhelm I. (1861–1888), Bruder und Nachfolger Friedrich Wilhelms IV., in ständigem Streit mit den Abgeordneten des Landtags. Es ging um eine Reform des preußischen Heeres.

Um die Heeresreform

Der König wollte seit 1859 auch das Heer vergrößern, nachdem die Bevölkerung in den letzten 50 Jahren von 11 auf 18 Millionen angewachsen war. Außerdem sollten die jungen Männer drei Jahre Wehrdienst tun. Das kostete eine Menge Geld, viele Millionen Taler jährlich.

Die Abgeordneten des Landtags aber wollten kein so starkes Heer in der Hand des Königs. Sie dachten an die blutigen Ereignisse des Jahres 1848. Sie wollten vor allem eine nur zweijährige Dienstzeit, damit die jungen Soldaten nicht allzu lange zum bedingungslosen Gehorsam gegenüber dem König erzogen würden.

So hatten die Abgeordneten sich geweigert, Steuergelder für die Heeresreform zu bewilligen – der König diese jedoch schon vorbereitet und eingeleitet.

Der neue Ministerpräsident

Eineinhalb Jahre ging bereits der Streit. Die meisten Minister verließen den König, denn gegen das Parlament wollten sie nicht handeln. Der König selbst war verzweifelt und wollte abdanken. „Sie haben nur ein Ziel", sagte er über den Widerstand der Abgeordneten, „die Armee zu ruinieren, damit sie das Werkzeug des Parlaments, nicht des Königs sei."

Dann aber suchte er den Ausweg darin, daß er im Herbst 1862 einen Mann als Ministerpräsidenten einsetzte, von dem er sich Härte und Durchsetzungsvermögen versprach: *Otto von Bismarck*.

203

Otto von Bismarck (1815–1898)

Dieser neue leitende Minister Preußens wurde 1815 geboren und hatte Rechtslehre studiert, danach aber den Gutsbesitz seiner Familie in der Altmark übernommen. Sein Verhältnis zum König sah er wie das eines Lehnsmannes zu seinem Lehnsherrn. So hatte er 1848 seine Bauern bewaffnet und mit ihnen nach Berlin ziehen wollen, um den König aus den Händen der Berliner „herauszuhauen". Seine Verachtung für alle Liberalen hatte er nie verschwiegen und oft auch über diese „Demokratenbande" gewettert.

Seit 1851 war er im Dienst des preußischen Königs: zuerst als Gesandter beim Deutschen Bund in Frankfurt, dann in Petersburg und Paris.

Bismarcks Ernennung erregte einen Sturm der Entrüstung im Lande. Die Abgeordneten und Bürger verstanden: dies war die „Kriegserklärung" des Königs. Man war auf das Schlimmste bei diesem königstreuen Gutsbesitzer und Parlamentsgegner gefaßt.

Und wirklich. Als Bismarck zum ersten Male vor den Landtag trat und erneut die Bewilligung der Steuern für die Heeresreform forderte, umriß er seinen Standpunkt: „Deutschland schaut nicht auf Preußens freiheitlichen Geist, sondern auf seine Macht ... Nicht durch Reden und Mehrheitsbeschlüsse werden die großen Fragen der Zeit entschieden – das ist der Fehler von 1848 und 1849 gewesen –, sondern durch Eisen und Blut!"

Als die Abgeordneten bei ihrem Nein blieben, erhob der Ministerpräsident die Steuern ohne die Zustimmung des Parlaments und führte so die Heeresreform zu Ende.

Arbeitsvorschläge

1. Auch heute sind zuweilen Ausgaben für die Bundeswehr im Parlament und in der Öffentlichkeit umstritten. Warum? Verfolge doch einmal daraufhin die Nachrichten und die Zeitungsmeldungen!
2. Was wollte Bismarck mit seinen Worten vor dem Landtag ausdrücken?

Der Weg zum neuen Reich

Der Bruderkrieg mit Österreich

Um 1860 erreichte Italien — bisher wie Deutschland in einzelne Fürstenherrschaften zersplittert – den Zusammenschluß zu einem Nationalstaat. Diese nationale Einigung ließ auch in Deutschland das Streben nach Einheit wieder stärker werden.

Auch Bismarck wollte ein einiges deutsches Reich. Aber es sollte ein Reich unter Preußens Führung sein. Österreich durfte nicht dazu gehören, denn ein reibungsloses Nebeneinander beider Staaten war für ihn nicht denkbar. So wie der *deutsche Dualismus,* der Gegensatz zwischen Preußen und Österreich, schon die Vergangenheit schwer belastet hatte, so würde es auch in Zukunft immer neue Reibereien geben. Aus diesem Grunde trieb Bismarck seine Politik zielbewußt auf einen Bruch mit Österreich hin.

Schließlich rüsteten beide Staaten zum Krieg. Bei *Königgrätz* wurde Österreich 1866 geschlagen. Der Friedensschluß drängte es aus dem Deutschen Bund hinaus, ließ ihm aber seinen Besitz. Bismarck sagte: „Man muß einen bedeutenden Gegner entweder ganz schonen oder ganz vernichten." Letzteres aber wollte er nicht.

So brachte dieser Bruderkrieg Preußen keine Landgewinne aus dem Besitz der Habsburger; es hielt sich dafür aber in Norddeutschland bei den Ländern schadlos, die mit Österreich gekämpft hatten: Hannover, Kurhessen, Nassau und die Reichsstadt Frankfurt wurden dem preußischen Staate einverleibt, ferner Schleswig-Holstein. Jetzt erstreckte er sich zusammenhängend über ganz Norddeutschland.

Friedensverhandlungen zwischen Preußen und Österreich 1866: in der Mitte Bismarck, zu seiner Linken der preußische König, zu seiner Rechten der führende preußische General, Graf Moltke; im Vordergrund die Vertreter Österreichs. – Österreich wurde 1867 in zwei Staatshälften geteilt („Österreich-Ungarn"), die aber einen gemeinsamen Herrscher behielten.

Der Norddeutsche Bund

Die verbleibenden Kleinstaaten nördlich des Mains faßte Bismarck mit Preußen zu einem *Norddeutschen Bund* zusammen (1867), den bisherigen Deutschen Bund löste er auf. Im Norddeutschen Bund lag alle Macht beim König von Preußen und bei seinem Ministerpräsidenten.

Innerhalb kürzester Zeit hatte Bismarck das Bild der deutschen Landkarte völlig verwandelt, hatte er Preußen zur Vormacht in einem Deutschland geführt, zu dem Österreich nicht mehr gehörte. Die preußischen Bürger sonnten sich in der neuen Macht und Größe ihres Staates. In dem allgemeinen Jubel bewilligten die Abgeordneten des preußischen Landtags nachträglich die Gelder für die Heeresreform. Damit war auch dieser alte Streit abgeschlossen.

Noch aber war die deutsche Einheit nicht vollendet, noch standen die deutschen Staaten südlich des Mains abseits.

Arbeitsvorschläge

1. Verfolge die Einigung Italiens in deinem Geschichtsatlas!

2. Was bedeuteten die Jahre 1866/1867 für
    a) Preußen,
    b) Österreich,
    c) die deutschen Staaten nördlich des Mains,
    d) die deutschen Staaten südlich des Mains,
    e) den Deutschen Bund?

3. Warum mag Bismarck das besiegte Österreich wohl geschont haben?

4. Die norddeutschen Verbündeten Österreichs hat er nicht geschont, um die auseinanderliegenden Teile Preußens zu verbinden. Vergleiche dazu die Karten auf S. 192 und 207!

5. Über den Norddeutschen Bund hat einmal ein Volksvertreter gesagt, daß Preußen darin „wie ein Riese unter lauter Zwergen" wirke.
    a) Überprüfe diese Aussage auf der Karte S. 207!
    b) Welche „Zwerge" gehörten zum Norddeutschen Bund?

Das neue Reich

Der Deutsch-Französische Krieg 1870/71

Doch nach dem Bruderkrieg zwischen Preußen und Österreich blieb es nicht lange friedlich. Bis 1866 war Napoleon III., Kaiser der Franzosen seit 1852, der mächtigste und einflußreichste Herrscher in Europa gewesen. Nun sah er mit großem Mißvergnügen, wie Preußen durch Bismarcks Machtpolitik immer stärker wurde. Er setzte alles daran, eine weitergehende Einigung zu verhindern.

Die Spannungen entluden sich im Sommer 1870 über der Frage, ob ein Verwandter des preußischen Königs den spanischen Thron besteigen sollte. Schließlich erklärte Napoleon III. Preußen den Krieg. Durch die französische Kriegserklärung aber fühlten sich *alle* Deutschen angegriffen. Die nationale Begeisterung führte sie jetzt zusammen. Gemeinsam marschierten preußische, norddeutsche und süddeutsche Truppen in Frankreich ein. Napoleon III. wurde in Sedan eingeschlossen und mußte sich mit seinem Heer im September 1870 ergeben.

Aber der Krieg war damit nicht zu Ende. Die Bürger von Paris erhoben sich gegen die Niederlage. Sie setzten den gefangenen Napoleon ab und riefen eine neue Republik aus. So zog das deutsche Heer weiter vor die französische Hauptstadt und belagerte sie. Hunger und Granaten zwangen die Einwohner der Stadt schließlich auf die Knie.

Als im Frühjahr 1871 der Frieden geschlossen wurde, mußte Frankreich vor allem die Provinzen Elsaß und Lothringen abtreten. Sie hatten zwar einst zum Reich gehört, seine Bürger aber fühlten sich inzwischen zumeist als Franzosen. Aus dieser Abtretung – die Bismarck nicht gewollt hatte – erwuchs eine langdauernde Feindschaft zwischen den beiden Nachbarvölkern, fast bis in unsere Zeit hinein.

Während der deutschen Belagerung nahmen die Arbeiter und Handwerker von Paris selbst die Regierung in die Hand und vertrieben die Beamten und Offiziere (Pariser Kommune). Sie kämpften leidenschaftlich gegen die Deutschen und – in einem furchtbaren Bürgerkrieg – gegen die vertriebenen Landsleute. Über 25 000 Menschen kamen dabei ums Leben, mehr als während der Französischen Revolution!

Die Reichsgründung in Versailles

Noch während des Krieges versuchte Bismarck, den Norddeutschen Bund zu einem wirklichen Reich zu erweitern. Besonders die Könige von Württemberg und von Bayern sperrten sich lange Zeit; sie wollten möglichst wenig von ihrer bisherigen Selbständigkeit opfern. Aber am 18. Januar 1871 war es schließlich so weit: Zweiundzwanzig deutsche Fürsten und die Vertreter der drei freien Reichsstädte gründeten im Spiegelsaal des französischen Königsschlosses von Versailles das neue *Deutsche Reich* und wählten den König von Preußen zum „Deutschen Kaiser". Bismarck wurde Reichskanzler.

Es war eine Reichsgründung von oben, ein Kaiserreich der Fürsten.

Die Bürger hatten 1848 ein „demokratisches" Kaiserreich erstrebt, in Bismarcks Fürstenstaat jedoch war kein Raum für die „Herrschaft des Volkes". Bismarck hatte dem deutschen Volk ein stattliches, prächtiges Haus gebaut. In ihm sollten die Bürger nun leben und wirken. Nach ihren Wünschen wurden sie dabei wenig gefragt. Man regiere sie, aber man hatte ihnen gegenüber kaum Rechenschaft abzulegen.

Doch für die meisten Deutschen überblendete der Glanz der neuen Einheit jetzt den Mangel an Freiheit. Über dem nationalen Stolz vergaß man vielfach das demokratische Recht auf Mitbestimmung. Wenn Bismarck wegen seiner Gewaltpolitik bis 1870 in Deutschland der „bestgehaßte" Mann gewesen war, so bewunderte man ihn jetzt um so mehr als den großen Reichsgründer, den „Eisernen Kanzler", den „Schmied der deutschen Einheit".

„Die Einheit haben wir zwar – die Freiheit in der Einheit muß erst kommen", so sagte damals ein Vertreter des Volkes.

Drei Bilder aus dem Jahre 1871

In drei sehr unterschiedlichen Bildern sind die Geschehnisse des Jahres 1871 eingefangen worden.

So wie oben hat sich die Ausrufung des neuen Reiches am 18. Januar in Versailles abgespielt. Erhöht, vor den Kriegsfahnen der Regimenter, stand König Wilhelm, jetzt „Deutscher Kaiser". An seiner Seite rief der Großherzog von Baden das erste Hoch aus, in das die Teilnehmer der Proklamation einstimmten, zum Teil mit emporgerissenen Säbeln und Helmen.

Zu den Teilnehmern gehörten einmal die Reichsfürsten, die – ebenfalls erhöht – hinter dem Kaiser aufgestellt waren, zum anderen Generale und hohe Beamte unten im Saal. Bismarck in weißer Uniform bildete die Hauptfigur des unteren Halbrunds.

Kein Vertreter des Volkes ist zu sehen, keiner der Bürger, die 1848 für ein einheitliches Reich auf den Barrikaden gekämpft hatten.

Der Maler des Bildes, Anton von Werner, war eigens nach Versailles geholt worden, um dieses fürstlich-militärische Schauspiel der Ausrufung des zweiten Deutschen Reiches festzuhalten.

In Wien sah man dieses Schauspiel, das die preußische Vormacht in Deutschland endgültig besiegelte, ganz anders. Unter einer Karikatur in der Zeitschrift „Kikeriki" fragte der Zeichner: „Kommen die Deutschen unter einen Hut? Ich glaube, sie kommen unter eine Haube!" Er meinte damit die „Pickelhaube", den preußischen Helm, den Bismarcks Hand über das deutsche Volk stülpt. (Eine Pickelhaube hält Bismarck auch bei der Kaiserproklamation in der Hand.)

In Paris hatte der Zeichner Honoré Daumier die Schrecken des Krieges miterlebt, der ein letzter Schritt auf dem Wege der Reichsgründung gewesen war. Mit dieser Darstellung gedachte er aller seiner Opfer.

Arbeitsvorschläge

1. Aus welchen Gründen mochte Frankreich gegen die Einigung Deutschlands sein? Warum wollte es keinen deutschen Prinzen auf dem spanischen Thron? Betrachte dazu eine Karte Europas; erinnere dich auch an das Reich der Habsburger!

2. „Der Deutsch-Französische Krieg hat die Einigung Deutschlands beschleunigt." – Ist dieser Satz richtig? Begründe bitte!

3. Versuche im Geschichtsatlas festzustellen, wann Elsaß-Lothringen zu Frankreich kam und wie sein Schicksal nach 1871 war!

4. Wie ist heute das Verhältnis zwischen Deutschland und Frankreich?

5. Auf S. 206 ist zum ersten Male ein zeitgenössisches *Foto* abgebildet. Was kannst du im Schülerlexikon oder anderswo über die Geschichte der Fotografie feststellen? Seit wann gibt es Fotos?

6. Vergleiche noch einmal:
Wer wählte den preußischen König 1849 zum Kaiser, wer 1871? Wie verhielt sich der König 1849, wie 1871?

7. Lies doch bitte auf S. 200 noch einmal nach, wie sich Friedrich Wilhelm IV. die Vergabe der Kaiserkrone wünschte? Wäre die Reichsgründung von 1871 in seinem Sinne gewesen?

8. In welchen geschichtlichen Zusammenhängen ist dir das Schloß Versailles im Unterricht bereits begegnet?

9. Für die Reichsfahne wählten die Fürsten nicht die Farben Schwarz-Rot-Gold. Sie schufen eine neue Fahne mit den Farben Schwarz-Weiß-Rot. Das waren die Landesfarben der größten und kleinsten Mitglieder: Preußens mit Schwarz-Weiß und der freien Reichsstädte mit Weiß-Rot.
Was sollte diese Entscheidung der Fürsten wohl ausdrücken?

10. Vergleiche die Grenzen des Reiches von 1871 mit den heutigen deutschen Grenzen!

11. Ziehe aus diesem Arbeitsbuch die Ereignisse heraus, die zwischen 1806 und 1871 auf dem Wege zur deutschen Einheit lagen! Stelle sie in einer Liste zusammen! Welche dieser Ereignisse wurden durch das Volk, welche durch die Fürsten getragen?

12. In Teil 6 sind eine Reihe wichtiger Begriffe des öfteren vorgekommen: national, liberal, demokratisch; Republik, Parlament, Verfassung. Mache sie dir bitte noch einmal ganz klar! (Du kannst dazu im Register S. 277 nachschlagen!)

Wir merken uns

Seit 1862 war Otto von Bismarck preußischer Ministerpräsident. Zielbewußt arbeitete er darauf hin, die Einigung Deutschlands unter der Vorherrschaft Preußens und unter Ausschluß Österreichs durchzuführen.

Schritte auf dem Wege zur deutschen Einigung waren 1866 der Krieg zwischen Preußen und Österreich, 1867 die Gründung des Norddeutschen Bundes, 1870/71 der Deutsch-Französische Krieg.

Am 18. Januar 1871 gründeten die deutschen Fürsten auf Bismarcks Betreiben das neue Deutsche Reich. Der König von Preußen wurde „Deutscher Kaiser".

1815 — 1848 — 1871 — 1971. Ein Rückblick

Am 17. Januar 1971 hielt der damalige Bundespräsident Dr. Gustav Heinemann im Fernsehen diese Ansprache.

> „Gedenktage kommen ungerufen. Sie stellen sich zumal dann ein, wenn sich die Zahl der Jahre nach einem Geschehnis rundet. So wird es morgen 100 Jahre her sein, daß im Spiegelsaal von Versailles der König von Preußen zum Deutschen Kaiser ausgerufen wurde. Der 18. Januar 1871 gilt deshalb als der Geburtstag des Deutschen Reiches und damit des deutschen Nationalstaates. Für Generationen ist dieser Tag ein Höhepunkt ihres Geschichtsbewußtseins gewesen.
>
> Uns ist aber heute nicht nach einer Hundertjahrfeier zumute. Das Deutsche Reich als damaliger Ausdruck der endlich erreichten, wenn auch nur kleindeutschen Einheit unseres Volkes ohne die Deutsch-Österreicher hat sich in zwei deutsche Staaten verwandelt. Keiner dieser beiden Staaten ist nach seiner inneren Ordnung mehr mit dem Deutschen Reich von 1871 vergleichbar. Preußen, die Vormacht und gestaltende Kraft jenes Vorgangs von 1871, ist ausgelöscht. Berlin, die Hauptstadt des Deutschen Reiches, ist zerschnitten. Wesentliche Teile des Reichsgebietes von 1871 gehören nicht mehr zu uns. Diese nüchternen Feststellungen schließen es aus, daß wir den 18. Januar morgen so feiern, wie er geraume Zeit begangen worden ist.
>
> Hat uns Geschichte überhaupt noch etwas zu sagen? Die junge Generation mag von Geschichte nicht mehr viel hören. Ihr Interesse setzt allenfalls bei 1933 ein und ist im übrigen auf die Zukunft unserer Gesellschaft gerichtet. Aber: Alle Zukunft erwächst auch aus Vergangenheit. Einige Auffrischungen unseres Gedächtnisses können helfen, aus ihr zu lernen.
>
> Unsere Geschichte ist in vieler Hinsicht anders verlaufen als die unserer Nachbarn. Man hat uns eine ‚verspätete Nation‘ genannt. In der Tat haben wir unsere nationale Einheit 1871 später und unvollkommener erlangt als andere Nationen. Der Ruf nach Einheit erhob sich in den Befreiungskriegen gegen Napoleon, bei den unruhigen Studenten auf dem Wartburgfest 1817, in der großartigen Volksfeier 1832 auf dem Hambacher Schloß und sonderlich im Sturm und Drang der Jahre 1848/49. Aber ein jedes Mal wurde der Ruf von jenen Dutzenden von Fürstenstaaten erstickt, in die Deutschland zerrissen blieb ...
>
> Bismarck als Schöpfer der Einheit mit Blut und Eisen – so wurde es gelehrt und in der Fülle der ihm gewidmeten Denkmäler in den deutschen Landschaften dargestellt. Wir müssen erkennen, daß dieses eine Vereinfachung ist, bedenklich wie jede Vereinfachung, richtig und falsch zugleich. Bismarck erzwang 1871 den kleindeutschen fürstlichen Bundesstaat unter Ausschluß auch der Deutschen in Österreich – das ist richtig. *Aber Bismarck gehört nicht in die schwarzrotgoldene Ahnenreihe derer, die mit der Einheit des Volkes zugleich demokratische Freiheit wollten. Wer also die Linie von den Befreiungskriegen und der Wartburg, über Hambach, Frankfurter Paulskirche und Rastatt als Endstation der Revolution von 1848/49 bis nach Sedan und Versailles zieht, verzerrt den Gang der Geschichte.*"

Oben: *Bismarck-Denkmal in Hamburg*
Unten: *Das „Lied der Deutschen" des Dichters Hoffmann von Fallersleben*

Das Lied der Deutschen

Deutschland, Deutschland über alles,
über alles in der Welt,
wenn es stets zu Schutz und Trutze
brüderlich zusammenhält;
von der Maas bis an die Memel,
von der Etsch bis an den Belt:
Deutschland, Deutschland über alles,
über alles in der Welt!

Deutsche Frauen, deutsche Treue,
deutscher Wein und deutscher Sang
sollen in der Welt behalten
ihren alten, schönen Klang,
uns zu edler Tat begeistern
unser ganzes Leben lang:
Deutsche Frauen, deutsche Treue,
deutscher Wein und deutscher Sang!

Einigkeit und Recht und Freiheit
für das deutsche Vaterland!
Danach laßt uns alle streben
brüderlich mit Herz und Hand!
Einigkeit und Recht und Freiheit
sind des Glückes Unterpfand;
blüh im Glanze dieses Glückes,
blühe, deutsches Vaterland.

Dr. Gustav Heinemann (1899–1976)

„In unserer Nationalhymne des Demokraten Hoffmann von Fallersleben aus dem Jahr 1841 singen wir von Einigkeit und Recht und Freiheit. So aber sang erst die Weimarer Republik. Im Kaiserreich, bis 1918, sang man ‚Heil Dir im Siegerkranz‘. Als das Deutsche Reich vor 100 Jahren in Versailles ausgerufen wurde, war keiner von den 1848ern zugegen ... Um den Kaiser standen in Versailles allein die Fürsten, die Generäle, die Hofbeamten, aber keine Volksvertreter.

Die Reichsgründung hatte die Verbindung von demokratischem und nationalem Wollen zerrissen ... Was 1871 erreicht wurde, war eine äußere Einheit ohne volle innere Freiheit der Bürger. Die Staatsgewalt ging nicht vom Volke aus, sie lag bei den Fürsten und den Senaten der Hansestädte ...

So sehr Deutschland vor 1871 staatlich zerklüftet war, so sehr lebten seine Menschen damals immerhin in gleichartigen gesellschaftlichen Ordnungen. Deshalb ging es damals allein um eine Überwindung der Kleinstaaterei, um aus Deutschland zumindest einen einheitlichen Wirtschaftsraum zu machen ...

Heute scheiden sich an der Elbe-Werra-Linie nicht nur zwei Staatsgewalten, sondern zugleich auch zwei Gesellschaftssysteme von harter Gegensätzlichkeit. Unsere Aufgabe ist darum anders anzusetzen als vor 100 Jahren. Sie greift ins Europäische. Sie zielt auf eine gesamteuropäische Grundordnung, in der Staaten und Völker auch bei unterschiedlicher innerer Gestaltung nicht nur nebeneinander bestehen, sondern Krieg und Gewalt gegeneinander ausschließen und sich miteinander zur Erfüllung gemeinsamer Sachaufgaben auf verschiedensten Gebieten verbinden – wie etwa Verkehr, Umweltgestaltung, Forschung, Entwicklungshilfe. Hier liegt ein weiter Weg vor uns.

Die innere Einheit der Bundesrepublik Deutschland dagegen ist ein gutes Stück vorangekommen. Die republikanische Staatsform, ihre Symbole und ihre demokratische Ordnung im Sinne des Grundgesetzes werden von einer Breite der Übereinstimmung getragen, wie sie unsere Geschichte bislang nicht gekannt hat. So wichtig dieses auch ist, so wenig entbindet es uns von der täglichen Pflicht beharrlicher Verwirklichung der Maßstäbe, die eben dieses Grundgesetz für unsere Gesellschaft setzt. Unsere Gesellschaft soll nicht nur demokratisch verfaßt, sondern auch und entscheidend sozial sein. Hier fehlt es noch an vielem."
(Nach: Frankfurter Rundschau vom 18. Januar 1971)

Arbeitsvorschläge

1. Welche Ereignisse aus dem 19. Jahrhundert hebt Bundespräsident Heinemann heraus? Kläre auch, warum er die Jahre 1918 und 1933 betont!

2. Welche Ereignisse gehören nach seiner Sicht zusammen, welche nicht? Prüfe, ob die Gliederung deines Arbeitsbuches mit dieser Sicht übereinstimmt!

3. Durch welche Tatsachen sieht Gustav Heinemann die deutsche Gegenwart bestimmt?

4. Gibt es in deiner Nähe ein Erinnerungsmal an Bismarck (Denkmal, Turm, Eiche o. ä.)? Wie lautet eine evtl. angebrachte Inschrift?

Die Industrielle Revolution

7

Eisengießerei in Südwestengland um 1789

| 1770 | 1780 | 1790 | 1800 | 1810 | 1820 | 1830 | 1840 | 1850 |

Die Verwandlung der Welt

„So jemand lieset alle Chroniken, so findet er von Christi Geburt an nichts Gleiches ... Dazu sind jetzt so scharf verständige Leut, die nichts verborgen lassen ..."

Vielleicht erinnerst du dich noch an diese Sätze. Martin Luther hatte sie angesichts der vielen neuen Wissenschaften und Künste, Entdeckungen und Erfindungen seiner Zeit niedergeschrieben, damals um 1520.

Auch in den Jahren danach sind die Entdecker und Erfinder nicht müßig gewesen. Immer tiefer drangen sie in die Geheimnisse des Lebens und der Natur ein. Der forschende Geist kam nicht mehr zur Ruhe. Eine Vielzahl technischer und naturwissenschaftlicher Entdeckungen und Erfindungen reihten sich aneinander. Sie wirkten sich aber vielfach erst in späteren Jahrhunderten nutzbringend für die Menschen aus.

Hier ist eine Liste wichtiger Entdeckungen, Erfindungen und Neuerungen aus der Zeit nach Luther:

1540 Entdeckung des kleinen Blutkreislaufes (Servet)
1590 Erfindung des Mikroskops (Zacharias Janssen)
1608 Erfindung des Fernrohrs (Lippershey)
1609 Erste deutsche Wochenzeitung (in Straßburg)
1628 Entdeckung des großen Blutkreislaufes (Harvey)
1643 Erfindung des Barometers (Torricelli)
1650 Erste deutsche Tageszeitung (in Leipzig)
1654 Erfindung der Luftpumpe (Guericke)
1657 Erfindung der Penduluhr (Huygens)
1666 Erste Straßenbeleuchtung (in Paris)
1708 Erste Herstellung von Hartporzellan in Europa (Böttger)
1710 Gründung der Meißner Porzellanmanufaktur
1714 Erfindung des Quecksilberthermometers (Fahrenheit)
1747 Entdeckung des Zuckergehalts der Runkelrübe (Marggraf)
1752 Erfindung des Blitzableiters (Franklin)
1769 Erfindung der Dampfmaschine (Watt)

Mit der letzten dieser Erfindungen, mit der *Erfindung der Dampfmaschine,* begann unser Zeitalter der Technik und der Naturwissenschaften, begann die große *Industrielle Revolution,* die seither das Leben der Menschen immer stärker bestimmte. Sie ergriff zunächst England, dann das übrige Europa und die USA und jetzt, im 20. Jahrhundert, auch die anderen Gebiete der Erde. Sie äußerte sich nicht in blutigen Aufständen und Kämpfen. Aber sie hat die Lebensweise der Menschen, das Gesicht der Landschaft in einem Maße verwandelt wie keine Entwicklung seit der Jungsteinzeitlichen Revolution.

Arbeitsvorschläge

1. Was geschah in Deutschland, in Europa, in der Welt etwa zu der Zeit, in der die oben aufgeführten Entdeckungen und Erfindungen gemacht wurden?
2. Was bedeutete die Jungsteinzeitliche Revolution für die Menschheitsgeschichte?

Maschinen und Fabriken

Menschenkraft als Antriebskraft. – Das Bild zeigt das Schleifen von Rasiermessern in einer Pariser Manufaktur. (Das Innere der gesamten Manufaktur ist auf Seite 88/89 abgebildet.)

Die Anfänge der Industriellen Revolution in England

Die neue Kraft

Seit Jahrtausenden hatten die Menschen versucht, sich die Arbeit durch den Bau technischer Einrichtungen zu erleichtern. Im Altertum hatten die Ägypter von Tieren angetriebene Schöpfwerke erfunden, um das Nilwasser auf ihre Felder zu leiten. Die Menschen des Mittelalters hatten Windmühlen gebaut, um die Kraft des Windes zum Mahlen des Korns zu nutzen. Ludwig XIV. ließ durch riesige Wasserräder das Wasser aus der Seine in den Park von Versailles pumpen. Manufakturarbeiter drehten große Schwungräder und setzten dadurch Schleifsteine, auf denen Rasiermesser geschärft wurden, in schnelle Bewegung.

Allen diesen Einrichtungen war eines gemeinsam: sie waren auf die *natürlichen Kräfte in der Natur* angewiesen. Damit war man bei ihrem Einsatz abhängig von den begrenzten Kräften der Menschen oder Tiere, vom Vorhandensein des Wassers oder Windes.

Das änderte sich, als die Menschen lernten, Kraft künstlich zu erzeugen; als sie lernten, die Kraft des sich ausdehnenden Wasserdampfes in einer Maschine zu nutzen: in der Dampfmaschine.

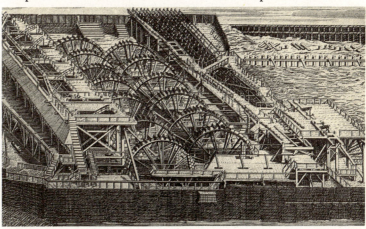

Wasserkraft als Antriebskraft. – Bei Versailles trieben riesige Wasserräder Pumpen an, die das Wasser der Seine die Uferböschung hinauf in eine „Wasserleitung" pumpten, wie wir sie von den Römern her kennen. Darin floß es viele Kilometer weit und speiste die Springbrunnen des Schloßparks.

215

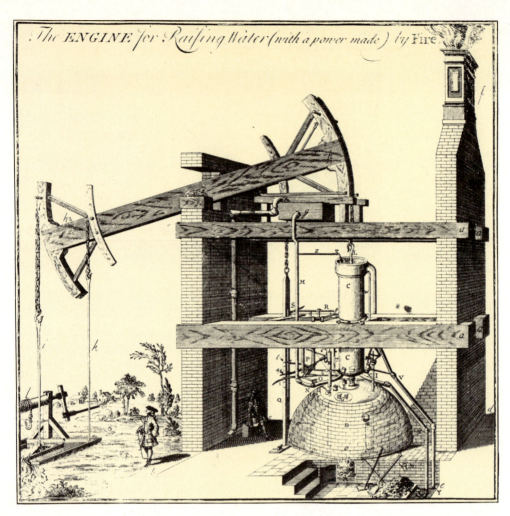

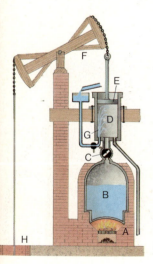

Schon seit etwa 1700 hatten Bastler und Handwerker in England damit begonnen, den Wasserdampf für den Menschen nutzbar zu machen. Das Bild oben zeigt eine „Dampfpumpe" aus dem Jahre 1715. Sie diente dazu, Wasser aus einem Bergwerksschacht zu pumpen.

Du kannst diesen Vorgang besser verstehen, wenn du die kleine Zeichnung links betrachtest.

Eine Heizungsanlage (A) erhitzte Wasser in einem großen Kessel (B). Der entstehende Wasserdampf wurde schubweise – durch Ventile (C) gesteuert – in einen Zylinder (D) geleitet. Dadurch hob sich im Zylinder ein Kolben (E) und mit dem Kolben der rechte Arm des „Pumpenschwengels" (F). Jetzt leitete man kaltes Wasser (G) in den Zylinder; dadurch kühlte sich der Dampf ab, es entstand unter dem Kolben ein luftleerer Raum. So fiel der Kolben im Zylinder wieder nach unten und zog den rechten Arm des Pumpenschwengels mit. Durch dieses Auf und Ab des Schwengels wurde das Wasser aus dem Schacht (H) herausgepumpt.

Freilich, es war ein mühseliges Geschäft! Die Dampfpumpe arbeitete langsam, lautstark und ruckweise. Und es war gefährlich, mit ihr umzugehen. Der Dampfkessel explodierte leicht, ausströmendes Wasser verbrühte die Arbeiter. Sie wurde darum auch „Feuerteufel" genannt.

Kannst du den englischen Text über dem Bild verstehen? Er lautet: "The engine for raising water with a power made by fire."

Arbeitsvorschlag

Du kannst das Prinzip der Krafterzeugung durch Wasserdampf an einem Wassertopf auf dem Herd verfolgen. Der Dampf hebt den Deckel. Würde Wasser in einem fest verschlossenen Topf gekocht, dann brächte die Kraft des Dampfes das Gefäß zum Platzen; der Topf würde explodieren.

James Watt

Erst James Watt schaffte es, wirklich die *ganze Kraft* des Dampfes für eine solche Maschine auszunutzen.

Der entscheidende Auftrag

Eines Tages – es war im Winter 1763 – erhielt der Mechaniker aus Glasgow den Auftrag, eine jener ersten, so unvollkommenen „Dampfpumpen" auszubessern. James Watt biß sich fest; er wollte nicht nur *aus*bessern, er wollte *ver*bessern, etwas wirklich Brauchbares schaffen!

Das war die eigentliche *Geburtsstunde der Dampfmaschine*. Sie ließ Watts Herz und Sinn hinfort nicht mehr los. Ihr widmete er sein ganzes Leben. „Alle meine Gedanken sind auf die Maschine gerichtet, ich kann nichts anderes mehr denken", so schrieb er an einen Freund. Planmäßig machte er Versuch auf Versuch, nur unter Mithilfe eines alten Klempners. Er hatte nur die gewöhnlichen Werkzeuge seines Berufs, er hatte kaum Geld, um Material zu kaufen. 1769 erhielt er vom englischen König sein erstes Patent.

Die Dampfmaschine als Antriebsmaschine

Watt baute einen neuen, „druckfesten" Zylinder. In ihn hinein leitete er den Dampf abwechselnd von unten *und von oben*. Allein durch die Kraft des Dampfes hob und senkte sich jetzt der Kolben – viel schneller als bisher. Er baute außerhalb des Zylinders ein besonderes Gefäß zum Abkühlen des Dampfes, den „Kondensator". So vermied er, daß jedesmal auch der Zylinder mit abkühlte. Und es gelang ihm, das Auf und Ab der Kolbenbewegung in eine *drehende Bewegung* umzuwandeln.

Watts Dampfmaschine, wie er sie nach Abschluß seiner Versuche zusammen mit seinem Geschäftspartner Matthew Boulton serienmäßig baute. – Durch die beiden Zahnräder (rechts unten) wurde die Auf- und Abbewegung des Kolbens in eine Drehbewegung des großen Schwungrades umgewandelt.

Das war der entscheidende Durchbruch. Denn jetzt konnte man die durch Dampf erzeugte Kraft mit Hilfe von Achsen, Wellen und breiten Lederriemen auf andere Maschinen übertragen. Die Dampfmaschine wurde zur *Antriebsmaschine* für jede beliebige andere Maschine (nicht mehr nur für Pumpen). Diese anderen Maschinen verrichteten ihrerseits die eigentliche Arbeit: sie waren *Arbeitsmaschinen*.

Die nachfolgende Schemazeichnung zeigt dir, wie diese Übertragung der Dampfkraft von der Antriebsmaschine auf die Arbeitsmaschine erfolgte.

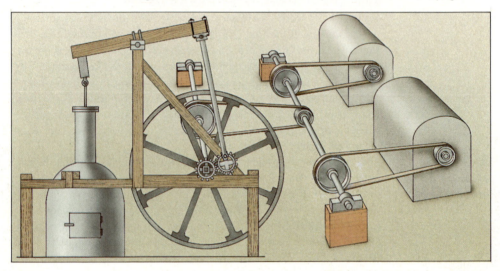

Arbeitsvorschläge

1. Vielleicht besitzt du eine Dampfmaschine. Bringe sie mit und führe deinen Klassenkameraden vor, wie sie arbeitet.
2. Kennst du Maschinen, die auch heute noch durch die Dampfkraft angetrieben werden?
3. Welche weiteren „Kräfte" hat sich der Mensch inzwischen erschlossen?

Die Bedeutung der Dampfmaschine

Was die Erfindung Watts bedeutete, haben die Menschen damals nicht gleich übersehen. Erst nach und nach entdeckten sie immer neue Einsatzmöglichkeiten der Dampfmaschine.

Fabriken statt Manufakturen

Die ersten Arbeitsmaschinen, die von ihr angetrieben wurden, waren vor allem Spinn- und Webmaschinen.

1767 hatte James Hargreaves die „Spinning-Jenny" erfunden, eine Spinnvorrichtung, auf der 18 Fäden gleichzeitig gesponnen werden konnten. Sie verrichtete damit die Arbeit von 18 Menschen gleichzeitig! Mit der Kraft seiner Hände hatte Hargreaves sie zunächst in Bewegung gehalten – es hatte ihn viel Kraft gekostet! Später übernahmen Wasserräder diese Aufgabe.

Die neue Dampfmaschine ersetzte die Kraft des Menschen und der Natur. Mehr noch: sie konnte viele solcher „Spinning-Jennies" – in fortlaufender Reihe in einem großen Saal aufgestellt – mit ihrer Kraft antreiben. *Das war die Geburtsstunde der modernen Fabrik. Das „System" von Antriebsmaschine, Übertragungseinrichtungen und Arbeitsmaschinen löste die Manufaktur ab.*

Den ersten Spinnmaschinen folgten bessere, leistungsfähigere; sie konnten gleichzeitig bis zu 1000 Spindeln in Bewegung setzen. Den Spinnfabriken folgten Webfabriken, in denen viele Webmaschinen durch eine einzige Dampfmaschine angetrieben wurden. Eine vielfältige *Textilindustrie* bildete sich in England. Fabriken mit Hunderten von Arbeitern produzierten dort Baumwoll-, Woll- und Leinenstoffe. Die Arbeiter stellten das Hundert- und Tausendfache von dem her, was sie vorher am Spinnrad oder Webstuhl geschafft hatten.

Erst durch die Erfindung der Dampfmaschine konnte das Fabrikwesen unserer Zeit sich ausbilden.

Blick in eine Baumwollspinnerei in Manchester um 1835. – Die in langer Reihe aufgestellten Spinnmaschinen werden von einer Dampfmaschine angetrieben. Diese ist im Bild nicht sichtbar, die Übertragungseinrichtungen aber sind deutlich zu erkennen. Vergleiche die Abbildung mit dem Ausschnitt aus der Manufaktur auf S. 215! Was hat sich verändert?

*Ein englisches Kohlenbergwerk um 1790. – Hier werden durch die Dampfmaschine zwei Förderanlagen betrieben (Dampfkessel und Zylinder sind getrennt aufgestellt).
Das Bild erzählt manche Einzelheit, auch über den Gütertransport in damaliger Zeit.*

Verbesserungen im Kohlenbergbau	Watts Dampfmaschinen hielten natürlich auch in den englischen Kohlenbergwerken ihren Einzug. Sie arbeiteten viel schneller und besser als ihre Vorgänger, die Dampfpumpen. Dadurch konnte mehr Grundwasser abgepumpt, konnten die Bergwerksschächte in wenigen Jahren um 36 Meter tiefer als bisher getrieben werden. England förderte mit einem Schlage mehr Kohle als alle anderen Länder der Erde zusammen. Seine *Kohleförderung* stieg von 6 Millionen Tonnen um 1770 auf 21 Millionen Tonnen um 1825 und auf 45 Millionen Tonnen um 1845. Kohle aber war einer der beiden Grundstoffe der Industriellen Revolution.
Eisenmaschinen und Eisenerze	Hargreaves hatte seine „Spinning-Jenny" noch fast ganz aus Holzteilen gebaut. Holz hielt jedoch nicht lange. Watts Dampfmaschine aber war aus Eisen, und auch die neuen Arbeitsmaschinen wurden aus Eisen gefertigt. Zur Herstellung der Maschinen brauchte man wieder entsprechende Maschinen: Walzen und Bohrmaschinen zum Beispiel. So entwickelte sich neben der Textilindustrie auch eine *Maschinenindustrie*. Je mehr Maschinen aber gebaut wurden, desto höher wurde der Bedarf an Eisen. Damit stieg wiederum die Förderung und Verarbeitung von Eisenerzen: die *Erzeugung von Roheisen* schnellte in England von 20 000 Tonnen um 1740 auf 500 000 Tonnen um 1825 und auf 2 Millionen Tonnen um 1845 empor. Eisen war der zweite der beiden Grundstoffe der Industriellen Revolution.

Erst mit der Erfindung der Dampfmaschine entfalteten sich Kohleförderung, Eisenerzeugung und Maschinenindustrie.

Arbeitsvorschläge

1. Versuche, nach der Abbildung auf S. 219 das Schemabild einer frühen Fabrik zu zeichnen!
2. Begründe bitte: Warum war die Erfindung der Dampfmaschine für den Prozeß der Industrialisierung grundlegend? Warum stellt die Industrielle Revolution einen so bedeutsamen Wendepunkt in der Menschheitsgeschichte dar?
3. Was bedeutete der Einsatz von Maschinen für die Menschen? Welche Vorteile brachte er, welche Nachteile?

England: erster Industriestaat der Erde

Während Napoleon Europa eroberte, vollzog sich in England eine andere, friedliche Eroberung – die „Industrielle Revolution". Der Siegeszug der Dampfmaschine verschaffte England einen Vorsprung vor allen anderen Ländern der Erde. Es konnte viel mehr und viel bessere Waren erzeugen, die es in die ganze Welt ausführte, „exportierte". Ein Jahrhundert lang stand England in der Produktion von Maschinen und Fertigwaren an der Spitze. Erst gegen Ende des 19. Jahrhunderts wurde es von anderen Industriestaaten eingeholt und überflügelt.

Als James Watt 1819 starb, ehrte ihn das englische Volk wie keinen Erfinder zuvor. Es setzte ihm in der Londoner Westminster-Abtei, der Begräbnisstätte der englischen Könige, ein Denkmal. Inzwischen liefen in England schon mehr als 1500 seiner Dampfmaschinen. Sie ersetzten, so hatte man ausgerechnet, die Arbeit von einer Million Menschen. Die „Feuerteufel" von einst waren zu „Eisernen Engeln" geworden.

Heute steht Watts Name auf jedem elektrischen Gerät und jeder Glühbirne, ist sein Name Bezeichnung einer elektrischen Maßeinheit geworden, welche die Leistung des Geräts angibt.

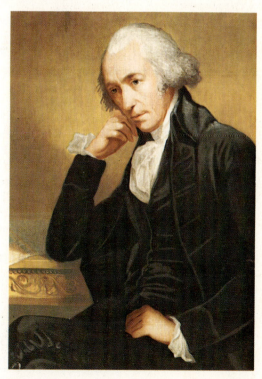

James Watt (1736–1819).

„Mit der Kraft des Dampfes wird für die Kultur mehr getan werden, als alle Zeiten bisher haben tun können, und die Dampfmaschine wird mehr als alles andere die kommenden zweihundert Jahre bestimmen." So hatte Matthew Boulton, Watts Geschäftspartner, 1775 an den englischen König geschrieben.

Wie viele Jahre sind seitdem vergangen? Haben sich diese Sätze als richtig herausgestellt?

221

Arbeitsvorschläge

1. In England wurde um 1800 jeder mit schwerer Strafe bedroht, der Maschinen exportieren wollte. Ebenfalls durften keine Arbeiter auswandern, welche die Maschinen bauen und bedienen konnten. Kannst du dir denken, warum?

2. Lies noch einmal auf S. 164 nach, was Napoleon durch die Kontinentalsperre erreichen wollte! Du wirst es jetzt besser verstehen.

3. Stelle im Geschichtsatlas fest, wo die Industriegebiete Englands liegen!

4. Die Leistung der Dampfmaschinen maß man an der Kraft von Pferden; man berechnete, wie viele Pferde nötig sein würden, um die gleiche Leistung zu vollbringen („Pferdestärke" = PS).
Die Leistung eines Pferdes wiederum ersetzte durchschnittlich die Leistung von 5–6 Menschen. Bei Watts Tod hatten die Dampfmaschinen eine durchschnittliche Leistung von 40 PS.
Stelle die PS-Zahl von Autos, Maschinen, Flugzeugen heute fest!

Fabriken in Manchester um 1830. In seinem Tagebuch hielt ein Deutscher bei einem Besuch diese Skizze fest.

Auswirkungen der Industriellen Revolution

Die Industrielle Revolution war nicht nur ein Übergang von der Handarbeit zur Maschinen- und Fabrikarbeit; sie ermöglichte nicht nur die schnelle und billige Herstellung einer großen Anzahl von Waren; sie veränderte das Leben der Menschen überhaupt – wiederum zuerst in England.

Die Dampfmaschine befreite die Gütererzeugung von der Bindung an Wasser und Wind. So entstanden die Fabriken in den Städten oder in kleinen Orten bei den Kohlefeldern. Kleinstädte schnellten auf zu Großstädten mit Hunderttausenden von Fabrikarbeitern. Die bäuerliche Landschaft wandelte sich an vielen Stellen in eine Industrielandschaft. Jetzt erhoben sich hier die Backsteinmauern hochragender Fabriken, qualmten die Schlote, surrten die Förderräder der Schachtanlagen, türmten sich die Schlackenhalden.

Die „Verstädterung" des Lebens können wir an den Einwohnerzahlen einiger englischer Industriestädte ablesen:

	um 1760	1800	1850	1900
Liverpool	25 000	82 000	397 000	685 000
Manchester	ca. 35 000	77 000	462 000	544 000
Birmingham	ca. 28 000	71 000	242 000	522 000
Leeds	ca. 16 000	53 000	172 000	429 000

Die Industriestädte

Das Bild einer solchen emporschießenden Industriestadt zeichnet uns der Franzose Alexis de Tocqueville, der 1835 England bereiste:

„... Auf dem Gipfel der Hügel, die ich eben beschrieben habe, erheben sich dreißig oder vierzig Fabriken. Mit ihren sechs Stockwerken ragen sie hoch in die Luft. Ihr unabsehbarer Bereich kündet weithin von der Zentralisation der Industrie. Um sie herum sind gleichsam willkürlich die erbärmlichen Behausungen der Armen verteilt; auf unzähligen gewundenen schmalen Pfaden gelangt man dorthin. Zwischen ihnen liegt unbebautes Land, das nicht mehr den Reiz ländlicher Natur hat, ohne schon die Annehmlichkeiten der Stadt zu bieten ...

Unter diesen elenden Behausungen befindet sich eine Reihe von Kellern, zu der ein halb unterirdischer Gang hinführt. In jedem dieser feuchten und abstoßenden Räume sind zwölf bis fünfzehn menschliche Wesen wahllos zusammengestopft ... Um dieses Elendsquartier herum schleppt einer der Bäche, die ich vorhin beschrieben habe, langsam sein stinkendes Wasser, das von den Industriearbeiten eine schwärzliche Farbe erhält. Er wird in seinem Lauf nicht durch Kaimauern eingeschlossen. Die Häuser sind willkürlich an seinen Ufern errichtet worden ...

Ein dichter schwarzer Qualm liegt über der Stadt. Durch ihn hindurch scheint die Sonne als Scheibe ohne Strahlen. In diesem verschleierten Licht bewegen sich unablässig dreihunderttausend menschliche Wesen. Tausend Geräusche ertönen unablässig in diesem feuchten und finsteren Labyrinth. Aber es sind nicht die gewohnten Geräusche, die sonst aus den Mauern großer Städte aufsteigen.

Die Schritte einer geschäftigen Menge, das Knarren der Räder, die ihre gezahnten Ränder gegeneinander reiben, das Zischen des Dampfes, der dem Kessel entweicht, das gleichmäßige Hämmern des Webstuhls, das schwere Rollen der sich begegnenden Wagen – dies sind die einzelnen Geräusche, die das Ohr unentwegt treffen. Nirgends ist der Hufschlag von Pferden zu hören ... Nirgends der Ausbruch von Freude, fröhliche Rufe ... Nirgends begegnet das Auge der glücklichen Behäbigkeit, die ihre Muße in den Straßen der Stadt spazierenführt oder auf dem nahen Land einfache Freuden sucht. Ständig drängt sich die Menge in dieser Stadt, aber ihre Schritte sind hart, ihre Blicke zerstreut, ihr Ausdruck ist finster und roh ..."
(Notizen über eine Reise nach England, zitiert nach: Treue-Pönicke-Manegold, Quellen zur Geschichte der industriellen Revolution, Göttingen 1966, S. 126—129)

Arbeitsvorschläge

1. Lies die Beschreibung der Industriestadt Manchester genau durch! Stelle zusammen, was ausgeführt wird über
   a) die Unterkünfte der Fabrikarbeiter,
   b) die Umweltverschmutzung durch die Industrie,
   c) das „Gesicht" dieser Stadt allgemein!

2. Vergleiche den Bericht mit den Abbildungen auf S. 213 und 222!

3. Paßt die Beschreibung Tocquevilles auch noch für unsere Industriestädte heute? Was ist anders, was ist ähnlich?

4. Heute ist sehr oft von „Umweltverschmutzung" die Rede. Was alles schließt dieser Begriff heute ein? Welche Möglichkeiten haben die Bürger – im kleinen wie im großen –, zu ihrer Einschränkung beizutragen?

Kinderarbeit in einem englischen Bergwerk. – Vergleiche das Bild mit dem Quellentext auf S. 225!

Die Kinderarbeit

Die ersten Maschinen waren sehr einfach gebaut. Ungelernte, Frauen und sogar Kinder, konnten die einfachen Handgriffe ausführen. Das machten sich die Fabrikherren zunutze, die *Unternehmer:* Sie stellten vor allem Frauen und Kinder ein, denn dadurch sparten sie Lohn. Oft saßen die Väter arbeitslos in den schlechten Wohnungen der neuen Industriegebiete, und die Kinder mußten die Familie mit ihrem kärglichen Lohn ernähren. Häufig mietete man auch Kinder aus Waisenhäusern an und ließ sie in den Fabriken schuften.

Am schlimmsten aber erging es den Kindern, die in den englischen Kohlen- und Eisenbergwerken arbeiten mußten. Ein Deutscher, Friedrich Engels, hat darüber berichtet:

„Die Lage der arbeitenden Klasse in England"

„In den Kohlen- und Eisenbergwerken arbeiten Kinder von 4, 5, 7 Jahren; die meisten sind indes über 8 Jahre alt. Sie werden gebraucht, um das losgebrochene Material von der Bruchstelle nach dem Pferdeweg oder dem Hauptschacht zu transportieren, und um Zugtüren, welche die verschiedenen Abteilungen des Bergwerks trennen, bei der Passage von Arbeitern und Material zu öffnen und wieder zu schließen. Zur Beaufsichtigung dieser Türen werden meist die kleinsten Kinder gebraucht, die auf diese Weise 12 Stunden täglich im Dunkeln einsam in einem engen, meist feuchten Gang sitzen müssen, ohne selbst auch nur soviel Arbeit zu haben, als nötig wäre, sie vor der verdummenden, vertierenden Langenweile des Nichtstuns zu schützen.

Der Transport der Kohlen und des Eisengesteins dagegen ist eine sehr harte Arbeit, da dies Material in ziemlich großen Kufen ohne Räder über den holprigen Boden der Stollen fortgeschleift werden muß, oft über feuchten Lehm oder durch Wasser, oft steile Abhänge hinauf und durch Gänge, die zuweilen so eng sind, daß die Arbeiter auf Händen und Füßen kriechen müssen.

Zu dieser anstrengenden Arbeit werden daher ältere Kinder und heranwachsende Mädchen genommen. Je nach den Umständen kommt entweder ein Arbeiter auf die Kufe oder zwei jüngere, von denen einer zieht und der andere schiebt. Das Loshauen, das von erwachsenen Männern oder starken jungen Burschen von 16 Jahren und darüber geschieht, ist ebenfalls eine sehr ermüdende Arbeit...

Die gewöhnliche Arbeitszeit ist 11–12 Stunden, oft länger, in Schottland bis zu 14 Stunden, und sehr häufig wird doppelte Zeit gearbeitet, so daß sämtliche Arbeiter 24, ja nicht selten 36 Stunden hintereinander unter der Erde und in Tätigkeit sind. Feste Stunden für Mahlzeiten sind meist unbekannt, so daß die Leute essen, wenn sie Hunger und Zeit haben...

Die Kinder und jungen Leute, welche mit dem Schleppen der Kohlen und des Eisengesteins beschäftigt sind, klagen allgemein über große Müdigkeit... Es kommt jeden Augenblick vor, daß die Kinder, so wie sie nach Hause kommen, sich auf den steinernen Fußboden vor dem Herde werfen und sogleich einschlafen, daß sie keinen Bissen Nahrung mehr zu sich nehmen können und im Schlaf von den Eltern gewaschen und zu Bett gebracht werden müssen, ja daß sie unterwegs sich vor Müdigkeit hinwerfen und tief in der Nacht von ihren Eltern dort aufgesucht und schlafend gefunden werden.

Allgemein scheint es zu sein, daß diese Kinder den größten Teil des Sonntags im Bette zubringen, um sich einigermaßen von der Anstrengung der Woche zu erholen; Kirche und Schule werden nur von wenigen besucht, und bei diesen klagen die Lehrer über große Schläfrigkeit und Abstumpfung bei aller Lernbegierde. Bei den älteren Mädchen und Frauen findet dasselbe statt. Sie werden auf die brutalste Weise überarbeitet."

(Neudruck der 2. Auflage von 1892, Hannover 1965)

Das Los der Kinder wurde erst nach und nach gebessert. Um 1835 erging ein Gesetz, nach dem Kinder unter 9 Jahren überhaupt nicht mehr, Kinder von 9 bis 13 Jahren „nur" 8, Jugendliche von 13 bis 18 Jahren „nur" 12 Stunden täglich in den Textilfabriken arbeiten durften. Seit 1842 war die Arbeit von Frauen sowie Kindern unter 10 Jahren in Bergwerken ganz verboten. Die immer komplizierter werdenden Maschinen trugen ebenfalls dazu bei, daß die Kinderarbeit schließlich aufhörte. Aber sie bleibt eines der schlimmsten Kapitel der Industriellen Revolution.

Als die Industrielle Revolution nach Deutschland übergriff, wurden auch hier arbeitende Kinder in den Fabriken ein gewohnter Anblick. Auf unserem Bild arbeiten Jungen in einer Buntpapierfabrik in Aschaffenburg. – Das Maschinensystem ist sehr gut zu erkennen.

Arbeitsvorschläge

1. Rechne nach den Angaben im Text aus, wie viele Wochenstunden die Kinder damals arbeiten mußten (sie arbeiteten auch samstags). Wie viele Stunden in der Woche arbeitet dein Vater heute?

2. Versuche, den Tageslauf eines Jugendlichen in deinem Alter, der im Kohlenbergwerk arbeitete, niederzuschreiben! Schreibe in Ich-Form!

3. Begründe, warum häufig 24 oder gar 36 Stunden hintereinander im Bergwerk gearbeitet wurde!

4. Informiere dich über Friedrich Engels auf S. 261/262!

5. Suche in den vorausgehenden Teilen Ereignisse, die sich etwa gleichzeitig mit dem bisher in Teil 7 Berichteten abgespielt haben!
Schreibe etwa so:
„Als James Watt 1769 die erste brauchbare Dampfmaschine erfand, war der Siebenjährige Krieg in Europa und in der Welt 6 Jahre vorbei."
„Als Boulton 1775 an den englischen König schrieb, ..."
„Als James Watt 1819 starb, ..."
„Als Tocqueville 1835 Manchester besuchte, ..."

6. Beschreibe nach dem Text und den Bildern den Weg der Kohle in damaliger Zeit von der Abbaustelle bis zu einem „Verbraucher". Betrachte dazu auch das Bild auf S. 239!

7. Wie werden heute Kinder in Deutschland vor solcher Ausbeutung geschützt?

Die Revolution des Verkehrswesens

Massengüter, Massenverkehr

Vor 200 Jahren mußten noch alle Güter, die versandt wurden, auf Pferdefuhrwerken über Land oder auf Ruder- und Segelschiffen über das Wasser befördert werden. Das bedeutete:
Es konnte nicht allzu vieles über weite Entfernungen hin transportiert werden.
Der Transport kostete Zeit.
Der Transport war teuer.

Die neuen Fabriken des Industriezeitalters produzierten immer größere Mengen an Gütern: Eisen- und Stahlwaren, Bekleidung, Haushalts- und Luxuswaren. Herstellung und Absatz solcher Mengen waren nur möglich, wenn man die Rohstoffe dazu in großen Mengen heranholen und die Erzeugnisse weithin verschicken konnte. Nicht nur die neuen Maschinen, nicht nur Kohle und Eisen waren die Grundlagen der neuen Zeit, sondern ebensosehr die neuen Verkehrsmittel.

Alle unsere modernen Verkehrsmittel – Eisenbahn, Dampf- und Motorschiff, Auto, Flugzeug – sind in den letzten 175 Jahren erfunden und entwickelt worden. Erst sie ermöglichen einen schnellen und billigen Transport von Massengütern über weite Entfernungen – über den ganzen Erdball hinweg.

Die Eisenbahn

Für uns heute ist die Eisenbahn etwas Selbstverständliches, beinahe schon etwas Altmodisches. Wir können uns kaum vorstellen, was ihre Erfindung seinerzeit für die Menschen bedeutete.

Zwei Ideen standen am Anfang. Die erste war, von Pferden gezogene Wagen nicht mehr auf schlechten Straßen, sondern auf *Schienenbahnen* laufen zu lassen. Die zweite war, die Dampfmaschine auf Räder zu setzen, einen *Dampfwagen* zu bauen. Die beiden Ideen wurden um 1825 miteinander verbunden: Der Engländer *George Stephenson* setzte den Dampfwagen auf Schienenbahnen und ließ ihn Wagen mit Reisenden ziehen. *Das war die Geburtsstunde der Eisenbahn!*

△

Eine „Pferde-Schienenbahn" aus Österreich. – Sie fuhr 1828–1874 auf der Strecke zwischen Budweis und Linz.

Ein „Dampfwagen" aus England, bald nach 1800. – Eine Dampfmaschine ist auf Räder gesetzt und trägt einen Kutschenaufbau.

227

**Alte Zeit
gegen neue Zeit**

Auch auf Deutschland griff bald die Idee über, durch den Bau von Eisenbahnen den Menschen- und Gütertransport schneller und billiger zu machen. Besonders *Friedrich List* setzte sich nach seiner Rückkehr aus Amerika dafür ein.

Aber was gab es nicht alles für Widerstände, für törichte Reden gegen den Plan einer Eisenbahn! „Baut man Eisenbahnen, so wird der Verdienst der Fuhrleute, der Gastwirte, der Schmiede und Stellmacher aufhören!" warnten die Bürgermeister und Handwerker. „Eisenbahnbau bedeutet Abnahme der Flußschiffahrt und Verarmung der Schiffer", hieß es an den Flüssen. Einige Ärzte in Bayern schrieben: „Der Fahrbetrieb auf Dampfwagen ist mit Rücksicht auf die öffentliche Gesundheit zu untersagen. Die schnelle Bewegung erzeugt unfehlbar Gehirnkrankheiten; schon der bloße Anblick eines rasch dahinsausenden Zuges kann diese Krankheiten hervorrufen, daher muß an beiden Seiten des Bahnkörpers ein mindestens zwei Meter hoher Zaun errichtet werden." In Potsdam murrte der preußische König, als man ihm den Bau einer Bahn nach Berlin vorschlug: „Kann mir keine große Glückseligkeit vorstellen, ob ich ein paar Stunden früher in Berlin ankomme oder nicht." Ein Pfarrer predigte: „Die Eisenbahn ist ein Werkzeug des Teufels, sie führt geradewegs in die Hölle."

Endlich, im Sommer 1835, wurde der erste Spatenstich zum Streckenbau getan. Zwischen Nürnberg und Fürth sollte die erste deutsche Eisenbahn laufen. Am 7. Dezember 1835 war es soweit.

Ein Nachbau der Lokomotive, die am 7. Dezember 1835 von Nürnberg nach Fürth dampfte

Die erste deutsche Eisenbahn

„Schon um sieben Uhr machte sich Nürnberg zu Fuß, zu Pferde und zu Wagen auf den Weg, um zur rechten Zeit an Ort und Stelle zu sein. Gegen acht Uhr waren bereits die meisten Aktionäre und Direktoren, sowie die zur Feierlichkeit eingeladenen Gäste von nah und fern versammelt. Die Landwehrmusik verkündigte den Beginn der Feierlichkeit.

Man betrachtete lange Zeit den soliden Bau der Bahn, die zum Teil elegant gebauten Passagierwagen, 9 an der Zahl; aber die freudigste und nicht zu erschöpfende Aufmerksamkeit widmete man dem Dampfwagen selbst, an welchem jeder so viel Ungewöhnliches, Rätselhaftes zu bemerken hat, den aber in seiner speziellen Struktur nach äußerem Anschein selbst ein Kenner nicht zu enträtseln vermag.

Auf der Achse von Vorder- und Hinterrädern wie ein anderer Wagen ruhend, hat er mitten zwischen diesen zwei größere Räder, und diese sind es, welche von der Maschine eigentlich in Bewegung gesetzt werden. Wie? läßt sich zwar ahnen, aber nicht sehen. Zwischen den Vorderrädern erhebt sich, wie aus einem verschlossenen Rauchfang, eine Säule von ungefähr fünfzehn Fuß Höhe, aus welcher der Dampf sich entladet.

Zwischen Vorder- und Mittelrädern erstreckt sich ein gewaltiger Zylinder nach den Hinterrädern, wo der Herd und Dampfkessel sich befindet, welcher von einem zweiten, vierrädrigen, angehängten Wagen aus mit Wasser gespeist wird. Dieser hintere Wagen nämlich, auf welchem der Platz für das Brennmaterial ist, hat auch einen Wasserbehälter, aus welchem Schläuche das Wasser in die Kanäle des eigentlichen Dampfwagens leiten. Außerdem bemerkt man eine Anzahl von Röhren, Hähnen, Schrauben, Ventilen, Federn, die alle wahrzunehmen mehr Zeit erfordert, als uns vergönnt war.

Überdies nahm das ruhige, umsichtige, Zutrauen erweckende Benehmen des englischen Wagenlenkers uns ebenso in Anspruch ... Jede Schaufel Steinkohlen, die er nachlegte, brachte er mit Erwägung des rechten Maßes, des rechten Zeitpunktes, der gehörigen Verteilung auf den Herd. Keinen Augenblick müßig, auf alles achtend, die Minute berechnend, da er den Wagen in Bewegung zu setzen habe, erschien er als der regierende Geist der Maschine und der in ihr zu der ungeheuren Kraftwirkung vereinigten Elemente.

Als der Dampf sich stark zu entwickeln begann, regnete es aus der sich augenblicklich bildenden Wolke durch die etwas rauhe Morgenluft auf uns herab ...

Als darauf der ... sehr einfache Denkstein mit der einfachen Inschrift ‚Deutschlands erste Eisenbahn mit Kraft 1835' enthüllt war, wurde Sr. Majestät dem Könige ein Lebehoch gebracht. Hierauf begann die erste Fahrt in den mit Fahnen geschmückten Wagen; ein Kanonenschuß verkündete den Abgang des ersten Zuges. Alle 9 Wagen waren angefüllt und mochten etwa 200 Personen fassen.

Der Wagenlenker ließ die Kraft des Dampfes nach und nach in Wirksamkeit treten. Aus dem Schlot fuhren nun die Dampfwolken in gewaltigen Stößen, die sich mit dem schnaubenden Ausatmen eines riesenhaften ... Stieres vergleichen lassen. Die Wagen waren dicht aneinandergekettet und fingen an, sich langsam zu bewegen; bald aber wiederholten sich die Ausatmungen des Schlotes immer schneller, und die Wagen rollten dahin, daß sie in wenigen Augenblicken den Augen der Nachschauenden entschwunden waren.

Auch die Dampfwolke, welche lange noch den Weg, den sie genommen, bezeichnete, sank immer tiefer, bis sie auf dem Boden zu ruhen schien; die erste Fahrt war in 9 Minuten vollendet, und somit eine Strecke von 20 000 Fuß [6 km] zurückgelegt ...

Die Fahrt wurde an diesem Tage noch zweimal wiederholt. Das zweite Mal bin ich auch mitgefahren, und ich kann versichern, daß die Bewegung durchaus angenehm, ja wohltuend ist. Wer zum Schwindel geneigt ist, muß es freilich vermeiden, die vorüberfliegenden, nähergelegenen Gegenstände ins Auge zu fassen. Von Erschütterung ist nur soviel zu spüren, als erforderlich ist, um die Eisenbahnfahrt nicht mit einer Schlittenfahrt zu verwechseln ..."

(Aus dem Stuttgarter Morgenblatt vom 8. Dezember 1835)

Alte Zeit und neue Zeit. – Das Gemälde oben schildert die Ankunft der Postkutsche in einer französischen Stadt um 1830. Unten ist die Eröffnung der fünften deutschen Eisenbahnstrecke zwischen München und Augsburg (1840) festgehalten. Was ist anders geworden?

Arbeitsvorschläge

1. Versuche, die Argumente gegen den Eisenbahnbau zu ordnen! Welche sind „wirtschaftlicher", welche „medizinischer", welche „sonstiger" Natur?

2. Einer der „Väter des deutschen Eisenbahnwesens" war Friedrich List. Lies noch einmal auf S. 191 über ihn nach!

3. Vergleiche das untere Bild auf dieser Seite und den Text des Stuttgarter Morgenblattes! Was ist gleich oder ähnlich, was ist anders?

4. Prüfe auch, ob die Beschreibung des „Dampfwagens" im Text mit der Abbildung auf S. 228 übereinstimmt!

5. Lies auf S. 250 nach, was ein „Aktionär" ist!

6. Begründe bitte, wie es kam, daß der „erste Lokführer Deutschlands" ein Engländer war!

7. Stelle in deinem Geschichtsatlas fest, in welchem deutschen Staat dieser erste Schienenweg gebaut wurde! Du kannst dem Text entnehmen, daß es ein Königreich war.

8. Versuche festzustellen, wann in deinem Heimatort die erste Eisenbahn fuhr!

9. Nach den Angaben im Text kannst du die Geschwindigkeit der ersten deutschen Eisenbahn in Stundenkilometern berechnen.
Stelle in einem Kursbuch fest, welche Geschwindigkeiten die schnellsten deutschen Züge heute erreichen!

10. Welche Vor- und Nachteile haben die modernen Verkehrsmittel für die Menschen? Wie beeinflussen sich Verkehrswesen und Industrialisierung gegenseitig?

Manches kannst du auch sonst beschreiben und vergleichen, zum Beispiel die Mode. – Die Kirchtürme im Bild unten rechts sind noch heute Wahrzeichen Münchens. Vielleicht findest du sie auf heutigen Bildern der Stadt wieder!

Der Ausbau des Verkehrsnetzes

Wenige Jahre später entstanden die nächsten Schienenwege: von Berlin nach Potsdam und von Braunschweig nach Wolfenbüttel, ja, es wurde bereits die erste „Fernbahn" von Dresden nach Leipzig in Betrieb genommen. Man erzählte wahre Abenteuer von dieser Strecke, die sogar durch Bergeinschnitte und einen finstern Tunnel führte. Noch immer mußten die Lokomotiven aus England herübergeholt werden – aber 1841 baute *August Borsig* in Berlin die erste deutsche Lokomotive.

In den Jahrzehnten danach ging es Schlag auf Schlag. Immer länger wurden die Eisenbahnstrecken, immer dichter das Eisenbahnnetz, das ganz Deutschland überzog, immer geringer der englische Vorsprung.

Länge der Eisenbahnstrecken (in Kilometern)				
	1840	1850	1860	1870
Deutschland	549	5 822	11 026	18 560
England	1348	10 653	16 787	24 999
Europa insgesamt	2925	23 504	51 862	104 919

Mit dem Bau von Eisenbahnstrecken schrumpfte die Reisedauer erheblich. In der Tabelle auf S. 233 sind die reinen Fahrzeiten gegenübergestellt, die ein Reisender von Berlin nach einigen andern deutschen Städten brauchte.

In Wirklichkeit dauerten die Reisen mit der Postkutsche noch viel länger. Immer wieder unterbrachen Wartezeiten die Fahrt: für die Zollkontrolle, für das Zählen des gesamten Gepäcks, für den Pferdewechsel. Meistens mußten die Reisenden auch mehrfach übernachten. So fuhr man von Berlin nach Breslau insgesamt 4 Tage, nach Königsberg eine Woche lang.

Reisedauer in Stunden von Berlin nach	Anfang des 19. Jahrhunderts (Postkutsche)	Ende des 19. Jahrhunderts (Eisenbahn)	Reisedauer in Stunden von Berlin nach	Anfang des 19. Jahrhunderts (Postkutsche)	Ende des 19. Jahrhunderts (Eisenbahn)
Breslau	38	5,5	Hannover	40	5
Dresden	23	3	Köln	82	10
Frankfurt am Main	64	9	Königsberg	67	10
			München	81	11
Hamburg	36	5	Stettin	16	2,5

Arbeitsvorschläge

1. Fünf der ersten Eisenbahnlinien in Deutschland sind im Text aufgeführt. Trage sie in eine Umrißkarte ein!

2. Diese ersten Eisenbahnlinien verbanden zumeist größere Städte, die dicht beieinander lagen. Wie ist es 1850, wie 1870?

3. Stelle die drei angegebenen Streckenlängen des Jahres 1840 in einem solchen Schaubild dar, wie es auf S. 138 abgebildet ist! Zeichne entsprechende Schaubilder auch für 1850, 1860 und 1870! Erläutere!

4. Suche die Eisenbahnstrecken von Berlin nach den angegebenen Städten auf der Karte unten. Welche Strecken bestanden bereits 1850?

5. Im Deutsch-Französischen Krieg 1870/71 haben die Eisenbahnen eine ganz wichtige Rolle gespielt. Überlege bitte, wieso sie die Kriege veränderten!

6. Versuche, dich in deinem Geschichtsatlas genauer über die Entwicklung des europäischen und des nordamerikanischen Eisenbahnnetzes zu informieren!

Das Dampfschiff   Im Juli 1816 hatten die Leute in Köln allen Grund zum Staunen. Die „Kölner Zeitung" berichtete darüber:

Das erste Dampfschiff auf dem Rhein

„Heute gegen Mittag erblickten wir auf unserem schönen Rheinstrom ein wundervolles Schauspiel. Ein ziemlich großes Schiff ohne Mast, Segel und Ruder kam mit ungemeiner Schnelle den Rhein heraufgefahren. Die Ufer des Rheines und die vor Anker liegenden Schiffe waren in einem Augenblick von der herbeiströmenden Volksmenge bedeckt. Das die allgemeine Neugier reizende Schiff war ein von London nach Frankfurt reisendes Dampfboot. Jedermann wollte den inneren Bau dieses Wunderschiffes und die Kräfte erforschen, welche dasselbe in Bewegung setzten.

Seine innere Einrichtung, flüchtig betrachtet, ist folgende: Der innere Schiffsraum zerfällt in drei Teile, wovon die äußeren je ein Wohnzimmer und der mittlere einen Feuerherd samt den Brennstoffen enthalten. Dieser ist oben mit Steinen zugedeckt, brennt beständig und verwandelt das siedende Wasser in Dämpfe, welche die Walze treiben, die an jedem ihrer Enden ein Rad mit acht Schaufeln hat, wodurch die Kraft der Ruder ersetzt und das Schiff fortgetrieben wird. Bloß hierdurch in Bewegung gesetzt, kann das Schiff bei der jetzigen starken Wasserhöhe gegen die heftigste Strömung schneller herauf, als es von Pferden gezogen werden könnte.

Auf dem Verdeck erblickt man zwei ziemlich erhabene Rauchfänge, wovon der größere dem Feuerherde, der kleinere dem Ofen des Wohnzimmers dient. Auf den ersten Blick staunt man über die Gewalt der Dämpfe, allein, wenn man weiß, daß das Wasser in Dampfgestalt einen 1470mal größeren Raum einnimmt, so sieht man leicht, daß unglaubliche Wirkungen hervorgebracht werden müssen, wenn die Dämpfe in einen engen Raum eingeschlossen werden, um durch ihre Ausdehnung fremden Widerstand zu besiegen ...

Die Kraft der Dampfmaschine beruht auf demselben Grunde. Man bedient sich derselben mit außerordentlichem Nutzen beim Bergbau, in den großen Brauhäusern zu London und in anderen Fabriken, wo große Bewegungskräfte gebraucht werden ... Watt und Boulton zu Birmingham liefern die vollkommensten Dampfmaschinen.

Diese ganze Erfindung und die Vervollkommnung derselben verdankt man dem an Tiefe dem Deutschen verwandten Genius [Schöpfergeist] des Briten."

(Aus der Kölner Zeitung vom 13. Juli 1816)

Arbeitsvorschläge

1. Das erste brauchbare Dampfschiff der Welt wurde von dem amerikanischen Ingenieur *Robert Fulton* bereits 1807 gebaut. Es fuhr von New York aus 240 km den Hudson aufwärts und brauchte dafür 32 Fahrstunden. Berechne seine Geschwindigkeit! Etwa genauso schnell fuhr auch das erste Dampfschiff auf dem Rhein.

2. Beschreibe nach den Angaben im Text, wie das Dampfschiff fortbewegt wurde. Versuche, durch eine Schemazeichnung deine Beschreibung zu verdeutlichen!

3. Vergleiche nunmehr Dampfschiff und Lokomotive!

4. Kannst du einen Querschnitt durch das beschriebene Dampfschiff zeichnen?

5. Nenne die Namen aller dir bekannten Deutschen, die dieses Ereignis hätten erleben können, wenn sie damals in Köln gewesen wären!

Um 1845 war das Dampfschiff auf dem Rhein zwar keine Sensation mehr, aber immer noch bestimmten Segelschiffe weitgehend das Bild, wie hier bei Duisburg-Ruhrort.
Heute gibt es eine internationale Rheinflotte mit über 12 000 Motorschiffen und Schleppern; Duisburg-Ruhrort ist der größte Binnenhafen Europas. Jährlich werden dort mehr als 40 Millionen Tonnen Güter „umgeschlagen" (ein- und ausgeladen).

6. Wie bewegten sich die Schiffe vor der Erfindung des Dampfschiffs stromaufwärts? Lies dazu die ersten beiden Absätze des Artikels noch einmal aufmerksam durch!

7. Durch technische Neuerungen verlieren fast immer bestimmte Berufsgruppen teilweise oder ganz ihre Arbeit. Wie ist es bei der aufkommenden Dampfschiffahrt?

8. Versuche, in deinem Atlas eine Kartenfolge über die Entwicklung des Duisburger Hafens zu finden!

9. Sammle Bilder von der modernen Flußschiffahrt!

10. Stelle in einer Tabelle zusammen:

Geschwindigkeiten im 19. Jahrhundert	Geschwindigkeiten heute

Du kannst dabei die einzelnen Verkehrsmittel auch durch Zeichnungen wiedergeben. Laß noch Platz für später folgende Angaben!

Der Hamburger Hafen 1837

Überseeverkehr und Welthandelshäfen

Das Dampfschiff wurde nicht nur auf den Strömen Europas und Amerikas wichtig – es sorgte vor allem dafür, daß die Verbindungen *zwischen* den Erdteilen schneller, besser und sicherer wurden.

Zunächst wurden für den *Überseeverkehr* neben den Segelschiffen „Dampfsegler" eingesetzt: Schiffe, die sowohl Segeleinrichtungen als auch dampfgetriebene Schaufelräder an Bord hatten (auf S. 275 unten ist ein solcher seetüchtiger Dampfsegler genau zu erkennen). Erst nach 1850 verschwanden die Schiffe mit Segeleinrichtungen nach und nach von den Weltmeeren. Die Dampfer aber wurden immer weiter verbessert, besonders durch den Einbau der Schiffsschraube. Sie wurden für immer größere Lasten tragfähig gemacht; sie wurden zu wahren *Ozeanriesen*.

In Deutschland wuchsen vor allem Hamburg und Bremen zu wichtigen *Welthandelshäfen* heran. Hamburg wurde das deutsche „Tor zur Welt" mit großen Werften und Umschlageinrichtungen, Bremen (mit Bremerhaven) der wichtigste Auswandererhafen. Die Auswandererschiffe brachten auf der Rückreise Tabak mit. So werden noch heute viele Zigaretten in Bremen hergestellt.

Neue Wege des Schiffsverkehrs

Es blieb nicht dabei, nur immer mehr, immer größere und schnellere Schiffe zu bauen. Mit der Dampfschiffahrt begann zugleich ein neues Bemühen der Völker: der Ausbau von neuen Schiffahrtswegen. Ihr Besitz und ihre Sicherung wurden entscheidend für die Politik der großen Weltreiche.

Der kostbarste Besitz der Engländer im 19. Jahrhundert war das reiche Land Indien. Die Verbindung mit ihm war die Lebensader des britischen Weltreiches. Die britischen Schiffe – die Segelschiffe und dann die Dampfer – hatten einen langen und mühseligen Weg vom Mutterland an der Westküste Europas entlang und um ganz Afrika herum zurückzulegen, bis sie in Bombay oder Madras das Ziel ihrer Fahrt erreichten. Aber vor hundert Jahren eröffnete sich ihnen ein neuer Weg, der um die Hälfte kürzer war: Der Kanal von Suez wurde gebaut, der die Landenge zwischen Ägypten und Arabien durchstieß.

Es war ein schwieriges und kostspieliges Unternehmen, das vor allem von französischen Ingenieuren durchgeführt wurde. Sie gründeten dazu eine „Gesellschaft", deren Mitglieder vorwiegend reiche Franzosen waren. Diese stellten Geld für den Bau des Kanals zur Verfügung und erhielten dafür Anteilscheine, *„Aktien"*. Entsprechend der Zahl ihrer Aktien sollten sie später Anteil haben an den Gebühren, welche die Schiffe für eine Fahrt durch den Suez-Kanal bezahlen mußten.

Nach 10 Jahren Bauzeit wurde der neue Schiffahrtsweg 1869 mit einer prunkvollen Feier eröffnet.

Die Eröffnung des Suez-Kanals 1869. – Mit dem ersten Schiff passierten Eugénie, die Ehefrau Napoleons III. von Frankreich, und der Erbauer des Kanals, Ferdinand Lesseps, die neue Wasserstraße. Vergleiche die Eröffnung des Suez-Kanals mit der Eröffnung der Eisenbahnlinie München–Augsburg! Was ist auf den Bildern vergleichbar, was ist unterschiedlich?

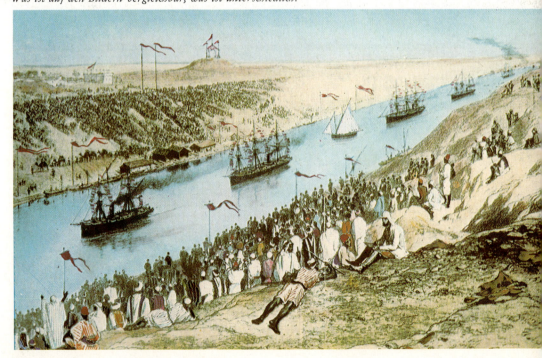

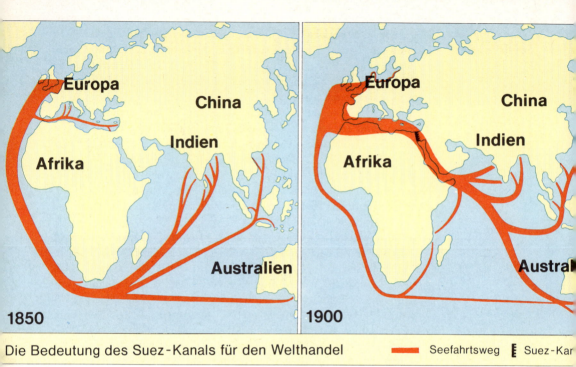

Die Bedeutung des Suez-Kanals für den Welthandel — Seefahrtsweg — Suez-Kanal

Bereits 1875 hatte England den größten Teil der Kanal-Aktien in seinen Besitz gebracht und war damit Herr der neuen Schiffahrtsstraße geworden. Seine Truppen besetzten 1882 Ägypten, um diese neue „Schlagader des Welthandels" zu sichern. 1870 waren es 486 Schiffe, die den Kanal passierten, 1960 18 241 Schiffe.

Arbeitsvorschläge

1. Für den Überseeverkehr zwischen New York und Westeuropa (etwa 5500 km) benötigte
   der erste seetüchtige Dampfsegler 1819   27 Tage,
   ein Schraubendampfer um 1870   12 Tage,
   der schnellste Dampfer vor 1900   5 Tage.
   Berechne die Geschwindigkeiten in Stundenkilometern und trage sie in deiner Tabelle (S. 235, Arbeitsvorschlag 10) nach!

2. Welchen großen Vorteil hatten die Überseedampfer gegenüber den Segelschiffen außer der größeren Geschwindigkeit noch?

3. Suche auf einer Weltverkehrskarte andere wichtige Durchfahrten des Seeverkehrs (Kanäle und Meerengen), z. B. den Panama-Kanal, die Dardanellen und den Bosporus, die Straße von Gibraltar, die Straße von Singapur! Stelle fest, welche Meere sie verbinden!
   Sie sind die Knotenpunkte des Welthandels, aber auch „empfindliche Punkte" der modernen Weltgeschichte – bis heute! Achte doch einmal darauf, ob sie in den Nachrichten erwähnt werden!

4. Wie ist die Lage am Suez-Kanal heute?

5. Gib in zwei Skizzen den Verlauf der „Lebensader des englischen Weltreichs" wieder, a) für 1850, b) für 1900! Orientiere dich an den beiden Karten oben!

Kohle und Eisen

Die neuen Grundstoffe

Kohle

Mit dem beginnenden Maschinenwesen, mit den Fabriken und Eisenbahnen wurden Grundstoffe wichtig, die in immer größeren Mengen gefördert und verarbeitet werden mußten – vor allem Kohle und Eisen.

Viele Jahrtausende lang hatten die Menschen mit den Kohlenlagern der Erde nichts Rechtes anfangen können. Ihr Brennstoff war das *Holz*. Auf Holzfeuern kochten sie, mit Holz heizten sie ihre Räume im Winter. Mit Holzkohle erzeugten sie die notwendigen hohen Temperaturen, um Glas oder Eisen zu schmelzen. Darüber schwanden die Wälder dahin. Holz war im 18. Jahrhundert in vielen Ländern Europas ein knapper Rohstoff.

Mit Kohle aber konnte bisher Eisenerz nicht geschmolzen werden, weil der in der Kohle vorhandene Schwefel sich mit dem Eisen verband. Dadurch wurde es brüchig und unbrauchbar. Im 18. Jahrhundert aber gelang es englischen Eisenschmelzern, Kohle zu „entgasen", das heißt, in *Koks* umzuwandeln. Koks enthielt keinen Schwefel mehr. Er eignete sich noch besser als Holzkohle zum Schmelzen des Eisenerzes. Erst damit wurde es möglich, den großen Bedarf an Eisen zu decken.

England wurde das führende Steinkohlenland der Erde. Durch die Wattschen Dampfmaschinen stiegen die Förderleistungen der Kohlengruben steil an, wie wir es bereits auf S. 220 sahen. Außerdem lagerte die Kohle in England nahe am Meer und an den Flüssen. Der Seetransport war leicht und billig. So kostete englische Kohle lange Zeit in Petersburg weniger als russische Donkohle, in Hamburg und Bremen weniger als deutsche Kohle aus Oberschlesien oder von der Ruhr.

Die harte Arbeit des Bergmanns unter Tage hat hier ein Zeichner eindrucksvoll dargestellt. Der niedrige Streb verläuft in der Lage der Kohlenflöze, Grubenhölzer stützen das Gestein darüber ab. Liegend verrichtet der Hauer sein schweres Werk vor Ort.

Beschicken eines Hochofens um 1750 in einer zeitgenössischen Darstellung. – Die Arbeiter bringen in Körben Holzkohle, Erz und Zuschläge vom Lagerraum auf die Bühne des Hochofens und schütten sie schichtweise in den Ofenschacht. Ein großes Wasserrad treibt die Blasebälge, die für den nötigen „Zug" im Ofen sorgen.

In der Zeichnung unten ist ein solcher Hochofen „aufgeschnitten". Wenn der Schmelzvorgang beendet ist, schwimmt die Schlacke auf dem Roheisen. Sie wird zuerst abgenommen.

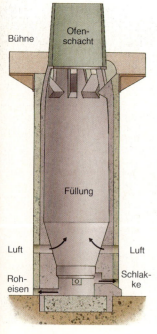

Hochöfen

Seit der Bronzezeit schmolzen die Menschen die Metallerze in besonderen Schmelzöfen. „Rennöfen" hießen sie in der Germanenzeit, später wurden sie „Hochöfen" genannt. Solche Hochöfen standen in der Nähe großer Wälder, die das für die Holzkohle notwendige Brennmaterial lieferten.

Seit 1800 wurden sie nach und nach von *Kokshochöfen* abgelöst, die auf den Kohlelagern errichtet wurden. Kokshochöfen waren wirtschaftlicher zu betreiben: eine Tonne Koks reichte aus, um eine Tonne Roheisen auszuschmelzen. Früher hatte man dafür sieben oder acht Tonnen Holzkohle benötigt.

Durch den Übergang zum Koks als Brennmaterial konnten *immer mehr* Hochöfen errichtet werden. Der Dampfmaschine aber war es zu verdanken, daß sie auch *immer leistungsfähiger* wurden. Denn die Dampfmaschine löste jetzt die alten Wasserräder ab und betrieb die Gebläseeinrichtungen, die an die Stelle der Blasebälge traten. Dadurch konnte der „Zug" im Hochofen viel stärker werden, der ja erst die hohe Temperatur erzeugt, die für den Schmelzvorgang nötig ist. Die Dampfmaschine befreite die Hochöfen von der Bindung an das Wasser.

Das Bild rechts zeigt eine moderne Hochofenanlage mit vier Hochöfen.

Unten ist eine solche Anlage als Schemazeichnung dargestellt. Ein Hochofen (a) ist bis zu 80 m hoch. Sein Innenraum hat einen Durchmesser bis zu 10 m. Koks und Erz sowie die Zuschläge (Kalk, Soda) werden nicht mehr in Körben auf den Ofen gebracht, sondern ein Schrägaufzug (b) befördert das Material zur Höhe und schüttet es wechselweise hinein.

Auch für die modernen Hochöfen braucht man Zug, aber man nimmt nicht kalte Luft dafür, sondern erhitzt mit den im Ofen entstehenden „Gichtgasen" (c) die Luft in den großen Winderhitzern (d) auf 500–900°. Diese Heißluft (e) bläst man durch den Ofen.

Auch im Maschinenhaus (f) wird ein Teil des Gichtgases zum Antrieb verwendet. Allerdings muß es, wenn es glühend heiß aus dem Hochofen kommt, erst durch die Reinigungsanlage (g) geleitet werden.

Suche Schrägaufzug, Winderhitzer und Reinigungsanlage auch im Bild oben!

Das Bild oben zeigt das Innere der Stahlgießerei im Werk von August Borsig in Berlin, der auch die ersten deutschen Lokomotiven baute. Das Bild entstand um das Jahr 1850.

Rechts oben ist ein Walzwerk dargestellt, das Adolph Menzel um 1870 malte. Mit großen Zangen drücken Arbeiter einen glühenden Stahlträger unter die Walze.

Eine moderne „Walzstraße" zeigt das Bild rechts unten. Durch ihren Druck formt eine schwere Walze einen Stahlblock in ein breites, rotglühendes „Stahlband" um.

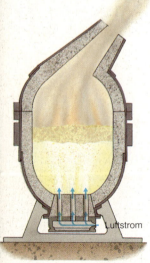

Bessemer-Birne

Stahl

Im Zeitalter der Maschinen aber ging es nicht nur um immer mehr Eisen, sondern vor allem auch um *immer besseres* Eisen, um ein Eisen, das möglichst wenig Kohlenstoff enthielt. Das war der *Stahl*. Er konnte bisher nur durch mühsame Verfahren in kleinen Mengen hergestellt werden.

Um 1850 gelang dem englischen Chemiker *Henry Bessemer* eine wichtige Verbesserung, und zwar wiederum mit Hilfe der Dampfmaschine. Er baute ein Spezialgefäß zur Weiterverarbeitung des flüssigen Roheisens, die „Bessemer-Birne"; in sie ließ er durch die Dampfmaschine einen kräftigen Luftstrom hineinblasen. Dadurch brannte der überflüssige Kohlenstoff im Roheisen in jäh ansteigender Hitze aus. Das Eisen war zu Stahl „veredelt"; dieser war elastischer, trag-, druck-, stoß- und zugfester.

Erst diese Erfindung leitete in den sechziger Jahren des vorigen Jahrhunderts das „eiserne Zeitalter" in ein „stählernes Zeitalter" über.

Arbeitsvorschläge

1. Lies noch einmal in Band 1 auf S. 51 über die Anfänge der „Eisenzeit" nach! Dort findest du auch einen Schnitt durch einen Rennofen abgebildet, den du mit den Hochöfen auf S. 240 und 241 dieses Bandes vergleichen kannst.

2. Hochöfen um 1750 hatten eine Tagesleistung von etwa einer Tonne Roheisen. Der modernste Hochofen der Bundesrepublik in Duisburg erbrachte 1975 eine Tagesleistung von 8500 Tonnen. Vergleiche und begründe!

3. Betrachte und vergleiche die drei Bilder auf den Seiten 242 und 243! Untersuche die Maschinen und Werkzeuge, die Zahl der Arbeiter, Kleidung, Kraftaufwand und Arbeitsbedingungen!

4. Mach dir bitte noch einmal ganz klar, durch welche technische Neuerung es im 18. Jahrhundert möglich wurde, große Mengen Eisen zu verhütten!

5. Fertige eine Niederschrift an: „Vom Eisenerz zum Stahl"!

Die Schwerindustrie

Kohle und Eisen standen so in enger Verbindung. Sie wurden die gemeinsame Grundlage des industriellen Zeitalters. Überall, wo sich nun Kohle und Eisen unter der Erdoberfläche als Bodenschätze fanden, entstanden die Zentren der *Schwerindustrie:* der Betriebe, die Kohle und Eisen förderten und verarbeiteten. Überall dort verwandelten sich die Felder der Bauern, die Wälder und Wiesen in Industriegelände.

Immer aber brauchte man beides: Eisen *und* Kohle, und war nur eines vorhanden, mußte man das andere hinzubringen. Neben den Bodenschätzen selbst war der gute Transportweg wichtig: Eisenbahnen und die Wasserwege großer Flüsse oder breiter Kanäle.

Auch heute noch entstehen so in den „abseits" gelegenen Ländern der Erde neue Zentren der Schwerindustrie – im Innern Asiens, in Indien, in China, in Afrika, Mittel- und Südamerika.

Die Anfänge in Deutschland

Zentren der Schwerindustrie in Deutschland wurden die Industriegebiete in Oberschlesien, an der Ruhr und an der Saar.

Im oberschlesischen Bergbau lief 1788 die erste Dampfmaschine in Deutschland, die Friedrich der Große noch kurz vor seinem Tode in England bestellt hatte. In Oberschlesien wurde 1796 auch der erste Kokshochofen Deutschlands errichtet (bei Gleiwitz). Die weitere Entwicklung freilich verlief langsam und mühselig. In Deutschland herrschte die „gute, alte Zeit" vor, und nur wenige wagemutige Kaufleute und Techniker eiferten dem Beispiel Englands nach.

Zu ihnen gehörte *Friedrich Krupp* (1787–1826), der 1811 in Essen eine Gußstahlfabrik errichtete, in der er nach englischem Vorbild einen brauchbaren Stahl erzeugte. Zu ihnen gehörte auch *Friedrich Harkort* (1793–1880), der in der Burg Wetter an der Ruhr eine „Mechanische Werkstätte" aufbaute. In ihr stellte er wirklich dichte Dampfkessel, Dampfmaschinen mit einer Leistung von 100 Pferdestärken sowie mancherlei Arbeitsmaschinen her. Für seine Fabrik warb Harkort 1826 persönlich englische Arbeiter auf der Insel an.

Aber das waren Ausnahmen. Noch in der ganzen ersten Hälfte des 19. Jahrhunderts hinkte Deutschland hinter der industriellen Entwicklung Englands her.

Das Ruhrgebiet   Erst seit 1850 entwickelte sich in Deutschland eine umfangreiche Schwerindustrie, vor allem im Ruhrgebiet.

Auf der Grundlage der Ruhrkohle wuchs hier ein großes, zusammenhängendes, *industrielles Ballungsgebiet* heran. 1850 gab es im ganzen Gebiet erst 2 Kokshochöfen, 1870 waren es bereits 50. Eisenerz wurde aus Lothringen und aus Schweden herangeführt und auf der Kohle „verhüttet". Die Einwohnerzahlen der Städte schnellten ähnlich empor wie zuvor in England.

	1800	1850	1880	1900
Duisburg	5000	12 000	41 000	93 000
Dortmund	4000	15 000	67 000	143 000
Essen	3000	9 000	57 000	119 000
Hagen	2000	6 000	22 000	70 000

Eines der größten Unternehmen der Schwerindustrie Deutschlands und der Welt ist noch heute die Firma Krupp in Essen. Das Bild oben zeigt die Gußstahlfabrik der Krupps um 1820, in der 4 Arbeiter beschäftigt waren. Um 1850 arbeiteten 240 Menschen in den Kruppwerken, um 1870 (Bild unten) waren es 8400.

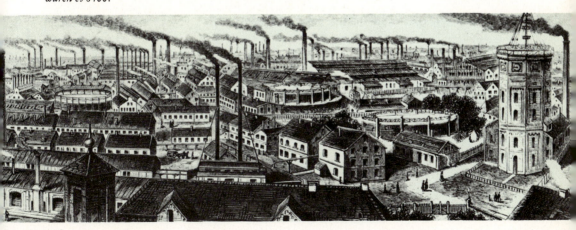

Auf diesen beiden Karten ist das westliche Ruhrgebiet um 1840 und heute gegenübergestellt. –

Stelle bitte den abgebildeten Kartenausschnitt zunächst auf einer Deutschlandkarte genau fest! Lies dann von der heutigen Karte ab, was das moderne Industriegebiet kennzeichnet! Beachte die Industriezonen, die Ortschaften, die Verkehrswege zu Lande, zu Wasser! Die violetten Flächen mußt du dir mit solchen Werkanlagen bebaut vorstellen, wie sie auf S. 247 abgebildet sind!

Vergleiche nunmehr bitte die heutige Karte mit der Karte von 1840! Welche „Industrien" gab es damals bereits? In welchen Teilen des heutigen Ruhrgebiets waren sie konzentriert?

Welche größeren Ortschaften heben sich 1840 schon heraus? Haben sich auch Städte in ihrer Größe nicht oder nur wenig verändert? Warum wohl? Was läßt sich über die heutigen Industriestädte in der damaligen Zeit ablesen?

Untersuche im einzelnen, wie sich Acker und Wald, Heide und Sumpf verändert haben! Welche größeren Verkehrswege gab es damals bereits? Welche Verkehrswege sind neu entstanden?

Viele weitere Fragen lassen sich mit Hilfe dieser Karten beantworten. Mit ihnen machen wir uns einen Grundvorgang der Geschichte in den letzten 150 Jahren deutlich: die industrielle Verwandlung unserer Welt!

Abbildung rechts:
Die Industrielandschaft bestimmt das Bild großer Bezirke des Ruhrgebiets.

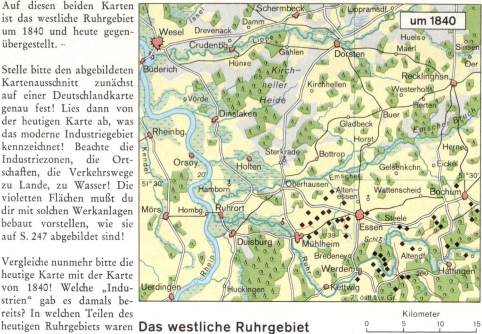

Das westliche Ruhrgebiet

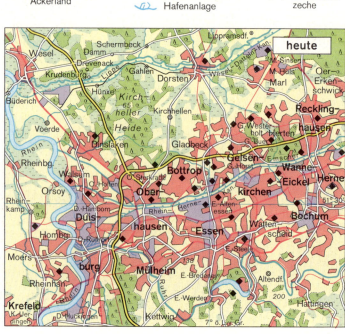

Die Industrielandschaft

Das Bild der Industrielandschaft wurde und wird auch heute durch die *Werkanlagen* bestimmt: durch Schächte, Hochöfen, Stahlwerke und Maschinenfabriken. Wie diese Werkanlagen zusammenhängen und ineinandergreifen, zeigt das nebenstehende Schaubild über die Erzeugung und Verarbeitung von Eisen und Stahl.

Bevor die Kohle in den Hochofen wandert, muß sie erst in Koks umgewandelt werden. Dazu dienen besondere *Kokereien* oder auch *Gasanstalten,* die zugleich „Stadtgas" für Haushalte und Fabriken liefern.

Auch das Erz kommt nicht gleich so, wie es aus der Erde geholt wird, in den Hochofen. Es wird in der *Erzwäsche* oder der *Erzaufbereitung* erst noch gereinigt und verbessert, damit nicht zuviel Schlacke anfällt.

Der Betrieb des Hochofens und der mit ihm verbundenen Werke erfordert Kraft für die Maschinen sowie große Mengen an Wasser. So schließen sich als zusätzliche Werkanlagen *Kraftwerke* und *Wasserwerke* an.

Wenn das Eisenerz im *Hochofen* geschmolzen ist, werden Roheisen und Schlacke gewonnen. Die Schlacke wanderte früher auf die Halden und bildete dort große, unfruchtbare Berge. Heute wird sie in *Baustoff- und Zementfabriken* weiterverarbeitet.

Das Roheisen aber wandert, noch bevor es kalt geworden ist, in die *Eisengießereien,* wo Maschinenteile, Röhren, Kessel, Schiffsschrauben, Öfen usw. gegossen werden, oder in die *Stahlwerke und Stahlwalzwerke.* Hier werden Schienen, Träger, Platten, Bleche, Stabeisen und Drähte gewalzt und geformt.

In den Werken der *eisenverarbeitenden Industrie* werden diese Erzeugnisse dann weiterverarbeitet: zu Schiffen, Autos, Lokomotiven, Maschinen, Motoren und Bauteilen, aber auch zu Werkzeugen, Haushaltsgeräten usw.

Alle diese Fabriken brauchen wieder Strom, Heizung, Wasser, Maschinen, Geräte, andere Rohstoffe, so daß aus dem um 1750 einsam im Walde stehenden Hochofen mit seinen Kohlenmeilern riesige Industriegebiete geworden sind, wo ein Betrieb den anderen ergänzt und von ihm abhängig ist.

Die Unternehmer

Diese Schwerindustrie erforderte zu ihrem Aufbau und Ausbau ungeheure Mittel. Sie konnte nicht in Kleinbetrieben durchgeführt werden. Die Förderung der Bodenschätze, der Transport von der einen Rohstoffbasis zur anderen, die Verhüttung und Verarbeitung des Eisens lohnten nur, wenn sie in größtem Maßstab erfolgten.

Unter diesen Voraussetzungen gelangten die Unternehmer der Schwerindustrie zu besonderer Bedeutung, im Ruhrgebiet vor allem die Familien Krupp, Thyssen, Mannesmann, Haniel und Klöckner. Sie wurden die ungekrönten Könige des „stählernen Zeitalters". Sie beherrschten die entscheidenden Stellen der Wirtschaft.

In den Händen der großen Unternehmer lag oft das Schicksal von Zehntausenden. Viele von ihnen dachten nur an den Ausbau ihrer Macht und an den eigenen Gewinn, nicht an die Not und das Elend der Arbeiter. Andere aber begannen schon sehr früh, sich auch für das Wohl der von ihnen Abhängigen einzusetzen. Sie sorgten für Kranken- und Altersversicherungen in ihren Betrieben. Sie ließen Wohnungen und Siedlungen errichten, wie z. B. auch die Krupps in Essen.

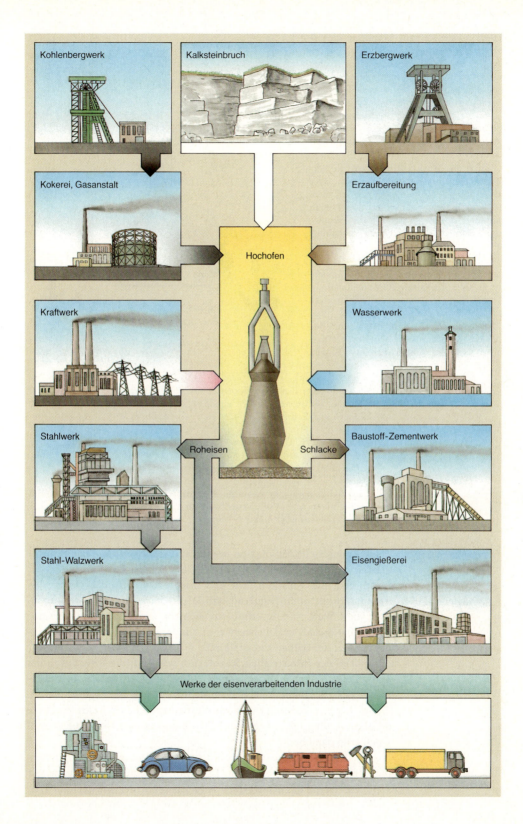

Häufig schaffte es ein einzelner Unternehmer nicht, allein das Kapital aufzubringen, das zum Aufbau eines neuen Werkes oder zur Einführung eines neuen technischen Verfahrens notwendig war. Dann schlossen sich mehrere Besitzer von *Kapital* zusammen und gründeten eine *Aktiengesellschaft*. Jeder von ihnen erhielt Anteilscheine (Aktien) für sein eingezahltes Geld.

Blühte das Werk auf, konnten die Aktionäre am Jahresende den Gewinn unter sich aufteilen („Dividende"). Außerdem stieg der Wert der einzelnen Aktie: man konnte sie teuer weiterverkaufen. Wurde das Unternehmen jedoch ein Fehlschlag, so war das eingezahlte Geld verloren und die Aktie nichts mehr wert.

Der Aktionär ließ sein Geld für sich arbeiten. Wer bei einem Unternehmen die meisten Aktien besaß, wer „Großaktionär" war, hatte auch den größten Einfluß.

Aktiengesellschaften brachten zum Beispiel das Kapital für die ersten Eisenbahnlinien und den Suez-Kanal auf (S. 229, 237).

Arbeitsvorschläge

1. Suche auf einer Karte der Bodenschätze von Deutschland, Europa und der Welt die wichtigsten Kohle- und Eisenerz-Lagerstätten! Ordne sie nach Ländern und Erdteilen!

2. Manche großen Unternehmen tragen noch in unserer Zeit die Namen ihrer Gründer. Achte doch einmal darauf, z. B. bei Nachrichtensendungen, in Werbe- oder Stellenanzeigen der Zeitung usw.!

3. Auch heute noch gibt es solche Aktiengesellschaften, und viele Familien sind Besitzer von „Volksaktien". Erkundige dich bitte bei deinen Eltern, ob ihr auch eine oder mehrere besitzt!

Wir merken uns

Die Industrielle Revolution begann mit der Erfindung der Dampfmaschine durch James Watt (1769). Sie leitete das „Zeitalter der Maschinen und Fabriken" ein und machte Kohle und Eisen zu den neuen Grundstoffen. England wurde durch sie der erste Industriestaat der Welt. – Die emporschießenden Industriestädte verwandelten Landschaft und Lebensweise; Kinderarbeit ist ein erschütterndes Kapitel der frühen Industriezeit.

Ein Teil der Industriellen Revolution war auch die Revolution des Verkehrswesens. Die Eisenbahn wurde das bedeutendste Verkehrsmittel des 19. Jahrhunderts; Dampfschiffe lösten die Segelschiffe ab. Dadurch war eine immer stärkere Verflechtung der Wirtschaftsräume möglich – über die ganze Welt. Der Bau von Kanälen (Suez-Kanal 1869) trug dazu bei.

Auf der Grundlage von Kohle und Eisen entstand die Schwerindustrie – wiederum zuerst in England. In Deutschland wurde seit 1850 vor allem das Ruhrgebiet zum Zentrum der Schwerindustrie.

Die Menschen der Industriezeit

Das Wachstum der Bevölkerung

Die Zunahme der deutschen Bevölkerung

Zur Zeit Karls des Großen, um 800, betrug die Zahl der auf deutschem Boden lebenden Menschen etwa	3 Millionen.
Im Mittelalter, um 1200, waren es etwa	10 Millionen.
Zu Beginn der Neuzeit, um 1500, lebten hier etwa	12 Millionen.
Um 1600 waren es etwa	15 Millionen,
um 1700 ebenfalls	15 Millionen.
Um 1800 betrug ihre Zahl	23 Millionen,
fünfzig Jahre später bereits	34 Millionen
und um 1900	56 Millionen.

Im Jahre 1975 war die Zahl der Deutschen auf etwa 79 Millionen angestiegen. Davon lebten in der Bundesrepublik und in West-Berlin etwa 62 Millionen, in der DDR knapp 17 Millionen Deutsche.

Arbeitsvorschläge

1. Stelle diese Zahlen bitte zunächst in einer einfachen Tabelle zusammen!
2. Stelle dann auf einem Zeitstrahl die jeweiligen Bevölkerungszahlen durch schmale Säulen dar! Verbinde ihre Oberkanten zu einer „Kurve der Bevölkerungsentwicklung in Deutschland"! Findest du eine Erklärung für den Kurvenverlauf zwischen 1600 und 1700? (Lies sonst auf S. 70 nach!)
3. Erläutere den Kurvenverlauf in kurzen Sätzen!
4. Zeichne den letzten Teil der Kurve, ab 1800, in größerem Maßstab auf Packpapier und befestige ihn über der Zeitleiste! (Der Zeitstrahl von 1800 bis 1970 müßte die Länge dieses Abschnitts auf eurer Zeitleiste haben.)
5. Baue zusammen mit mehreren Klassenkameraden die Bevölkerungszahl in den verschiedenen Jahrhunderten durch Sinnbilder auf 9 Umrißkarten (Umrißstempel oder Pause) auf! Halmasteine eignen sich gut dafür.
Du kannst auch Glaskopf-Stecknadeln nehmen und die Karten dann zeitgerecht an eurer Klassenleiste aufhängen. Was berichtet die Zeitleiste, was berichten die Karten dazu?

Die Bevölkerungszunahme in Europa

Die nachfolgende Tabelle gibt dir Auskunft über die Entwicklung der Bevölkerung Europas seit 1800 (Schätzung in Millionen).

Land	1800	1850	1900	1970
Großbritannien und Irland	16,1	27,7	41,4	55,7
Frankreich	27,3	35,8	38,9	50,8
Niederlande	2,2	3,1	5,2	13,0
Italien	18,1	23,0	32,4	53,2
Spanien	11,5	15,0	18,6	33,3
Skandinavien	4,2	6,4	9,9	21,3
Rußland (heute UdSSR, nur europäischer Teil)	ca. 25	55	112,0	183,0
Ganz Europa	187	266	401	649

Arbeitsvorschläge

1. Setze auch hier die Angaben für die einzelnen europäischen Länder in entsprechende Kurvenbilder um (gleiche Maßstäbe)!

2. Drücke für jedes Land die Bevölkerungszahl von 1970 gegenüber der von 1800 als Prozentzahl aus! (Bevölkerung 1800 = 100 %)!
   a) Welche Länder fallen durch eine besonders starke, welche durch eine besonders schwache Bevölkerungszunahme auf?
   b) Ordne die Kurvenbilder entsprechend!

3. Werte jedes Kurvenbild in einer kleinen Niederschrift aus!

4. Für die Zeit bis 1800 gibt es folgende Schätzungen über die Gesamtzahl der Bevölkerung in Europa:
   um 800 = (?)
   um 1200 = 60 Millionen
   um 1500 = 80 Millionen
   um 1600 = 90 Millionen
   um 1700 = 120 Millionen.
   Wandle diese Angaben zusammen mit den Zahlen aus der Tabelle S. 251 in eine „Kurve der Bevölkerungsentwicklung in Europa" (bis 1970) um! Vergleiche sie mit dem Kurvenbild für Deutschland!

Die Ursachen der Bevölkerungsexplosion

Wir stellen fest: Im 19. Jahrhundert wuchs die Zahl der Menschen in Europa sprunghaft an. Nach einer langsamen und stetigen Entwicklung durch die vorausgehenden Jahrhunderte schnellte sie von 1800 an steil in die Höhe. In vielen europäischen Staaten hat sie sich seitdem verdreifacht, in einigen sogar vervier- oder verfünffacht. Wir können geradezu von einer *„Bevölkerungsexplosion"* sprechen.

Wo liegen ihre Ursachen?

Früher, im Mittelalter, waren Familien mit 10–15 Kindern keine Seltenheit. Aber die meisten der Kinder starben früh, oft schon im Säuglingsalter. Durch Seuchen, Hungersnöte und Kriege war auch die Sterblichkeit unter den Erwachsenen groß. So kam es, daß die Bevölkerungszahl nur langsam anstieg.

Jetzt aber, im 19. Jahrhundert, nahmen die Ärzte und Wissenschaftler den Kampf um das Leben auf. Sie wetteiferten miteinander, die Ursachen der verhängnisvollen *Seuchen* zu entdecken und wirksame Gegenmittel zu schaffen.

Der französische Chemiker *Louis Pasteur* hatte die grundlegende Entdeckung gemacht, daß winzige Lebewesen die Gärung und Verwesung in der Natur hervorrufen: *die Bakterien*. Sollten diese Bakterien auch die Erreger von Krankheiten sein? Pasteur war fest davon überzeugt, doch beweisen konnte er es vorerst nicht.

Den Beweis erbrachte kurze Zeit später der deutsche Arzt *Robert Koch* – und die fortschreitende Technik half ihm dabei. Mit Hilfe eines neuen, verbesserten Mikroskops gelang es ihm nach vielen Versuchen in seinem Laboratorium, die Erreger einer Rinderseuche sichtbar zu machen. Es waren winzige Stäbchen, weniger als $^1/_{1000}$ mm groß. Koch konnte durch sein Mikroskop sehen, wie diese Bakterien lebten, sich bewegten und vermehrten, wie in kürzester Zeit aus einem solchen Stäbchen zwei wurden, vier, acht, sechzehn – tausend. Als er einem Versuchstier, einer kleinen Maus, Blut einspritzte, das mit solchen Bakterien durchsetzt war, starb es an derselben Rinderseuche. Damit

Dr. Robert Koch (1843–1910) in seinem Labor. – Koch gelang es als erstem, Bakterien auf bestimmten Nährböden regelrecht zu züchten. Durch Färbung war es ihm möglich, sie unter dem Mikroskop zu beobachten.

war bewiesen: Ganz bestimmte Bakterien rufen ganz bestimmte Krankheiten hervor. Sie können von einem Lebewesen auf ein anderes übertragen werden.

Es galt also, für jede Krankheit die „verantwortliche" Bakterienart zu finden. Die Forschungen konzentrierten sich jetzt auf die Ansteckungskrankheiten der Menschen. Und dann ging es Schlag auf Schlag. Koch entdeckte den Erreger der „Schwindsucht", der Tuberkulose – der größten Geißel der damaligen Zeit – und den Erreger der Cholera. Der Typhusbazillus wurde entdeckt und der Erreger der Diphtherie, der Masern, des Keuchhustens, der Pest und vieler weiterer Krankheiten.

Nachdem der Erreger bekannt war, gelang es meistens auch, Gegenmittel zu entwickeln, die im Körper den Kampf mit den Bakterien aufnahmen. Ja, heute wartet man gar nicht erst auf den Ausbruch einer Krankheit, sondern beugt vor: durch Schutzimpfungen werden die Menschen „immun" gemacht gegen viele Krankheitserreger.

Neben dieser Erforschung der Seuchen machte die Medizin im 19. Jahrhundert weitere entscheidende Fortschritte. Der Arzt Dr. Ignaz Semmelweis fand die Ursachen für das „Kindbettfieber", an dem so viele junge Mütter bei der Geburt ihres Kindes starben. Operationen wurden gefahr- und schmerzloser: Durch keimfrei gemachte, *desinfizierte Operationsinstrumente* blieb der „Wundbrand" aus, eine meist

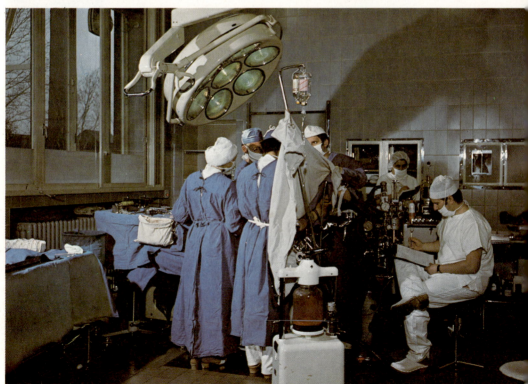

Gedenkmarken für drei bedeutende Forscher: Ignaz Semmelweis (1818–1865), Louis Pasteur (1822–1895), Wilhelm Röntgen (1845–1923)

tödliche Vereiterung der Wunde. Die Erfindung der *Narkose* ermöglichte eine Ausschaltung des Schmerzes. – Mit Hilfe von bestimmten Strahlen, nach ihrem Entdecker Wilhelm Röntgen als *„Röntgenstrahlen"* bezeichnet, ließ sich das Innere des menschlichen Körpers sichtbar machen. Damit konnte man die genaue Art und Lage eines Krankheitsherdes feststellen.

Auch die Gesundheitspflege, die *„Hygiene"*, erhielt durch die medizinischen Erkenntnisse eine neue Grundlage. Nicht nur gesund werden – gesund bleiben hieß die große Losung. So achteten die Ärzte jetzt auf vielerlei, was sie vorher nicht für so wichtig angesehen hatten: auf den Zustand von Wohnungen und Werkstätten, auf die Pflege von Körper und Kleidung, auf Sauberkeit bei der Nahrungszubereitung.

Immer mehr Säuglinge konnten so Kinder, immer mehr Kinder Erwachsene werden. Und immer mehr Erwachsene erreichten ein höheres Alter. *Die Entdeckungen und Leistungen der Ärzte waren die wichtigste Ursache für die Bevölkerungsexplosion.*

Daneben gab es noch andere, zum Beispiel die Tatsache, daß jetzt viel mehr junge Menschen heirateten. Früher war es üblich, daß diejenigen, die nicht den väterlichen Hof erbten oder das elterliche Geschäft übernahmen, unverheiratet blieben – als Knecht, Geselle oder Soldat, als Magd oder als „Tante" auf dem Hof des Bruders. Jetzt hielten sich die Menschen nicht mehr an diese Ordnung. Sie gründeten eine Familie, auch wenn sie keinen solchen Rückhalt hatten.

Die Masse dieser Besitzlosen drängte vorwiegend in die Industriestädte, in die Fabriken.

Arbeitsvorschläge

1. Bist auch du durch Schutzimpfungen gegen bestimmte Krankheitserreger immun? Gegen welche?
2. Hast du in der Praxis eures Arztes schon einmal beobachtet, wie seine Instrumente „keimfrei" gemacht, wie die Bakterien abgetötet werden? Und wie ist es mit der Trinkmilch? Mit dem Wasser in der Badeanstalt?
3. Was tust du täglich für die „Hygiene"?
4. Die nachfolgende Aufstellung zeigt dir die *durchschnittliche Lebensdauer* der Menschen in Deutschland (in Jahren).

um Christi Geburt	um 1700	um 1800	um 1850	um 1900	um 1970
22	33	35	41	49	71

◁ *Bild oben: Blick in ein Hamburger Spital um 1750*

◁ *Bild unten: Ein moderner Operationssaal unserer Zeit*

a) Mache dir den Begriff „durchschnittliche Lebensdauer" bitte ganz klar!
b) Wandle die Tabelle in eine Kurve um!

Arbeiter und Arbeiterbewegung

Das Proletariat

„Proletariat" – so nannte man die Fabrikarbeiter, die nichts außer ihren Kindern (proles) besaßen. Sie waren ohnmächtig gegenüber den Fabrikherren, denen die „Produktionsmittel", die Maschinen und Anlagen, gehörten. Für sie begann die Industrielle Revolution mit Elend und Not, mit Entbehrung und Hunger. Kein Gesetz regelte ihre Arbeitszeit, keine Rente sicherte sie im Alter, keine Krankenkasse half, wenn jemand arbeitsunfähig war.

Sie hausten unter menschenunwürdigen Bedingungen in ihren Elendsvierteln, wie sie uns auch Tocqueville beschrieben hat. Denn überall dort, wo die Industrielle Revolution einsetzte, entstanden rings um die Fabriken Massenquartiere und Notunterkünfte für die Arbeiter. Hier lebten die zumeist vom Lande einströmenden Menschen nicht mehr in der engen Gemeinschaft ihres Dorfes, wo einer den anderen kannte, einer dem anderen half. Hier war jeder nur auf sich selbst gestellt, Teil einer großen Masse, für die niemand sorgte.

Arbeitsvorschlag

Stelle gegenüber: Lebensbedingungen einer Arbeiterfamilie im frühen 19. Jahrhundert – heute!

Die Anfänge der Gewerkschaften in England

Die Arbeiter erkannten bald, daß sie sich zusammenschließen mußten, um ihre Arbeits- und Lebensbedingungen erträglicher zu machen.

Die ersten Zusammenschlüsse der Arbeiter, die *Gewerkschaften*, entstanden in England. Sie entwickelten sich zumeist in der Weise, daß sich zunächst an einem Ort Arbeiter mit dem gleichen Beruf in einem Verein zusammenschlossen, zum Beispiel die Maschinenarbeiter oder die Bauarbeiter. Dann erfolgten Zusammenschlüsse auf überörtlicher Ebene: in einzelnen Industriegebieten, schließlich im ganzen Land. Nach 1825 schlossen sich immer mehr Arbeiter den Gewerkschaften an.

Gemeinsam konnten sie jetzt den Unternehmern gegenübertreten und für bessere Arbeitsbedingungen kämpfen: für kürzere Arbeitszeit, für höhere Löhne, für besseren Unfallschutz, für die Unterstützung bei Arbeitsunfähigkeit und anderes mehr.

In England wandten die Arbeiter auch zuerst die Arbeitsverweigerung als Mittel des Arbeitskampfes an, den *Streik* (von „to strike" = „die Segel streichen", dann: „die Arbeit einstellen"). Die von den Gewerkschaften geführten, „organisierten" Streiks traten an die Stelle von „wilden" Aufständen und Erhebungen. Mit solchen Aktionen hatten die Proletarier im frühen 19. Jahrhundert immer wieder versucht, auf ihre Not aufmerksam zu machen.

Versuche zur Selbsthilfe in Deutschland

In Deutschland waren Zusammenschlüsse von Arbeitern und Handwerkern vor 1848 nicht erlaubt. Aber auch hier versuchten die Betroffenen, durch Selbsthilfe gegen Mißstände vorzugehen, wie es der nachfolgende Text aus den Lebenserinnerungen Hermann Körners deutlich macht. (Das Tal der Wupper war damals eines der Hauptgebiete der deutschen Textilindustrie.)

„Im Jahre 1835, als ich von Köln nach Elberfeld übersiedelte, [grassierte] in dieser Stadt und in den umliegenden Fabrikorten, ja im ganzen Wuppertale und das Enneper Tal hinunter bis Iserlohn, besonders aber in Solingen, die gräßlichste Prellerei von Seiten der ‚Arbeitgeber'. Das Übel war dadurch doppelt schlimm, daß die meisten dieser Bedrückungen kaufmännisch, oder vielmehr ‚krämerisch versteckt' ausgeführt und von den wenigsten Arbeitern in ihrer Größe erkannt wurden. Erst als wir heimlich ganz kleine Vereine der intelligenteren Arbeiter ohne religiöse Tendenz gebildet und wir diesen die Fäden des Netzes nachgewiesen, das sie umstrickt hielt, und erst, als nach und nach auch die Masse der Arbeiter damit bekannt wurde: erst dann erwuchs bei allen ein Bewußtsein über die Weise, wie sie, selbst bei geschicktester und bester Arbeit, von ihren Arbeitgebern geprellt wurden.

Der allgemeine Charakter dieser Prellerei war: daß man die Arbeiter in wöchentlichen oder längeren Perioden nicht in barem Gelde, sondern in verschiedenen anderen Weisen bezahlte.

Die eine Gruppe von Fabrikherren ... gab den Arbeitern statt Barem nur ‚schriftliche Anweisungen' auf Zahlungen ... [Schlimm] erging es denen, deren Anweisungen auf Stellen lauteten, an die der Fabrikherr Forderungen zu machen hatte, die er auf keine andere Weise als durch die drängenden Arbeiter eintreiben konnte, – sogenannte ‚faule Forderungen', bei denen es zuletzt darauf hinauslief, daß der Arbeiter froh war, statt der ganzen nur einen Teil der Zahlung zu erhalten. Aber davon nahm dann der Herr keine Notiz ...

Eine andere Gruppe prellender Arbeitgeber machte ihre Verbindlichkeiten in ‚Warenzahlungen' ab; sie gaben ihnen Anweisungen auf ... Kleinhandlungen, in denen sich die Arbeiter statt baren Geldes mit stickigem Mehl, angefaulten Kartoffeln, kratzigem Kaffee, abgelegenem Speck, ranziger Butter, schadhaften Schuhen und dergleichen mehr segnen mußten. Dabei fand es sich in der Regel, daß die Arbeitgeber selbst ... entweder ‚heimlich Eigentümer' dieser Zwangskrambuden waren, oder doch ‚Teil an der Beschaffung der schlechten Waren' hatten, die dem armen Arbeiter an Zahlungs statt aufgedrungen wurden.

Eine dritte Weise der Lohnzahlung bestand darin, daß der Fabrikherr einen Teil seiner Zahlung in sogenannten ‚fehlerhaften Fabrikaten' abmachte, in Waren eigener Fabrik ... Der arme Arbeiter oder seine Frau lief dann damit allerorten herum, um hier ein seidenes Tuch oder Kleid mit verschobenem Drucke, dort eine Weste oder einen Schal mit schadhaften Fäden an den Mann zu bringen ...

Wie aber hier den Übeln abhelfen? – In Elberfeld und Umgebung geschah es annäherungsweise dadurch, daß ich, in Verbindung mit mehreren gleichgesinnten Männern, die Vermittlung zwischen den Arbeitgebern und den von uns angeregten Arbeitnehmern ungescheut übernahm. Wir warnten ... die Fabrikanten ernstlich vor der Gefahr einer ‚Selbsthilfe der Arbeiter' – einer nicht ganz aus der Luft gegriffenen Drohung.

Was tut Furcht nicht? Denn diese war es, wodurch wir sie vermochten, sich ... solidarisch zu verpflichten, sich keiner der in Gebrauch bestehenden Anweisungs- und Warenzahlungen zur Löhnung ihrer Arbeiter zu bedienen ... Furcht vor angedrohter Zerstörung ihrer Fabikgebäude trieb allmählich alle diese Herren in diesen charakteristischen sozialen Pflichtverband ..."

(H. Körner, Lebenskämpfe in der Alten und der Neuen Welt, Band 1, Leipzig 1865, S. 387 ff.)

Arbeitsvorschläge

1. Arbeite die einzelnen Abschnitte bitte Satz für Satz durch, zerlege längere Sätze in kurze! Bestimme dir unbekannte Begriffe!

2. Bearbeite den ersten Abschnitt nach den folgenden Hinweisen:
   a) Suche die angesprochene Industriezone in deinem Atlas! Durch welche Industriezweige wird sie heute bestimmt?
   b) In welcher Weise verbreitet sich die Einsicht in die Mißstände?
   c) Was könnten „Vereine mit religiöser Tendenz" sein? Informiere dich auf S. 259!

3. Welche Formen einer „Prellerei" werden im zweiten Abschnitt beschrieben? Was bedeuteten sie im Einzelfall für die so Bezahlten?

4. Wie wurde Abhilfe geschaffen?

Der „Zug der Weber", in einer Radierung von Käthe Kollwitz eindrucksvoll wiedergegeben

Aufstand der Weber in Schlesien

Nicht immer verliefen Auseinandersetzungen friedlich, sondern es kam statt dessen auch in Deutschland zu ungeführten, „wilden" Revolten. Am bekanntesten wurde der Hungeraufstand der schlesischen Weber von 1844.

Die Weber in Schlesien waren Heimarbeiter, die damals noch in Handarbeit an ihren Webstühlen arbeiteten. Sie waren jedoch völlig von ihren Verlegern abhängig, die ihnen die Rohstoffe lieferten und die Fertigwaren abnahmen.

Mit ihrer Handarbeit schafften die schlesischen Weber natürlich weit weniger als die englischen Arbeiter in den Textilfabriken. Die englischen Waren konnten daher in Europa viel billiger verkauft werden. Nun versuchten die Verleger in Schlesien, ihre Waren ebenso billig zu verkaufen. Sie zahlten den Webern nur noch Hungerlöhne.

Da rotteten sich diese zusammen und zogen vor die Häuser ihrer Peiniger. Auf die Forderung nach höheren Löhnen wurde nur mit Spott geantwortet. In ihrer Verzweiflung besetzten sie die Häuser und zertrümmerten die Einrichtungen. Wenige Tage später rückte preußisches Militär in die Weberdörfer ein und erstickte den Aufstand.

Arbeitsvorschläge

1. Informiere dich auf S. 44 über das Verlagssystem!

2. Unterscheide Ursache, Verlauf und Ergebnis des Weberaufstandes!

3. Vergleiche die Lage der Fabrikarbeiter im Wupper-Tal mit der der schlesischen Weber! Was ist grundlegend anders?

Bildung als Selbsthilfe

„Bildung macht frei" — so lautete die Losung vieler junger Handwerker und Arbeiter. Ständiges Lesen und Lernen in ihrer kargen Freizeit war der Weg. Über seine Lehr- und Wanderjahre berichtet *August Bebel* (* 1840), der das Drechslerhandwerk erlernte.

„Meister und Meisterin waren sehr ordentliche und angesehene Leute. Ich hatte ganze Verpflegung im Hause, das Essen war auch gut, nur nicht allzu reichlich. Meine Lehre war eine strenge und die Arbeit lang. Morgens 5 Uhr begann dieselbe und währte bis abends 7 Uhr ohne eine Pause. Aus der Drehbank ging es zum Essen und vom Essen in die Bank. Sobald ich morgens aufgestanden war, mußte ich der Meisterin viermal je zwei Eimer Wasser von dem fünf Minuten entfernten Brunnen holen, eine Arbeit, für die ich wöchentlich 4 Kreuzer gleich 14 Pfennig bekam. Das war das Taschengeld, das ich während der Lehrzeit besaß.

Ausgehen durfte ich selten in der Woche, abends fast gar nicht und nicht ohne besondere Erlaubnis. Ebenso wurde es am Sonntag gehalten, an dem unser Hauptverkaufstag war, weil dann die Landleute zur Stadt kamen und ihre Einkäufe an Tabakspfeifen usw. machten und Reparaturen vornehmen ließen. Gegen Abend oder am Abend durfte ich dann zwei oder drei Stunden ausgehen. Ich war in dieser Beziehung wohl der am strengsten gehaltene Lehrling in ganz Wetzlar, und oftmals weinte ich vor Zorn, wenn ich an schönen Sonntagen sah, wie die Freunde und Kameraden spazierengingen, während ich im Laden stehen und auf Kundschaft warten und den Bauern ihre schmutzigen Pfeifen säubern mußte. Nur am Sonntagvormittag, nachdem ich die Sonntagsschule nicht mehr besuchte, wurde mir gestattet, zur Kirche zu gehen.

Ich warf mich nun mit um so größerem Eifer auf das Lesen von Büchern, die ich ohne Wahl las, natürlich meistenteils Romane. Ich hatte schon in der Schule meine Vorzugsstellung gegen Kameraden, denen ich beim Lösen der Aufgaben half oder ihnen das Abschreiben derselben erlaubte, dazu benutzt, sie zu veranlassen, mir zur Belohnung Bücher, die sie hatten, zu leihen. Dadurch kam ich zum Beispiel zum Lesen von Robinson Crusoe und Onkel Toms Hütte. Jetzt verwandte ich meine paar Pfennige, um Bücher aus der Leihbibliothek zu holen ... Schmerzlich wartete ich auf das Ende der Lehrzeit, ich hatte Sehnsucht, die ganze Welt zu durchstürmen ...

Während meines Aufenthalts in Süddeutschland und in Österreich habe ich in Freiburg und Salzburg dem katholischen Gesellenverein als Mitglied angehört und habe es nicht bereut ... In diesen Vereinen herrschte ... gegen Andersgläubige volle Toleranz. Der Präses des Vereins war stets ein Pfarrer. Der Präses des Freiburger Vereins war der später ... sehr bekannt gewordene Professor Alban Stolz ... Es wurden zeitweilig Vorträge gehalten und Unterricht in verschiedenen Fächern erteilt, so zum Beispiel im Französischen. Die Vereine waren also eine Art Bildungsvereine ... In dem Vereinszimmer fand man eine Anzahl allerdings nur katholischer Zeitungen, aus denen man aber doch erfahren konnte, was in der Welt vorging. Das war für mich, der schon am Ende der Schuljahre und nachher in den Lehrjahren ... sich lebhaft um Politik bekümmerte, eine Hauptsache ...

Verließ das Gesellenvereinsmitglied den Ort, so bekam es ein Wanderbuch mit, das ihn in den Gesellenvereinen und bei den Pfarrherren, falls es bei diesen um Unterstützung vorsprechen wollte, legitimierte. Ich bin noch heute Besitzer eines solchen Buches ... Den Gründer der Vereine, Pfarrer Kolping, damals in Köln, der, irrre ich nicht, selbst in seiner Jugend Schuhmachergeselle war, lernte ich in Freiburg im Breisgau kennen, woselbst er eines Tages einen Vortrag hielt."

(A. Bebel, Aus meinem Leben, Band 1, Berlin 1946)

Arbeitsvorschläge

1. Was erfährst du aus dem Text über die Lebensbedingungen eines Lehrlings (Wohnung, Arbeitszeit, Arbeitsaufgaben, Entlohnung, Freizeit)?
2. Worin zeigt sich das Bemühen August Bebels um Bildung?
3. Informiere dich bitte auf S. 265 über den Verein, dem August Bebel beitrat! Auf S. 264 ist das Titelblatt aus dem im Text erwähnten *Wanderbuch* abgebildet. Beschreibe es genau und versuche, Beziehungen zum Text oben herzustellen! — Stelle zusammen, was du auf den folgenden Seiten noch über Bebels Lebensweg erfährst!

> **Manifest**
>
> **der**
>
> **Kommunistischen Partei.**
>
> Ein Gespenst geht um in Europa—das Gespenst des Kommunismus. Alle Mächte des alten Europa haben sich zu einer heiligen Hetzjagd gegen dies Gespenst verbündet, der Papst und der Czar, Metternich nnd Guizot, französische Radikale und deutsche Polizisten.
>
> Wo ist die Oppositionspartei, die nicht von ihren regierenden Gegnern als kommunistisch verschrieen worden wäre, wo die Oppositionspartei, die den fortgeschritteneren Oppositionsleuten sowohl, wie ihren reaktionären Gegnern den brandmarkenden Vorwurf des Kommunismus nicht zurückgeschleudert hätte?
>
> Zweierlei geht aus dieser Thatsache hervor.
>
> Der Kommunismus wird bereits von allen europäischen Mächten als eine Macht anerkannt.
>
> Es ist hohe Zeit daß die Kommunisten ihre Anschauungsweise, ihre Zwecke, ihre Tendenzen vor der ganzen Welt offen darlegen, und den Mährchen vom Gespenst des Kommunismus ein Manifest der Partei selbst entgegenstellen.
>
> Zu diesem Zweck haben sich Kommunisten der verschiedensten Nationalität in London versammelt und das folgende Manifest entworfen, das in englischer, französischer, deutscher, italienischer, flämmischer und dänischer Sprache veröffentlicht wird.

Marx und Engels, Vorkämpfer des Proletariats

Im Revolutionsjahr 1848 erschien in London eine Flugschrift, die eine der folgenreichsten der ganzen Welt werden sollte. Sie war in englischer, französischer, deutscher, italienischer, flämischer und dänischer Sprache gedruckt und trug die Überschrift: „Manifest der Kommunistischen Partei".

Sie begann mit den Worten: „Ein Gespenst geht um in Europa – das Gespenst des Kommunismus. Alle Mächte des alten Europa haben sich zu einer heiligen Hetzjagd gegen dies Gespenst verbündet..."

Sie schloß: „... Die Kommunisten unterstützen überall jede revolutionäre Bewegung gegen die bestehenden gesellschaftlichen und politischen Zustände ... Die Kommunisten verschmähen es, ihre Ansichten und Absichten zu verheimlichen. Sie erklären es offen, daß ihre Zwecke nur erreicht werden können durch den gewaltsamen Umsturz aller bisherigen Gesellschaftsordnung. Mögen die herrschenden Klassen vor einer kommunistischen Revolution zittern! Die Proletarier haben nichts zu verlieren als ihre Ketten. Sie haben eine Welt zu gewinnen. *Proletarier aller Länder, vereinigt Euch!*"

Dieses Programm hatten zwei Deutsche verfaßt, Karl Marx und Friedrich Engels. Wer waren diese Männer?

Dr. Karl Marx war der Sohn eines jüdischen Rechtsanwalts in Trier. Er war Journalist geworden, hatte jedoch ständig Schwierigkeiten mit der Pressezensur, wie sie in dieser Zeit der Restauration bestand. Darum ging er 1843 ins Ausland und lebte in den folgenden Jahrzehnten vorwiegend in London, zumeist in großer Armut.

*Karl Marx
(1818–1883)*

In Frankreich und England studierte Marx die gesellschaftlichen Verhältnisse seiner Zeit. Ihn beschäftigte besonders die Lage der jüngsten Klasse, der Fabrikarbeiterschaft. Wie konnten ihre Lebensverhältnisse verändert, verbessert werden? Das war für ihn die entscheidende Frage. Aus dieser Beschäftigung mit der Gegenwart, aber auch mit der Geschichte, entwickelte er seine Lehre.

Er sah die Geschichte der Menschheit als eine „Geschichte von Klassenkämpfen". Immer rangen reich und arm, hoch und niedrig, Unterdrücker und Unterdrückte miteinander. Immer wieder erhob sich die Klasse der Unterdrückten: die Sklaven im alten Rom, die Bauern im Bauernkrieg, die Bürger in der Französischen Revolution. Die wirtschaftlichen und gesellschaftlichen Verhältnisse allein bestimmten das Leben der Menschen und das Schicksal der Völker und Staaten!

Jetzt waren die Fabrikarbeiter die unterdrückte, ausgebeutete Klasse. Und niemals, so meinte Marx, würde eine herrschende Schicht von sich aus auf ihre Vorrechte und Vorteile, auf Unterdrückung und Ausbeutung verzichten. Man mußte sie dazu zwingen! Für dieses Ziel forderte er den Zusammenschluß aller Fabrikarbeiter der Welt. Das Proletariat mußte die Besitzenden, die „Kapitalisten", überwinden! Mit seinem Sieg gäbe es dann keine Unterdrücker mehr. Dann wäre also der Klassenkampf in der Menschheit beendet, ein ewiger Friede erreicht.

Der zweite Verfasser des „Kommunistischen Manifests" war *Friedrich Engels,* Sohn eines reichen Textilfabrikanten in Wuppertal-Barmen. Der Vater hatte ihn nach England geschickt, damit er, vor allem in

Friedrich Engels (1820–1895)

Manchester, die Fortschritte der englischen Industrie studierte. Aber Engels sah nicht nur die Fortschritte des Maschinenwesens, er sah auch die Schattenseite dieser Entwicklung: das Elend des englischen Industrieproletariats. Er schilderte es in seinem Buch „Die Lage der arbeitenden Klasse in England", in dem er auch von der Kinderarbeit in den Bergwerken berichtete.

Marx und Engels waren Freunde geworden, und oft konnte Friedrich Engels die größte finanzielle Not von Marx und seiner Familie abwenden. Gemeinsam machten sie sich daran, das künftige Bild einer besseren, einer „klassenlosen" Gesellschaft und den Weg dorthin zu entwickeln. Das Industriezeitalter, so meinten sie, würde eine immer größere Zahl von ausgebeuteten Arbeitern schaffen. Diese würden eines Tages in einer großen Revolution alle Produktionsmittel in die Hand nehmen und in den Besitz der Allgemeinheit überführen. Damit würde das Privateigentum der Kapitalisten an den Produktionsmitteln enden, also auch die „kapitalistische Ausbeuterordnung" vorbei sein.

Karl Marx schrieb seine Ansichten in einem umfassenden Werk nieder, das er „Das Kapital" nannte.

Marx und Engels haben ihre Gedanken jedoch nicht nur in gelehrten Büchern niedergeschrieben. Seit 1846 wirkten sie im „Bund der Gerechten" mit, einer Vereinigung deutscher Handwerksgesellen und Arbeiter im Ausland. Sie formten diesen Bund im Sinne ihrer Ideen um und nannten ihn hinfort „Bund der Kommunisten". Für diesen Bund schrieben sie ihr „Manifest". Er sollte künftig die „Proletarier aller Länder" umfassen, international sein.

Als *Kommunisten* (von lateinisch communis = „gemeinsam, gemeinschaftlich") bezeichneten sich später alle, die die Welt im Sinne der Lehren von Marx und Engels verändern wollten.

Arbeitsvorschläge

1. Arbeite den vorstehenden Text bitte genau durch!
   a) Was ist für Marx die Geschichte der Menschheit? Welche Beispiele aus der bisherigen Geschichte werden genannt? Wer waren jeweils die „Unterdrücker"?
   b) Wer sind in der Gegenwart seiner Zeit die „Unterdrücker", wer die „Unterdrückten"? Wodurch ist die „herrschende Klasse" gekennzeichnet?
   c) Welches Bild entwirft Marx von der Zukunft, welche Stationen zeichnen sich ab? Welche Konsequenz ergäbe sich damit für die bestehende Gesellschaftsordnung?

2. Was erfährst du aus dem Text über den „Bund der Kommunisten"? Warum gab es ihn 1848 nicht in Deutschland?

3. Versuche, den Anfang des *Manifests* auf S. 260 zu lesen! Wer sind die Gegner der Kommunisten? (Guizot war bis zur Februar-Revolution in Paris – vgl. S. 193 – Ministerpräsident.)

4. Welche politischen Gruppen bekennen sich heute in der Bundesrepublik Deutschland zur Lehre von Karl Marx?

5. In welchen Staaten der Welt besteht heute eine kommunistische Gesellschaftsordnung? Berichte, was du über das Leben in diesen Staaten weißt!

Ferdinand Lassalle (1825–1864) und August Bebel (1840–1913)

Die frühe deutsche Arbeiterbewegung

Seit etwa 1860 durften sich auch in Deutschland die Arbeiter zusammenschließen. Sie taten es auf ähnliche Weise, wie es zuvor in England geschehen war.

Die Arbeitervereine

Sie gründeten auch hier *örtliche Fachvereine*. Sie richteten Unterstützungskassen ein, um einander in Fällen der Not helfen zu können. Darüber hinaus schufen sie Arbeiterbildungsstätten, manchmal mit eigenen Lesezimmern und kleinen Büchereien. Sie wollten Menschen erziehen mit geistigen Interessen, mit Wissen und Fähigkeiten.

Diese örtlichen Vereine waren der Beginn der deutschen Arbeiterbewegung. Aus ihnen erwuchsen wie in England die Gewerkschaften, erwuchs schließlich eine eigene Arbeiterpartei.

Ferdinand Lassalle

Als eine Reihe von Arbeitervereinen 1863 einen gemeinsamen Kongreß in Leipzig plante, wurde der Schriftsteller *Ferdinand Lassalle* um Vorschläge für die Ziele eines Zusammenschlusses gebeten. Lassalle nannte in einem „Offenen Antwortschreiben" als Hauptziele:
1. die Durchsetzung des gleichen Wahlrechts für die Arbeiter und
2. die Einrichtung von „Produktionsgenossenschaften", von eigenen Fabriken der Arbeiterschaft, die mit Hilfe des Staates aufgebaut werden sollten.

Auf dem Kongreß in Leipzig schlossen sich die örtlichen Vereinigungen zum *Allgemeinen Deutschen Arbeiterverein* zusammen. Lassalle wurde zum Vorsitzenden gewählt. Aber bereits ein Jahr später starb er an den Folgen eines Duells.

August Bebel

Viele Arbeiter waren mit dieser Organisation Lassalles jedoch nicht einverstanden. Sie wollten einen Zusammenschluß auf der Grundlage der Lehren von Marx und Engels. Sie wollten den revolutionären Umsturz, nicht die allmähliche Reform wie die „Lassalleaner". Diese Arbeiter fanden sich in einer gesonderten Vereinigung zusammen, dem *Verband der Deutschen Arbeitervereine*. Ihr Präsident wurde 1867 ein Drechslermeister aus Leipzig, *August Bebel*.

Die „Sozialdemokratische Partei Deutschlands"

Mit diesen beiden überörtlichen Zusammenschlüssen waren Arbeitervereinigungen entstanden, die nicht nur bessere Arbeits- und Lebensbedingungen der Arbeiterschaft wollten. Sie verfochten, wie wir gesehen haben, darüber hinaus auch *politische Ziele*.

Aus dem „Allgemeinen Deutschen Arbeiterverein" und aus dem „Verband der Deutschen Arbeitervereine" entstand schließlich 1875 eine vereinigte Arbeiterpartei unter Bebels Führung, die sich seit 1890 „Sozialdemokratische Partei Deutschlands" (SPD) nannte.

Arbeitsvorschläge

1. Erläutere bitte das nachstehende Schaubild!
2. Welche unterschiedlichen Auffassungen über Wege und Ziele der Arbeiterbewegung hatten die Anhänger von Lassalle und Bebel? Wie war ihr Verhältnis zum Staat?
3. Im Jahre 1963 feierte die SPD ihr hundertjähriges Bestehen. Welches Ereignis wurde also als „Geburtsstunde" angesehen?
4. Welche Parteien bestehen neben der SPD heute in der Bundesrepublik?
5. Welche Gewerkschaften gibt es in der Bundesrepublik? Nenne Forderungen, die heute vor allem von den Gewerkschaften gestellt werden!

Der Weg zur SPD

Das „Wanderbüchlein" Bebels

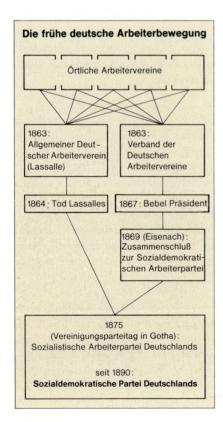

264

Johann Wichern (1808–1881) *Friedrich Bodelschwingh (1831–1910)* *Wilhelm von Ketteler (1811–1877)* *Adolf Kolping (1813–1865)*

Die Hilfe der Kirchen

Auch innerhalb der Kirchen traten einzelne Männer für bessere Lebensbedingungen der Arbeiter ein. Sie empfanden angesichts der Not die Verpflichtung zu tätiger Nächstenliebe.

Innere Mission

So gründete 1833 der Pfarrer *Johann Wichern* in Hamburg das „Rauhe Haus", eine Heimstatt für verwaiste Proletarierkinder. Er wurde auch zum Schöpfer des großen Hilfswerks der evangelischen Kirche, der „Inneren Mission".

Pastor *Friedrich Bodelschwingh* errichtete mit Hilfe von Spenden die Anstalten in Bethel bei Bielefeld als Heim für die „heimatlosen Brüder von der Landstraße". Er setzte sich auch dafür ein, daß die Unternehmer Wohnungen für ihre Arbeiter bauten.

Caritas-Verband

Auf katholischer Seite wurde *Wilhelm von Ketteler* der große „Arbeiterbischof", der unermüdlich versuchte, seine Mitmenschen aufzurütteln. Von den Unternehmern forderte er die Gewinnbeteiligung der Arbeiter und ebenfalls den Bau von Arbeiterwohnungen, vom Staat Gesetze zum besseren Schutz der arbeitenden Menschen.

Neben ihm wirkte der Geistliche *Adolf Kolping*, der Vereine für die wandernden Handwerksgesellen gründete. Die von ihm eingerichteten Heime bestehen noch heute in vielen Städten.

Ihr Wirken wurde von anderen fortgesetzt und führte schließlich zur Gründung des „Caritas-Verbandes", der großen katholischen Organisation tätiger Nächstenliebe.

Papst Leo XIII.

Papst *Leo XIII.*, einer der bedeutendsten Kirchenfürsten der letzten Jahrhunderte, machte schließlich die soziale Frage zu seinem Anliegen und dem seiner Nachfolger. Mit einem Rundschreiben „über die Arbeiterfrage" appellierte er 1891 an das Verantwortungsbewußtsein der Christen.

Leo XIII. (1810–1903)

„Ein Grundfehler in der Behandlung der socialen Frage ist, daß man das gegenseitige Verhältniß zwischen der besitzenden und der unvermögenden, arbeitenden Klasse so darstellt, als ob zwischen ihnen von Natur ein unversöhnlicher Gegensatz Platz griffe, der sie zum Kampfe aufrufe. Ganz das Gegentheil ist wahr. Die Natur hat vielmehr alles zur Eintracht, zu gegenseitiger Harmonie hingeordnet; und sowie im menschlichen Leibe bei aller Verschiedenheit der Glieder im wechselseitigen Verhältniß Einklang und Gleichmaß vorhanden ist, so hat auch die Natur gewollt, daß im Körper der Gesellschaft jene beiden Klassen in einträchtiger Beziehung zu einander stehen und ein gewisses Gleichgewicht hervorrufen. Die eine hat die andere durchaus nothwendig. Das Kapital ist auf die Arbeit angewiesen, und die Arbeit auf das Kapital ...

Die Kirche, als Vertreterin und Wahrerin der Religion, hat zunächst in den religiösen Wahrheiten und Gesetzen ein mächtiges Mittel, die Reichen und die Armen zu versöhnen und einander nahe zu bringen; ihre Lehren und Gebote führen beide Klassen zu ihren Pflichten gegeneinander und namentlich zur Befolgung der Vorschriften der Gerechtigkeit ...

Vor allem aber ermahnt die Kirche die Arbeitsherren, den Grundsatz: Jedem das Seine, stets vor Augen zu behalten. Dieser Grundsatz sollte auch unparteiisch auf die Höhe des Lohnes Anwendung finden, ohne daß die verschiedenen mitzuberücksichtigenden Momente übersehen werden. Im allgemeinen ist in Bezug auf den Lohn wohl zu beachten, daß es wider göttliches und menschliches Gesetz geht, Nothleidende zu drücken und auszubeuten um des eigenen Vortheils willen ...

Indessen ist nicht zu bezweifeln, daß zur Lösung der socialen Frage zugleich alle menschlichen Mittel in Bewegung gesetzt werden müssen. Alle, die es irgend berührt, müssen je nach ihrer Stellung mitarbeiten ... Es ist eigentlich die Arbeit auf dem Felde, in der Werkstatt, der Fabrik, welche im Staate Wohlhabenheit herbeiführt. Es ist also nur eine Forderung strengster Billigkeit, daß der Staat sich der Arbeiter in der Richtung annehme, ihnen einen entsprechenden Antheil am Gewinne der Arbeit zuzusichern; die Arbeit muß ihnen für Wohnung, Kleidung und Nahrung so viel abwerfen, daß ihr Dasein kein gedrücktes ist. Wenn der Staat somit, wie es seine Pflicht ist, zur Hebung der Lage des arbeitenden Standes alles Thunliche ins Werk setzt, so fügt er dadurch niemand Nachtheil zu; er nützt aber sehr der Gesammtheit, die ein offenbares Interesse daran hat, daß ein Stand, welcher dem Staate so nothwendige Dienste leistet, nicht im Elend seine Existenz friste."

(Aus dem „Rundschreiben, erlassen von Unserem Heiligsten Vater Leo XIII., durch göttliche Vorsehung Papst, über die Arbeiterfrage", erschienen 1891)

Arbeitsvorschläge

1. Hast du schon einmal bei Sammlungen des Caritas-Verbandes oder der Inneren Mission mitgewirkt? Versuche festzustellen, für welche Zwecke die Spenden heute verwendet werden!
2. Gibt es auch in deinem Heimatort ein „Kolpinghaus"?
3. In dem Text oben ist die Schreibweise einiger Wörter anders als heute. Welche Wörter sind dies? Suche sie heraus und stelle die heutige Schreibweise daneben! Kannst du bestimmte sich wiederholende Unterschiede feststellen? – Welche Veränderungen werden in unserer Zeit angestrebt?
4. Arbeite den Text oben bitte Absatz für Absatz durch!
   a) Wie sieht Papst Leo XIII. das Verhältnis der „Klassen", der einzelnen Schichten des Volkes zueinander? Gegen wessen Auffassungen wendet er sich damit?
   b) Worin sieht Papst Leo Möglichkeiten der Kirche, zur Lösung der „sozialen Frage" beizutragen? Wie begründet er seine Forderung nach *gerechtem Lohn* für die Arbeiter?
   c) Welche Forderungen richtet der Papst an den Staat? Womit begründet er sie?
   Fasse die Aussagen des Rundschreibens mit deinen Worten zusammen!
5. Auf S. 154 hast du einen Kasten mit „Lebensbalken" von Gestalten der Geschichte des 18. Jahrhunderts kennengelernt. Lege nunmehr einen solchen Kasten auch für die Gestalten des 19. Jahrhunderts an, die du in den Teilen 6 und 7 dieses Arbeitsbuches erwähnt findest!

Bauern und Landwirtschaft

Brot für die wachsende Bevölkerung

Ein Jahrtausend lang, seit der Zeit Karls des Großen, hatte sich in der europäischen Landwirtschaft im Grunde nichts verändert. Sommerfrucht, Winterfrucht und „Brache" wechselten in regelmäßiger Folge – so konnte der Acker sich immer wieder erholen und die verbrauchten Nährstoffe ersetzen (Dreifelderwirtschaft). Bisweilen half natürliche Düngung, halfen Mist und Jauche, Asche, Kalk und Mergel nach.

Spaten und Hacke, Räderpflug und Egge, Sichel und Dreschflegel waren noch immer die wichtigsten Ackerbaugeräte. Als Zugtier dienten Rind und Pferd. Auch die Erzeugnisse waren dieselben geblieben, nur die Kartoffeln seit etwa 1750 hinzugekommen. Die Ackerfläche war durch Rodung und Trockenlegen von Sümpfen erweitert worden – aber sonst pflügte, säte und erntete der Bauer um 1800 nicht viel anders als sein Vorfahre um 800.

Jetzt aber schnellte die Bevölkerungszahl in die Höhe, wuchsen Städte und Fabriken empor. Und was nützten Maschinen und Eisenbahnen, was nützte aller technischer Fortschritt, wenn der Bauer nicht genug Nahrungsmittel schaffen konnte?

Doch der erfinderische Geist des Menschen fand Hilfsmittel und Wege, um die Fruchtbarkeit des Bodens entscheidend zu verbessern, er fand Möglichkeiten, die Maschine auch in den Dienst der Landwirtschaft zu stellen.

Viele Veränderungen waren notwendig, damit auf dem gleichen Boden so viel mehr Menschen satt werden konnten.

Eine war das endgültige Freiwerden der Bauern.
Eine zweite war der Übergang von der Dreifelderwirtschaft zur „Fruchtwechselwirtschaft".
Eine dritte war der Einsatz künstlichen Düngers.
Eine vierte war die Züchtung neuer, ertragreicher Pflanzensorten.
Eine fünfte war der immer stärkere Einsatz von Maschinen anstelle der jahrhundertelang gebräuchlichen Ackergeräte der Bauern.
Eine sechste war die verkehrsmäßige Erschließung der landwirtschaftlichen Gebiete durch Eisenbahnen und Dampfschiffe – über die ganze Welt hinweg.

Alle sechs Schritte wollen wir genauer betrachten.

Ackergeräte der Bauern, die jahrhundertelang in Gebrauch waren (Holzschnitt aus dem späten Mittelalter)

„Die Ährenleserinnen" – ein Gemälde aus dem Jahre 1857. Im Hintergrund wird unter der Aufsicht eines Verwalters die Ernte für den Gutsherrn eingebracht. Die Ärmsten des Dorfes sammeln für sich die letzten Halme von den Stoppeln.

Die Lage der Bauern im 19. Jahrhundert

Die Reformen des Freiherrn vom Stein (1807) hatten die Bauern in Preußen aus der „Gutsuntertänigkeit" entlassen. Sie waren jetzt *persönlich frei*: sie brauchten nicht mehr um Erlaubnis zu bitten, wenn sie wegziehen oder Handwerker werden wollten.

Noch immer aber hatten die Gutsherren alte *Rechte an ihrem Boden*, für die sie Frondienste leisten mußten. Hiervon konnten sie sich erst im Laufe des 19. Jahrhunderts freikaufen, indem sie einen Teil ihres beackerten Landes abtraten oder hohe Entschädigungen zahlten. Sehr viele Bauernhöfe gingen darüber zugrunde, weil sie durch die Abtretung nicht mehr groß genug waren, um die Familie zu ernähren. Die Besitzer dieser Höfe wurden entweder Tagelöhner auf den Gutshöfen, oder sie wanderten in die neuen Fabrikstädte ab. Eine *Landflucht* begann.

Diejenigen jedoch, die übrigblieben, waren nun erst wirklich ihre eigenen Herren. Sie arbeiteten mit größerer Freude als zuvor, sie beackerten jede freie Fläche, sie „verkoppelten" ihre bisher verstreuten Äcker im Tauschverfahren zu zusammenhängenden Flächen, sie verbesserten und „rationalisierten".

Die Höfe der Gutsherren aber waren durch die Landabtretungen noch größer geworden, die Gutsherren selbst noch reicher und damit noch mächtiger und einflußreicher. Sie behielten bis in unser Jahrhundert hinein auch eine große politische Macht!

Arbeitsvorschläge

1. Stelle die auf S. 267 abgebildeten Geräte der Bauern zusammen!

2. Lies noch einmal auf S. 153 über die Bauernbefreiung in Frankreich, auf S. 162 über die Reformen Steins nach! Arbeite heraus, wieso es den Bauern in Frankreich besser ergangen war!

3. Ähnlich wie in Preußen entwickelte sich die Lage der Bauern zumeist auch in den anderen deutschen Ländern. Versuche zu erfahren, wie es in deiner engeren Heimat war!

Die Steigerung der Erträge

Die Fruchtwechselwirtschaft

Die drei wichtigsten Fortschritte der Landwirtschaft sind mit den Namen Albrecht Thaer, Justus Liebig und Gregor Mendel verbunden.

Albrecht Thaer (1752–1828) war ursprünglich Arzt in Celle bei Hannover. Er machte sich Gedanken über Wachstum und Nutzen der Pflanzen, über Güte und Ergiebigkeit des Bodens. Er probierte und beobachtete: Jede Pflanze zog nur bestimmte Nährstoffe aus dem Boden. Um diesen voll auszunutzen, war es also gar nicht nötig, ihn immer ein Jahr zur Erholung brach liegen zu lassen. Man mußte nur die richtige Folge von einander ergänzenden Pflanzen innehalten, einen jährlichen „Fruchtwechsel" vornehmen.

Thaer wurde der große Lehrmeister der Landwirtschaft. Immer weiter verbreiteten sich seine Erkenntnisse und Vorschläge. Um 1850 wurde in Deutschland die *Fruchtwechselwirtschaft* eingeführt, die bis heute die beherrschende Wirtschaftsform in der europäischen Landwirtschaft geblieben ist.

Die künstliche Düngung

Thaers Erkenntnisse erfuhren ihre Vollendung jedoch erst durch *Justus Liebig* (1803–1873), der ein Menschenalter später wirkte. Auch er war kein Bauer – sondern mit einundzwanzig Jahren Professor der Chemie in Gießen. In einer alten Gießener Kaserne hatte er seine Lehrräume. Er hielt nicht nur die üblichen Vorlesungen, sondern gab seinen Studenten Meßgeräte in die Hand, Gläser und Chemikalien: „Da, probiert und untersucht selbst!" Er gab ihnen keine Ergebnisse, er stellte ihnen Aufgaben: „Seht zu, wie ihr damit fertig werdet!"

Liebigs Laboratorium in Gießen um 1840

Liebig schuf die Grundlagen der „künstlichen Düngung", zunächst durch Kali aus Bergwerken. Später wurde auch aus Schlacke, schließlich aus dem Stickstoff der Luft künstlicher Dünger erzeugt. Damit stieg der Ertrag erheblich: zum Beispiel kletterte das Ernteergebnis auf einem Hektar Weizenboden innerhalb von 50 Jahren (1875–1925) von 13 auf 24 Doppelzentner.

Das war eine Steigerung des Bodenertrags fast um das Doppelte, war das notwendige Brot für die wachsenden Millionenmassen. „Der Mann, welcher bewirkt, daß da zwei Ähren wachsen, wo vorher nur eine gediehen ist, hat seinem Vaterlande mehr genützt als ein Feldherr, der hundert Schlachten gewonnen hat." So hatte es ein englischer Schriftsteller schon um 1700 gesagt.

Pflanzen- und Tierzüchtung

Im 18. Jahrhundert hatten in England einzelne Gutsbesitzer bereits versucht, Rinder und Schafe regelrecht zu „züchten"; und sie hatten mit ihren Experimenten auch recht gute Erfolge. Entscheidend wurden aber die Erkenntnisse eines Mönchs aus dem Kloster Brünn in Österreich: *Gregor Mendel* (1822–1884). Mendel machte an den Erbsenpflanzen im Klostergarten gezielte Versuche. Er „kreuzte" verschiedene Erbsensorten, indem er den Blütenstaub der einen Sorte auf eine andere übertrug. In einer langen Reihe von Jahren fand er die Gesetze heraus, nach denen sich die Eigenschaften von Pflanzen, ja auch von Tieren und Menschen vererben.

Seine Forschungen wurden die Grundlage der gezielten *Pflanzen- und Tierzüchtung*. Man kannte jetzt die Gesetze der Vererbung, und die Wissenschaftler nutzten sie, um immer die besten und nützlichsten Eigenschaften verschiedener Sorten zu verbinden. Sie züchteten Pflanzensorten heran, die hohe Erträge lieferten, dabei aber unempfindlich gegen Kälte und Schädlinge waren. Sie züchteten Tiere, die besonders viel Milch oder Wolle gaben oder sich gut mästen ließen.

Innerhalb von wenigen Jahrzehnten machte die Landwirtschaft Fortschritte, die alle Kenntnisse von Jahrtausenden überholten.

Arbeitsvorschläge

1. Mache dir bitte noch einmal ganz klar, wie die Dreifelderwirtschaft ablief! Stelle ein Beispiel der Fruchtwechselwirtschaft gegenüber!

2. Nimm Stellung zu der Aussage des englischen Schriftstellers um 1700!

3. Betrachte die Abbildung auf den Seiten 274/275 und suche die dort dargestellten Fortschritte in der Landwirtschaft heraus!

Die Industrielle Revolution in der Landwirtschaft

Langsamer zwar als in den Städten, aber unaufhaltsam wandelte die Industrielle Revolution auch das Leben und die Arbeit auf dem Lande.

Neben die alten, seit Jahrhunderten bestehenden Kleingeräte der Bauern traten neue große Maschinen. Sie erlaubten es, weitaus größere Flächen als bisher mit weniger Arbeitskräften und weniger Arbeitsaufwand zu beackern. Bald wurde das Säen, Düngen und Ernten maschinell durchgeführt: mit Sämaschinen, Mähmaschinen, Dreschmaschinen – bis hin zu den Vorläufern der gigantischen Mähdrescher unserer Zeit.
Vor allem in den neu erschlossenen Gebieten Amerikas, Kanadas und Australiens entstanden die riesigen Feldflächen der Farmen, entstanden Mühlengroßbetriebe und Fleischverwertungsfabriken.

Bis zum Einsetzen der Industriellen Revolution hatte die Landwirtschaft vorwiegend den unmittelbaren Bedarf der Umgebung gedeckt. Das wurde jetzt anders. Man sah den Erdboden ebenfalls als eine Art Fabrik an, die große Mengen an Gütern produzieren konnte. Aber was nützte es, wenn die Bodenerträge zwar verbessert wurden, die Verbraucher aber fernab in den Großstädten saßen? Erst Eisenbahn und Dampfschiff erlaubten es, die Hunderttausende mehr geernteter Zentner auch dahin zu bringen, wo sie gebraucht wurden.

Mit den neuen Maschinen konnten immer größere Mengen an Nahrungsmitteln produziert werden. Eisenbahn und Dampfschiff schlugen die Brücke von den Erzeugungsgebieten zu den Verbrauchern, über die Grenzen der Staaten und der Erdteile hinweg. So wurde die Landwirtschaft ein Glied der Weltwirtschaft. Es begann die Zeit des wirtschaftlichen Verflochtenseins aller Staaten und Völker, in der wir heute leben.

Die Eisenbahn im Einsatz für die Landwirtschaft. – Die Eisenbahnen beförderten bald nicht nur Personen, Rohstoffe und Fertigwaren durch die Lande. Mit ihrer Hilfe war es auch möglich, lebendes Vieh schnell in die wachsenden Industriestädte zu bringen, wo es dann in Schlachthöfen an Ort und Stelle geschlachtet wurde.

Auf unserem Bild sind es Schafe, Rinder und Schweine zwischen Manchester und Liverpool – bereits um das Jahr 1830! Noch bevor in Deutschland die erste Eisenbahn fuhr, gab es in England also schon besondere Wagen für den Viehtransport. Ohne Widerstand nahmen die Tiere diese Eisenbahnfahrt offenbar nicht hin!

Die Dampfmaschine im Einsatz in der Landwirtschaft. – Diese Zeichnung, um 1850 in England entstanden, läßt zugleich das Maschinensystem genau erkennen, wie es auf S. 218 dargestellt ist (Antriebsmaschine, Übertragungseinrichtung, Arbeitsmaschine). Links steht die Dampfmaschine, von einem Heizer mit Kohlen befeuert. Die erzeugte Kraft wird durch einen breiten Lederriemen auf die Dreschmaschine übertragen. Landarbeiter „füttern" Weizengarben in die Maschine, in der die Körner aus den Ähren geschüttelt, „gedroschen" werden. Sie fallen in die unten aufgereihten Säcke hinein. Das leere Stroh aber wird durch ein – ebenfalls von der Dampfmaschine betriebenes – „Förderband" auf den Strohberg rechts im Bild befördert. – Bisher hatte man das Korn mit Dreschflegeln gedroschen, wie es auf S. 274 unten zu erkennen ist.

Wir merken uns

Seit dem 19. Jahrhundert vermehrte sich die Zahl der Menschen in Europa schneller als je zuvor. Wir können seither von einer wahren „Bevölkerungsexplosion" sprechen. Durch die etwa gleichzeitig einsetzende Industrielle Revolution fanden diese Massen ihren Lebensunterhalt.

Die Frühzeit der Industriellen Revolution brachte schwere soziale Mißstände. Die neue, schnell wachsende Schicht der Fabrikarbeiter, das „Proletariat", lebte in bitterster Not. Um die Mitte des 19. Jahrhunderts entwickelten Karl Marx und Friedrich Engels ihre Lehre, die zur geistigen Grundlage eines großen Teils der deutschen Arbeiterbewegung wurde. Die bekanntesten Führer der frühen deutschen Arbeiterbewegung sind Ferdinand Lassalle und August Bebel.

Die Bauern in Deutschland wurden im 19. Jahrhundert endgültig frei. – Im Ackerbau löste die Fruchtwechselwirtschaft die alte Dreifelderwirtschaft ab; künstliche Düngung und verbesserte Zuchtmethoden erlaubten eine weitere Steigerung der Erträge. Zusammen mit dem Einsatz von Maschinen und neuen Verkehrsmitteln wurde so die Versorgung immer größerer Menschenmassen möglich.

Die Industrielle Revolution im Bild

Zu Abbildung S. 274/275

1776 war das Jahr der amerikanischen Unabhängigkeit. Ein Jahrhundert später – 1876 – malte ein Amerikaner den *„Spiegel des Jahrhunderts"* zwischen 1776 und 1876. Es ist zugleich auch ein Spiegel der Anfänge der Industriellen Revolution; vieles, was wir im letzten Teil des Arbeitsbuches kennengelernt haben, kehrt hier in Einzelbildern wieder.

Die Bilder stehen sich so gegenüber, daß die eine Seite die andere widerspiegelt – mit der Buchmitte als Spiegelachse. In sechs Reihen sind die „Bilder 1776" und ihre entsprechend veränderten „Spiegelbilder 1876" angeordnet.

Im nachfolgenden Text sind dir die Bilder auf der rechten Seite – die „Spiegelbilder 1876" – beschrieben. Stelle zu jedem entsprechenden „Bild 1776" selbst einen kurzen Text zusammen! Hier sind einige Wörter, die du dabei vielleicht verwenden kannst: Unabhängigkeitskrieg, Harfe, Planwagen, Hobelbank, Handpresse, Blockhaus, Kamin, Gamaschen, Haarzopf, Zweispitz, Dreschflegel.

Erste Reihe

1876 ist die amerikanische Kirche ein stattliches Gebäude aus Stein – in Nachahmung des gotischen Baustils.
Die Frauen können behaglich im „Damenzimmer" sitzen, um zu lesen oder um sich zu unterhalten.
Das Klavier, das *Piano*, ist erfunden.

Zweite Reihe

1876 fährt die Eisenbahn über das Land.
Die hundertjährige Wiederkehr der amerikanischen Unabhängigkeit wird durch eine Ausstellung in einem riesigen Gebäudekomplex in Philadelphia gefeiert.

Dritte Reihe

1876 wird Garn mit der Spinnmaschine hergestellt.
In der Möbelfabrik werden die Bretter mit der Hobelmaschine geglättet.
Eine gewaltige Maschine, die „Schnellpresse", erledigt das Drucken rasch und mühelos.
Die Schule ist ein prächtiger, vierstöckiger Steinbau.

Vierte Reihe

1876 ist man durch Zuchtergebnisse in der Lage, fette Schweine-, Rinder- und Schafsorten aufzuziehen.
Der Bücherfreund hat einen ganzen Schrank voller Bücher. Ein Eisenofen spendet ihm Wärme, die Petroleumlampe unter der Decke Licht.
Beim Schein der Petroleumlampe kann ein Schüler seinem Lehrer vorlesen, ohne die Augen zu überanstrengen.

Fünfte Reihe

1876 fährt ein Mähbinder, von Pferden gezogen, über das Feld.
Auch der mehrscharige Pflug, auf dem der Bauer sitzt, wird von Pferden gezogen.
Mit der Nähmaschine ist eine lange Naht in Sekundenschnelle geschafft.

Sechste Reihe

1876 gehören lange Hosen, Waffenrock und Koppel zur Uniform des Soldaten. Die Kanone ist ein moderner „Hinterlader".
Die dampfgetriebene Dreschmaschine macht es den Landarbeitern leicht, die Körner aus den Ähren herauszuholen.
Ein Dampfschiff mit großen Wasserrädern und Segelvorrichtung, ein *Dampfsegler,* überquert den Ozean.

1776–1876! Inzwischen liegt das Jahr 1976 hinter uns. Wer wagt es, ein „Spiegelbild 1976" zu' malen? Wie sehen Maschinen, Schiffe, Verkehrsmittel, Gebäude, Beleuchtungskörper heute aus? Wir merken schon: die Industrielle Revolution ist in den letzten hundert Jahren weitergegangen. Und in den nächsten hundert Jahren wird die Entwicklung, wird die Geschichte wiederum weitergehen... Geschichte ist in die Zukunft hinein offen!

Zahlen zum Überblick

1492	Entdeckung Amerikas (Kolumbus)	1807	Erstes Dampfschiff
1498	Seeweg nach Indien (Vasco da Gama)	1810–1828	Unabhängigkeit Südamerikas
1517	Beginn der Reformation (Luther)	1812	Napoleons Rußlandzug
1519–1521	Eroberung Mexikos (Cortez)	1813	Deutscher Freiheitskrieg (Völkerschlacht bei Leipzig)
1519–1522	Erste Weltumseglung (Magellan)		
1519–1556	Karl V.	**1815**	**Wiener Kongreß**
		1815	Deutscher Bund
1521	**Reichstag zu Worms**	1817	Wartburgfest
1525	Bauernkrieg	1832	Hambacher Fest
1545–1563	Konzil von Trient	1834	Deutscher Zollverein
um 1600	Beginn der Erschließung Sibiriens	1835	Erste deutsche Eisenbahn
um 1600	Erste englische Siedlungskolonie in Nordamerika	1848	Kommunistisches Manifest (Karl Marx und Friedrich Engels)
1618–1648	Dreißigjähriger Krieg		
		1848	**Jahr der deutschen Revolution**
um 1650	**Beginn des Absolutismus**	1848/49	Deutsche Nationalversammlung in der Paulskirche
1661–1715	Ludwig XIV., der Sonnenkönig		
1683	Belagerung Wiens durch die Türken	um 1850	Verbesserungen in der Landwirtschaft (Fruchtwechselwirtschaft, künstliche Düngung usw.)
1688/89	Sieg des Parlaments in England		
1689–1725	Peter der Große, Zar von Rußland	1862	Otto von Bismarck preußischer Ministerpräsident
1740–1786	Friedrich der Große		
1740–1780	Maria Theresia	1863	Lassalles „Arbeiterverein", Ursprung der deutschen Sozialdemokratie
1756–1763	Siebenjähriger Krieg (gleichzeitig „Weltkrieg" zwischen England und Frankreich)		
		1866	Preußisch-Österreichischer Krieg
um 1760	**Beginn der Industriellen Revolution** (Erfindung der Dampfmaschine durch James Watt 1769)	1867	Norddeutscher Bund
		1870/71	Deutsch-Französischer Krieg
		1871	**Gründung des neuen Deutschen Reiches**
1772/93/95	Teilungen Polens		
1776	Unabhängigkeitserklärung der USA		
1789	**Französische Revolution**		
1799 bis 1814/15	Napoleon Alleinherrscher in Frankreich		
um 1800	**Kulturelle Blütezeit Deutschlands** (Kant; Goethe, Schiller; Mozart, Beethoven)		
1803–1853	Erschließung des „Wilden Westens" in den USA		
1806	Ende des Heiligen Römischen Reiches Deutscher Nation		
1807	Steinsche Reformen in Preußen		

Register

1. Neue Begriffe

Die in diesem Bande des Arbeitsbuches auftretenden neuen Begriffe sind nach dem Alphabet geordnet. Die Zahlen bezeichnen die Seiten, auf denen der Begriff im Zusammenhang der Darstellung durch Wort oder Bild näher erläutert wird.

Abgaben 59
Abgeordnete 119, 141, 145, 193, 198, 200, 203–205
Ablaß 51
Absolutismus 80–92, 108, 114, 115, 124, 155
Adel 79, 80, 84, 97, 98, 115, 140–147, 153, 155, 157, 162–163, 184
Aktiengesellschaft 237, 238, 250
Allgemeiner Deutscher Arbeiterverein 263–264
Allmende 59
Anglikanische Landeskirche 53
Arbeitgeber 257
Arbeitnehmer 45, 88, 257
Arbeiterbewegung 256–258, 263–264, 272
Arbeitervereine 263–264
Aufgeklärter Absolutismus 93–105, 133
Augsburger Religionsfriede 56
Ausführende Gewalt 132–133
Azteken 26–31

Bann 52
Barock 73, 79, 82, 91, 101–103
Barrikaden 183, 194–197, 208
Bastille 139, 146–147
Bauernbefreiung 153, 157, 162, 267–268
Bauernkrieg 58–62
Beamter 83, 84, 96, 158, 162, 198
Bessemer-Birne 242
Bevölkerungsexplosion 251–255
Bibelübersetzung 52, 53
Biedermeier 184–185
Bill of Rights 115
Buchdruck 37–38, 41
Bürgerliches Gesetzbuch 157
Bundesstaat 130
Bundestag 174, 190, 191, 199
Burschenschaft 186–187

Caritas 265
Code Civil 157

Dampfmaschine 214–222, 239, 244, 272
Demagoge 187, 191

Demokratie 133, 207, 212
Demonstration 187
Deutscher Bund 174–175, 186, 187, 193, 203, 204
Deutsche Nationalversammlung 198–201, 202
Deutsches Reich 207–212
Dividende 250
Donauschwaben 101
Dualismus 204

Edikt 74–79, 162
Eisenbahn 227–233
Eisernes Kreuz 171
Erbkaisertum 198
Erdscheibe 19
Etat 84
Evangelisch-lutherische Kirche 53
Export 221

Fabrikwesen 218, 219
Folter 32, 57, ...
Fort 123
Friedensforscher 177
Frondienste 58, 59
Fruchtwechselwirtschaft 267, 269, 272

Gegenreformation 64
Generalstäbe 80, 141–143
Gesetzgebende Gewalt 132–133
Gewaltenteilung 132–133, 148, 150
Gewerbefreiheit 163
Gewerkschaften 256, 263
Großdeutsche 198
Grundherr 58–59, 60
Grundrechte s. Menschenrechte
Guillotine 153–154
Gutsuntertänigkeit 162, 268

Habsburg 35, 46–50, 65, 72, 90, 98, 100–103
Hambacher Fest 190–191, 201, 202, 211
Hammerwerk 40
Hausmacht 46, 49, 50, 101
Heilige Allianz 174, 175, 186
Heiliges Römisches Reich Deutscher Nation 36, 46, 47, 72, 76, 106, 158–160, 203
Hexenwahn 56–57
Hochofen 41, 240–241, 244, 245, 248–249
Hohenzollern 76, 96
Hugenotten 51, 95
Humanismus 42, 45
Humanisten 42

Indianer 22, 23, 24, 26–32, 119, 120–121, 134, 135
Indien 18, 21, 22, 24, 25, 34, 118, 123, 124, 237
Industrielle Revolution 213, 214, 215, 221, 222, 226, 246, 250, 256, 271, 272, 273–275
Industriestaat 221, 250
Inflation 152
Inka 31
Innere Mission 265

Jakobiner 152–153
Jesuiten 64

Kapital 44, 45, 88, 250, 262, 266
Kapitalismus 45, 250, 261–262
Kapitalisten 261, 262
Kapitulation 131
Karavelle 23, 24
Karlsbader Beschlüsse 187
Ketzer 65
Kinderarbeit 93, 224–226, 250, 262
Kirchenreform 48, 51, 63
Klassenkampf 261–262, 266
Klassik 179
Kleindeutsche 198, 211
Kokarde 152, 191
Kolonialreich 34, 86, 123, 124
Kolonie 30–34, 85, 86, 118–131, 201–202
Kolonisation 99
Kommunisten 260–262
Kommunistisches Manifest 260
Kongreß 127, 128, 129, 132–133, 174, 175
Konstitutionelle Monarchie 151
Kontinentalsperre 164–165, 175
Konzil 63, 72
Kosaken 111, 113, 166

277

Kreml 108–110
Künstliche Düngung 267, 269–270

Landflucht 268
Landsknecht 35, 48, 49, 55
Landtag 203
Letter 37–38
Liberalismus 185, 186, 204

Manufaktur 77, 83, 86–89, 111, 153, 215, 218, 219
Marseillaise 151
Matrize 37
Menschenrechte 128, 130, 138, 140, 147–148, 200
Merchant Adventurers 118
Merkantilismus 85–86, 92
Minister 65, 80, 84, 85, 131, 133, 161, 162, 186, 187, 198, 203, 204
Monarchie 116, 151, 157
Mongolen 110, 111

Nationalhymne 151, 182, 211
Nationalismus 185, 186
Nationalstaat 72, 193, 203, 204, 211
Nationalversammlung 144–145, 147, 148–150, 198–201, 202
Neuengland 118, 122
Neuhochdeutsche Sprache 52
Neuzeit 36, 79
Norddeutscher Bund 205, 207, 210

Oberhaus 115
Oberster Gerichtshof 132–133
Österreich 46, 90, 94, 98, 99, 100–105, 135, 149, 159, 160, 165, 174, 175, 186, 193, 198, 204–205, 210, 211

Pariser Kommune 206
Parlament 115–117, 119, 125, 132–133, 193, 198–201, 203–204, 210
Parteien 152, 198, 260, 262–264
Partisanen 169
Patriotismus 149
Paulskirche 198–201, 203
Perspektive 42
Pest 32, 70
Peterskirche 51
Philosoph 177
Pilgerväter 120
Planet 20–21
Präsident 132–133, 198
Preußen 74–78, 96–99, 104–105, 149, 160, 161–163, 169–171,
172, 173, 174, 175, 192, 193–200, 203–210, 211
Produktionsmittel 256, 262
Proletariat 256, 260–262, 272
PS (Pferdestärke) 222
Puritaner 120

Reformation 51–53, 62, 63, 187
Reformierte 53, 56, 95
Reichsacht 52
Reichsgründung 207–212
Reichsreform 48, 50
Reichstag 52, 62
Renaissance 42–43, 176
Repräsentantenhaus 132–133
Republik 150, 151, 152, 155, 156, 191, 193, 198, 201–202, 212
Republikaner 152, 200
Restauration 186, 260
Revolution 144–155, 176, 193–197, 201, 202, 262, 263
Rheinbund 159
Richterliche Gewalt 132–133
Römisch-katholische Kirche 63–64, 72
Rokoko 79, 91, 101–103
Romantik 180

Schloß 73, 82, 91, 102–103, 193, 196, 207, 208
Schmalkaldischer Krieg 56
Schwerindustrie 244–249, 250
Seidenstraße 25
Selbstverwaltung 162, 163
Senat 132–133, 212
Sinfonie 182
Skorbut 22
Soldatenhandel 92, 131, 177, 178
Souveränität 72, 130
Sozialdemokratische Partei Deutschlands (SPD) 264
Spießrutenlaufen 97, 142
Staat 140, 150, 189, 211, 212
Staatsbürger 161, 175
Stände 77, 79, 80, 140–147, 155, 162
Stäupung 79
Stehendes Heer 84
Sternenbanner 130
Steuer 46, 84, 115, 125, 127, 143, 147, 148, 203, 204
Streik 256
Sturm und Drang 177, 179
Suez-Kanal 237–238

Thesen 51
Trikolore 152

Überseeverkehr 236–238

Unabhängigkeitserklärung 114, 127–130
Unterhaus 115–117
Unternehmer 44–45, 88, 224, 248, 250, 256

Vereinigte Staaten von Amerika (USA) 128–138, 140
Verfassung 132–133, 144, 147, 193, 198, 200, 201, 203, 210
Verleger 44–45, 258
Verkoppelung 268

Waffen 27, 28, 30, 32, 33, 40, 41, 49, 60, 61, 62, 68–69, 100, 120, 131, 139, 146, 166, 194–195, 196
Wahlrecht 115, 132, 162, 193, 198, 200, 263
Wahlverfahren 132–133, 141, 162, 198, 200
Wartburgfest 186–187, 190, 202, 211
Wehrpflicht 163
Welthandel 238
Welthandelshafen 236
Weltwirtschaft 250, 271
Westfälischer Friede 71, 72
Westindische Inseln 24
Wiedertäufer 54–55
Wiener Kongreß 174–175, 185
Wilder Westen 120, 134

Zar 110, 111, 112
Zensur 158, 187, 260
Zollvereine 191–192, 202
Züchtung 267, 270, 272

2. Personen

Bailly, Jean 145
Bebel, August 259, 263–264, 272
Beethoven, Ludwig van 101, 176, 182
Behaim, Martin 20, 21
Bessemer, Henry 242
Bismarck, Otto von 203–211
Bodelschwingh, Friedrich 265
Boemus, Johannes 58
Borsig, August 232, 242
Boulton, Matthew 217, 221
Bräker, Ulrich 97
Büchner, Georg 189
Byron, George Gordon 176

Calvin, Johann 53, 65
Christian IV., König von Dänemark 65
Colbert, Jean Baptiste 85, 86
Coleridge, Samuel Taylor 176
Cortez, Fernando 26–31, 34, 106
Cranach, Lucas 52

Danton, Georges Jacques 150, 152–154
Daumier, Honoré 209
David, Jacques Louis 150, 156–157
Ducchio 42
Dürer, Albrecht 42, 48, 49

Eichendorff, Joseph Freiherr von 180
Elisabeth I., Königin von England 118, 124
Engels, Friedrich 224, 260–262, 272
Eugen, Prinz von Savoyen 101
Eugénie, Kaiserin der Franzosen 237

Ferdinand I., deutscher Kaiser 50
Ferdinand II., deutscher Kaiser 65
Fichte, Johann Gottlieb 176, 177
Franz I., deutscher Kaiser 103
Franz II., deutscher Kaiser 159
Franz I., König von Frankreich 49
Friedrich, Caspar David 180
Friedrich II. (der Große), König von Preußen 94, 95, 98–99, 104, 105, 123
Friedrich Wilhelm I., König von Preußen 96
Friedrich Wilhelm III., König von Preußen 161, 170–171
Friedrich Wilhelm IV., König von Preußen 193, 196, 197, 200, 203

Fugger 44–45, 49, 50
Fulton 234

Gagern, Heinrich von 198
Gama, Vasco da 18
Georg III., König von England 131
Geyer, Florian 59
Gneisenau, Graf von 163
Goethe, Johann Wolfgang von 176, 179, 182
Görres, Joseph von 158
Götz von Berlichingen 59
Gresbeck, Heinrich 55
Grétry, André 176
Grimm, Jakob und Wilhelm 180
Grimmelshausen, Johann Jakob Christoffel von 66
Guericke, Otto von 67–69
Gustav II. Adolf, König von Schweden 65
Gutenberg, Johann Gensfleisch zum 37–38, 106

Hardenberg, Fürst von 163
Hargreaves, James 218
Harkort, Friedrich 244
Haydn, Joseph 101, 176, 182
Heine, Heinrich 175
Heinemann, Gustav 211–212
Hoffmann von Fallersleben, Heinrich 188, 211, 212

Iwan IV. (der Schreckliche), Zar von Rußland 110, 111

Jan van Leiden 54–55
Jefferson, Thomas 127, 129
Joseph II., deutscher Kaiser 94, 95, 103
Josephine, Kaiserin der Franzosen 156–157

Kant, Immanuel 176, 177, 182
Karl V., deutscher Kaiser 44, 46–50, 52, 56, 63, 100, 106
Katharina II. (die Große), Zarin von Rußland 111
Kerssenbrock, Hermann 55
Ketteler, Wilhelm von 265
Knipperdolling, Bernhard 55
Koch, Robert 252–253
Körner, Theodor 169
Kolping, Adolf 265
Kolumbus, Christoph 21–24, 26, 34, 36, 106

Kopernikus, Nikolaus 20, 21
Kotzebue, August von 187
Krupp 244–245, 248

Las Casas, Bartolomeo de 32, 33, 34
Lassalle, Ferdinand 263, 272
Leo XIII., Papst 265–266
Leonardo da Vinci 42, 176
Lesseps, Ferdinand 237
Liebig, Justus 269
Lincoln, Abraham 133
List, Friedrich 191, 228
Loyola, Ignatius von 64, 72
Ludwig XIV., König von Frankreich 80–90, 91, 93, 95, 140, 176, 215
Ludwig XVI., König von Frankreich 140–146, 149, 150, 152
Luise, Königin von Preußen 161
Luther, Martin 36, 51–53, 59, 61, 62, 214

Magellan, Fernando 25
Mansfeld, Ernst von 62
Marat, Jean Paul 150, 152–154
Maria Theresia, deutsche Kaiserin 94, 98, 101–105, 181
Marie Antoinette, Königin von Frankreich 142, 150, 151, 152, 181
Marx, Karl 260–262, 263, 272
Mendel, Gregor 270
Menzel, Adolf 197, 242, 243
Metternich, Klemens Fürst von 186, 187
Michelangelo 42, 43
Mirabeau, Graf 145
Moltke, Graf von 205
Monroe, James 201
Montezuma II., König der Azteken 26–30
Moritz, Karl Philipp 117
Motz, Friedrich von 192
Mozart, Wolfgang Amadeus 101, 176, 181, 182
Müntzer, Thomas 62

Napoleon I. Bonaparte, Kaiser der Franzosen 155–173, 174, 175, 176, 186
Napoleon III., Kaiser der Franzosen 106
Neumann, Balthasar 91

Pasteur, Louis 252, 255
Paul III., Papst 64
Penn, William 122

279

Peter I. (der Große), Zar von Rußland 108, 111, 112, 113
Philipp II., König von Spanien 50, 65
Pizarro, Francisco 31

Raffael 42
Richelieu, Herzog von 65
Richter, Ludwig 180, 184
Robespierre, Maximilian 143, 150, 152–154
Röntgen, Wilhelm 255
Runge, Philipp Otto 180

Scharnhorst, Gerhard von 163

Schiller, Friedrich von 175, 176, 177–178, 182
Schubert, Franz 176, 181
Schwind, Moritz von 180
Semmelweis, Ignaz 253, 255
Spitzweg, Karl 180
Stein, Freiherr vom 161–163
Stephenson, Georg 227
Suleimann II. (der Prächtige), Sultan der Türken 49

Terborch, Gerard 71
Thaer, Albrecht 269
Tilly, Johann von 65, 88
Tocqueville, Alexis de 223

Vauban, Sébastien 83

Wallenstein, Albrecht von 65
Washington, George 131, 133, 138
Watt, James 217–218, 220, 221, 250
Werner, Anton von 208
Wesemann, Johann Heinrich Christian 167
Wiechern, Johann 265
Wilhelm I., König von Preußen und deutscher Kaiser 203, 205, 207–208, 210
Wordsworth, William 176

Bildnachweis

Fotos

B. Andréas, Genf: 1 – Dr. C. Ankel, Duisburg: 1 – Archiv Anton, München: 1 – Archiv der SPD, Bonn: 1 – Archiv für Kunst und Geschichte, Berlin: 7 – Archiv Weineck, Ziegelhausen: 2 – Bavaria Verlag, Gauting: 2 – Bibliothèque Nationale, Paris: 3 – Bildarchiv der Deutschen Bundesbahn, Minden: 1 – Bildarchiv Preußischer Kulturbesitz, Berlin: 25 – J. Blauel, München: 1 – R. Borek, Braunschweig: 1 – Borsig Werksarchiv, Berlin: 1 – British Museum, London: 3 – B. v. Brünneck, Merzhausen: 1 – Bulloz, Paris: 6 – Capello, Mailand: 1 – Deutsche Fotothek, Dresden: 1 – Deutsche Luftbild, Hamburg: 2 – Deutsches Bergbaumuseum, Bochum: 1 – Deutsches Museum, München: 4 – dpa, Hamburg: 1 – Fürstl. Waldburg-Zeilsches Gesamtarchiv, Leutkirch: 1 – Geographical Projects, London: 1 – Germanisches Nationalmuseum, Nürnberg: 2 – Giraudon, Paris: 15 – Gutenberg Museum, Mainz (Foto: L. Richter): 1 – Hachette, Paris: 1 – Hampton Court Palace, London: 2 – K. Helbig, Frankfurt/M.: 1 – H. Hinz, Basel: 3 – Historia Photo, Bad Sachsa: 1 – Historisches Museum, Frankfurt/M.: 1 – Historisches Museum, Wien: 2 – H. Huber, Garmisch-Partenkirchen: 1 – Kenneth Berry Studios Ltd., Hull: 1 – R. Kleinhempel, Hamburg: 1 – Krupp-Archiv, Essen: 2 – Kunsthalle, Hamburg (Foto: R. Kleinhempel): 1 – Kunsthistorisches Museum, Wien: 1 – laenderpress, Düsseldorf: 1 – Library of Congress, Washington D. C.: 2 – Lichtbildwerkstätte Alpenland, Wien: 3 – Liebig Museum, Gießen: 1 – C. Mansell Collection, London: 1 – E. Meyer, Wien: 2 – A. Münchow, Aachen: 1 – Musée du Louvre, Paris: 1 – Museum Schloß Friedrichsruh: 1 – National Gallery of Art, Washington D. C.: 1 – National Maritime Museum, London: 1 – Nationalmuseum, Kopenhagen: 1 – National Museum of Wales, Cardiff: 2 – National Portrait Gallery, London: 1 – Niedersächsisches Landesmuseum, Hannover: 1 – Presse- und Informationsamt, Bonn: 1 – Publishing House Corvina, Budapest: 1 – J. Remmer, München: 1 – Rijksmuseum, Amsterdam: 3 – Scala, Florenz: 1 – P. Scheidegger, Zürich: 1 – T. Schneiders, Lindau: 1 – Science Museum, London: 3 – Staatliche Graphische Sammlung, München (Foto: H. Reger): 1 – Staatliche Museen, Berlin (Ost): 2 – Stahlwerke Peine-Salzgitter, Werksarchiv: 2 – Süddeutscher Verlag, München: 1 – Tate Gallery, London: 1 – Theatermuseum, Köln: 1 – Ullstein Bilderdienst, Berlin: 5 – Universitätsbibliothek, Göttingen: 1 – University Library, Edinburgh: 1 – Victoria and Albert Museum, London: 1 – Walker Art Gallery, Liverpool: 1 – Westfälisches Landesmuseum, Münster: 1 – Yale University, Art Gallery, New Haven: 3 – alle übrigen Abbildungen: Bildarchiv Westermann, Braunschweig

Karten und Zeichnungen

Kartographische Anstalt Georg Westermann: 30 – H. Schlobach, Königslutter: 18

H. Schlobach, Königslutter: 50